21世纪德语系列教材

Deutsch für Sie

(Neubearbeitet)

②

新编通用德语

(下册)

主编◎ 虞龙发
编者◎ 王 磊 范蕾蕾
课文朗读 Marleen Triebiger Christoph Deupmann

北京大学出版社
PEKING UNIVERSITY PRESS

图书在版编目（CIP）数据

新编通用德语．下册／虞龙发主编．—北京：北京大学出版社，2024.9
21世纪德语系列教材
ISBN 978-7-301-34193-3

Ⅰ．①新… Ⅱ．①虞… Ⅲ．①德语–高等学校–教材 Ⅳ．①H339.39

中国国家版本馆CIP数据核字（2023）第129458号

书　　名	新编通用德语（下册） XINBIAN TONGYONG DEYU (XIACE)
著作责任者	虞龙发　主编
责任编辑	朱房煦
标准书号	ISBN 978-7-301-34193-3
出版发行	北京大学出版社
地　　址	北京市海淀区成府路205号　100871
网　　址	http://www.pup.cn　新浪微博：@北京大学出版社
电子邮箱	编辑部 pupwaiwen@pup.cn　总编室 zpup@pup.cn
电　　话	邮购部 010-62752015　发行部 010-62750672　编辑部 021-62754382
印 刷 者	河北博文科技印务有限公司
经 销 者	新华书店
	787毫米×1092毫米　16开本　19.75印张　430千字
	2024年9月第1版　2024年9月第1次印刷
定　　价	98.00元

前 言

在桂乾元老师劝说下，我欣然答应再次携手合作，对“旧书”进行改编，推陈出“新”，完成这上、下两册的《新编通用德语》。《新编通用德语》的前身，是2001年出版的《通用德语》。时隔近20年，未曾料到今日重拾起这套上、下两册的书，开启修订工作之时颇有感触。

一是对外讲好“中国故事”需要扎实的外语基本功。当今社会学习一门或几门外语的人士，尤其是那些带着明确目标来学习外语的人，“将外语进行到底”，学外语的勇气可嘉。他们抽出时间，捧起外语书，利用一切机会，不辞辛劳，时间或长或短。他们学外语的“劲头”不亚于当年在校园里学习专业的情形，同样认真刻苦，脚踏实地，为服务国家经济社会发展，为推进中国价值观念对外传播，打好外语基础。为此，编者专门挑选几篇与本国国情相关的短文及其词汇作为阅读材料，帮助学习者在不同语言文化的交流过程中提升自己的外语沟通、传播能力。编者期望这套上、下两册的《新编通用德语》能够为德语学习者提供学习德语的机会，助推他们外语梦的实现。

二是更新教材内容、调整编写思路，为学习者提供一个更灵活、更方便的学习方法。这是我和桂老师始终坚持的一个观点。本教材由15个单元组成，每单元分“导学”“对话”“语法”“听力”和“阅读课文”5个部分。除“导学”外，后4个部分均编有内容丰富、形式多样的练习，主题涉及德语国家以及中国日常生活的方方面面，体现了多元化社会风貌和生态环境。

三是勇于推“新”，提携“新人”。时过境迁，参与《新编通用德语》（上、下册）教材编写的，是吴声白、桂刚（上册）和王磊、范蕾蕾（下册）。他们思维敏捷，外语功底厚实，又有多年国外学习的经历，尤其值得一提的是，他们对于当下信息化时代迅猛发展的新技术和新手段的接受能力远胜我和桂乾元老师，是我们望尘莫及的。在此我们谨向他们表示诚挚的谢意。

在本书出版之前，我们还要感谢北京大学出版社，在出版社领导和编辑的支持和帮助下，本教材的编写才得以顺利完成。由于时间仓促，编写过程中定有许多疏漏，期盼同行和学习者批评指正并提出宝贵意见。

虞龙发

2020年4月于上海

扫描上方二维码
听取课文录音

新编寄语

《新编通用德语》（下册）究竟“新”在哪里？

（1）**引入“导学”**——每单元起始，我们引入了德国版基础德语教材中常见的Lernziel（导学），意在提纲挈领，突出本单元的学习目标，要求学员抓住本单元学习的重点和难点。

（2）**增加练习**——根据教学双方反馈的信息，我们增加了练习的分量，尤其是翻译练习的比重。我们在“对话”和“听力”两部分增加了翻译练习，在“阅读课文”部分增加了造句练习。我们还根据需要，在“对话”“语法”和“阅读课文”部分的练习中增加了一些新颖活泼的练习题型。另外，我们还新增了“阶段复习”（每5个单元为一个复习阶段），结合德语有关考试的要求，编写了有针对性的备考练习，意在帮助学员积累考试经验。

（3）**调整课文**——出于理顺课文内容和合理搭配课文主题，以及增加中国元素的考虑，我们对教材选用的课文做了适当的调整和替换。

（4）**更新体例**——我们对本教材的体例也做了更新，除了前面提到的引入“导学”外，删除了原教材中的“分课目录”，增设了“阶段复习”，意在增加练习，助力备考，使教材更有针对性和实战性。此外，我们还在正文前的“导学”中给出“语法提示”。

（5）**新选插图**——原书插图是手绘的黑白版。现在我们选用了更具时代特色的插图。

（6）**修订勘误**——课文中的“Mark”和“马克”一律改成了“Euro”和“欧元”，并把马克数目换算成了欧元，以求与时俱进。另外，对已发现的原书中的错误，我们均作了勘误更正。

桂乾元

缩略语表

A	Akkusativ	第四格
adv.	Adverb	副词
D	Dativ	第三格
etw.	etwas	某物，某事
G	Genitiv	第二格
jd.	jemand	某人（第一格）
jm.	jemandem	某人（第三格）
jn.	jemanden	某人（第四格）
js.	jemandes	某人的（第二格）
konj.	Konjunktion	连词
N	Nominativ	第一格
P.I	Partizip I	第一分词
P.II	Partizip II	第二分词
Pl.	Plural	复数
vi	intransitives Verb	不及物动词
vr	reflexives Verb	反身动词
vt	transitives Verb	及物动词
unz.	unzählig	不可数（无复数）

新编通用德语（下册）

尊敬的老师：

您好！

为了方便您更好地使用本教材，获得最佳教学效果，我们特向使用本书作为教材的教师赠送本教材配套参考资料（包括习题参考答案和电子课件）。如有需要，请完整填写“教师联系表”并加盖所在单位系（院）公章，向出版社免费索取。

北京大学出版社

教 师 联 系 表

<table>
<tr><td>教材名称</td><td colspan="5">新编通用德语（下册）</td></tr>
<tr><td>姓名：</td><td>性别：</td><td colspan="2">职务：</td><td colspan="2">职称：</td></tr>
<tr><td colspan="2">E-mail：</td><td colspan="2">联系电话：</td><td colspan="2">邮政编码：</td></tr>
<tr><td colspan="3">供职学校：</td><td colspan="3">所在院系：
（章）</td></tr>
<tr><td colspan="6">学校地址：</td></tr>
<tr><td colspan="3">教学科目与年级：</td><td colspan="3">班级人数：</td></tr>
<tr><td colspan="6">通信地址：</td></tr>
</table>

填写完毕后，请将此表拍照发送至如下所示的电子邮箱，我们将给您发送本教材的免费配套资料！

北京市海淀区成府路 205 号
北京大学出版社外语编辑部　朱房煦
邮政编码：100871
电子邮箱：zhufangxu@pup.cn

邮 购 部 电 话：010-62752015
市场营销部电话：010-62750672
外语编辑部电话：010-62754382

Inhaltsverzeichnis

目　录

Lektion 1

第一单元

Hauptthema：Junge Leute　主题：年轻人

A　Lernziel　导学

1. Redemittel 会话句型

Herzlich Willkommen!	Ich weiß doch, dass ...
Ich begrüße Sie sehr herzlich!	Soviel ich weiß ...
Heißt das denn nicht, dass ...	Du glaubst wohl, dass ...
Wieso?	Ich bin ja nicht blöd.

2. Tipps zur Grammatik 语法提示

◇ **总说：**① 主从复合句一般由引导词将主从句连接起来，从句中谓语动词位于句末，按从句主语变位。② 宾语从句的连词dass，ob和疑问词wie, was, wer等。

◇ **难点：**① dass引导的宾语从句，其连词本身没有任何意义，但不能省略。②主从句是一个整体，从句在意义上附属于主句。当从句在前主句在后时，主句动词位于句首。

3. Etwas über das Hauptthema 背景点滴

在德国，两个互不相识的人之间一般使用尊称。对方年龄、层级高于自己时，也要使用尊称Sie。接触一段时间后，一般由年龄大的、层级高的一方提出使用du。未经对方同意就使用du，是没有礼貌的行为。但如今，德国年轻人交往时，往往并不遵循这个“规范”。非正式场合里，即使是第一次见面的年轻人，互相之间也会自然而然地使用du。在很多社交媒体上，人们也趋向使用du而不是Sie。这与他国文化输入有关，也与年轻人的性格有关。

B Gespräch 对话

1. Thema: Nachhilfestunde 题目：补课

(*Situation*: *Maria muss einen Aufsatz über ein fremdes Land schreiben. Sie entscheidet sich für Belgien. Aber sie kennt sich nicht so gut aus. Im Flur des Studentenheims begegnet sie ihrem Kommilitonen Zhonghua und bittet ihn um seine Hilfe.*)（会话情景：玛莉娅要写一篇有关外国的文章，她想写比利时，但她不怎么了解这方面。在学生公寓过道里她遇见中华同学，并向他请教。）

M: Hallo, Zhonghua! Wie geht's dir?

Z: Danke, gut. Und dir?

M: So lala. Kannst du Belgisch?

Z: Nein. Wieso? Du weißt doch, dass ich nur Englisch kann.

M: Ich habe den Auftrag bekommen, einen Aufsatz über ein fremdes Land zu schreiben.

Z: Soviel ich weiß, gibt es Belgisch gar nicht. Warum schreibst du nicht über China?

M: Eine gute Idee! Was wird denn bei euch in China gesprochen?

Z: Also, das sogenannte Hochchinesisch, Mandarin zum Beispiel.

M: Kann ich schreiben: „In China spricht man Mandarin"?

Z: Ja–Moment mal, nein! Das heißt ja, dass alle Leute in China Mandarin sprechen. Da wird aber auch Kantonesisch gesprochen, oder andere Minderheitensprachen.

M: Zhonghua, kannst du mir schon sagen, was ich denn jetzt schreiben soll?

Z: Ja, du kannst schreiben, dass in China Mandarin gesprochen wird. Das ist sicher.

M: Heißt das denn nicht, dass alle Chinesen Mandarin sprechen?

Z: Nein. Oder–Warte mal! Vielleicht doch. Schreib doch einfach: „In China wird unter anderem Mandarin gesprochen". Das ist dann bestimmt richtig.

M: Ich danke dir für die Nachhilfestunde.

Z: Gern geschehen.

2. Wörter 词汇

die Nachhilfestunde -n 补课
der Aufsatz ¨-e 文章，作文
aus/kennen *vr* 熟悉，熟识
der Flur -e 过道，走廊
begegnen *vi* (偶然)碰上，碰见，遇见
der Kommilitone -n,-n 同学
bitten *vt* 请求
die Hilfe -n 帮助，援助
das Belgisch 比利时语
soviel 依照……，就……而论
das Hochchinesisch 普通话
das Mandarin 普通话
sicher 一定的，可靠的
das Kantonesisch 广东话
die Minderheitensprache -n 少数民族语言

3. Erläuterungen 解释

（1）Satzmodelle für Anfänger 初学句型

① Du weißt doch, dass ...（你是知道的，……）

这是由连词 dass 引导的宾语从句句型，是本课语法内容。句中情态小品词 doch加强说话人的语气，如：Ich weiß doch, dass Deutsch schwer ist.（我知道德语难学。）

② Soviel ich weiß ...（就我所知……）

soviel有连词和副词的作用，这里是从属连词，表示某种限制意义，有“就……而言，据……”的意思，如： Soviel ich weiß, hat Günter noch kein Auto.（据我所知，君特还没有汽车。）

③ Heißt das denn nicht, dass ...?（这不就是说……？）

句中动词 heißen 表示“称作，意指”的意思，可以引导一个宾语从句，如：Heißt das denn nicht, dass alle Chinesen Mandarin sprechen?（就是说，并不是所有的中国人都说普通话啰？）

（2）Feste Kombinationen 固定搭配

① sich in etw. (D) aus/kennen（熟悉某事）

反身动词 sich aus/kennen 和介词搭配，构成固定词组，例如跟介词 in或 auf连用可以表示“熟识、熟悉”的意思，如：Ich kenne mich in dieser Sache aus.（这件事我知道。）Ich kenne mich in Berlin noch nicht aus.（我还不太熟悉柏林这座城市。）Auf dem Gebiet der Ökonomie kennt er sich gut aus.（他熟悉经济领域。）

② **jn. um etw. (A) bitten （请求某人做某事）**

动词bitten 支配第四格宾语和介词宾语 um加第四格，表示请求某人做某件具体的事，如：Er hat mich um Entschuldigung gebeten.（他请求我的原谅。）

（3）Idiomatische Wendungen 习惯用语

① **wieso （为什么，怎么）**

疑问代词 wieso和warum虽然在释义上没有差别，都有“为什么，怎么”的意思，但是前者的语气比后者的强，常用于口语，如：Wieso muss ich denn immer diese Arbeiten machen?（为什么老是叫我干这些活儿？）

② **unter anderem （此外，另外）**

介词unter 与不定代词ander连用，构成unter anderem（缩写u.a.）固定用法，表示“此外，另外，其中”，如：Sie kaufte sich u.a. einen neuen Hut.（另外，她买了一顶新帽子。）

4. Übungen 练习

（1）Beantworten 回答问题

① Was muss Maria schreiben?

② Worin kennt sie sich nicht so gut aus?

③ An wen wendet sie sich?

④ Worüber spricht Maria mit ihm?

⑤ Gibt es tatsächlich kein Belgisch?

⑥ Was wird in China gesprochen?

⑦ Welchen Vorschlag hat er gemacht?

⑧ Zu welchem Ergebnis ist dieses Gespräch geworden?

（2）Ergänzen 填空

begegnen	*heißen*	*sprechen*	*Nachhilfestunde*
bitten	*beauftragen*	*sicher*	

① Maria hat eine ______________ von ihrem Kommilitonen Zhonghua.

② In Belgien wird Französisch ______________.

③ ______________ es denn nicht, dass du dich geirrt hast?

④ Ich bin ______________, dass du so was nicht tun darfst.

⑤ Darf ich Sie um Ihren Namen ______________?

⑥ Wir sind einander im Theater ______________.

⑦ Er hat mich ______________, die Arbeit auszuführen.

（3）Satzbilden 造句

① bitten

② beauftragen

③ sich auskennen

④ sprechen

⑤ schreiben

（4）Übersetzen 翻译

① 你会意大利语？我想问你一下，这几个词意大利语怎么说。

② 据我所知，他今天不会来了。听说他的父母来上海了。

③ 等一下，我拿一下书包就来。

④ 我肯定会来的。

⑤ 也许我们去看望一下我们的老师。

Weisheit（智慧箴言）

Anfangen ist leicht, Beharren ist Kunst.

开始很容易，坚持不懈是艺术。

C Grammatik 语法

Lerntipps	宾语从句并不难，动词要放最末端。
学习提示	要问什么来引导，常用连词记心间。

1. Allgemeines 语法常识

（1）德语句法总说

本册教材主要讲授句法，重点是由主句和从句构成的主从复合句。若要掌握主从复合句，首先要辨明其从属关系，其中关键是注意引导词。德语复合句一般都有一个引导词，将主句和从句连接起来。还有一个特点，从句中的谓语动词始终位于句末，并按人称变位。德语从句按其在复合句中的语法作用，可分为主语从句、宾语从句、定语从句、表语从句、状语从句和关系从句。

（2）带连词dass 的宾语从句

构成宾语从句的连词有dass，ob和疑问词。连词dass没有意义，只起从属连词的作用。ob意为“是否”“是不是”，引导一个间接疑问句。

（3）疑问词如was, wann, wie等引导的从句

其原来的意义不变。

2. Grammatische Tabellen 语法图表

（1）带连词dass的宾语从句

主句	宾语从句
Ich weiß,	***dass*** er heute nicht mehr kommt.
Sie merkte,	***dass*** der Junge sie aufmerksam anschaute.
Sie freut sich,	***dass*** sie noch Ferien hat.
Sie stellte fest,	***dass*** er in dieselbe Schule kommt.

（2）带连词ob的宾语从句

主句	宾语从句
Man weiß nicht,	***ob*** man sich anschauen soll oder nicht.
Ich habe ihn gefragt,	***ob*** er dieses Wochenende frei hat.

（3）带疑问代词的宾语从句

主句	宾语从句
Sie wußte nicht,	***wo*** Saloniki war.
Kannst du mir sagen,	***was*** ich denn jetzt schreiben soll?
Können Sie mir sagen,	***wohin*** dieser Weg führt?

3. Übungen 练习

（1）Partnerübung 结伴练习

Partner 1	*Partner 2*
Ich habe geantwortet,	________
Ich habe erklärt,	________
Ich habe gesagt,	________
Ich habe entschieden,	________
Ich habe gehört,	________
Ich habe geschrieben,	________
Ich habe vergessen,	________
Ich habe mich beschwert,	________
Ich habe gehofft,	________

（2）Satzverbinden 连接句子

① Ulla hat mir versprochen: sie raucht nicht mehr.

② Stefan hat seine Hausaufgaben vergessen. Er sagt das seinem Lehrer.

③ Anton hat sich eine Puppe zu Weihnachten gewünscht. Seine Freunde verstehen das nicht.

④ Frau Lang informiert den Notdienst. Ihre Tochter hat in der Nacht starke Bauchschmerzen bekommen.

⑤ Herr Fisch ist bei Rot über die Ampel gefahren. Der Polizist an der Kreuzung hat es beobachtet.

⑥ Er schreibt auf. Die Zeugin heißt Petra Luge.

⑦ Ich habe gehört. Inge hat einen neuen Freund.

⑧ Peter hofft, seine Freundin will ihn bald heiraten.

⑨ Wir wissen, Peters Eltern haben oft Streit.

⑩ Helga hat erzählt, sie hat eine neue Wohnung gefunden.

⑪ Ich meine, man soll viel mit seinen Kindern spielen.

⑫ Du hast mich zu deinem Geburtstag eingeladen. Darüber habe ich mich gefreut.

（3）Schriftliche Übung 书面练习

Beispiel: Du mußt mich ins Kino mitnehmen! (du / ich / versprechen)

Du hast mir versprochen, dass du mich ins Kino mitnimmst.

① Die Schüler gehen heute zwei Stunden früher nach Hause, denn sie haben hitzefrei bekommen. (der Direktor / die Schüler / erlauben)

② Er sollte eine Therapie machen. (der Psychologe / er / empfehlen)

③ Wir können mehr Verantwortung übernehmen. (wir / unsere Eltern / vorschlagen)

④ Sie sollte in einer Band mitspielen. (ihre Freunde / sie / raten)

⑤ Unsere Eltern wollen sich das Ganze noch einmal überlegen. (sie / wir / versprechen)

⑥ Der Bürgermeister will sich scheiden lassen. (unsere Nachbarin / meine Mutter / erzählen)

⑦ Wir kommen pünktlich zu unserer Verabredung. (wir / versprechen / Ihnen)

⑧ Ich habe den Herrn Direktor nicht angetroffen. (ich / bedauern)

（4）Ankreuzen 选择

① Ich bin nicht sicher, ( ) ob / ( ) wer / ( ) was ich die Prüfung bestehen werde.

② Alex interessiert sich dafür, ( ) wie / ( ) wohin / ( ) was die Menschen gelebt haben.

③ Heute hat mir mein Fahrlehrer gesagt, ( ) was / ( ) wann / ( ) woher die Führerscheinprüfung stattfindet.

④ Hane möchte wissen, ( ) wo / ( ) was / ( ) wie sein Prüfer heißt.

⑤ Ich kann nicht verstehen, ( ) warum / ( ) ob / ( ) wer er so ängstlich ist.

⑥ Alle wollten ganz genau wissen, ( ) was / ( ) woher / ( ) wohin ich bei der Prüfung gefragt wurde.

⑦ Weißt du schon, ( ) was / ( ) wer / ( ) wann im nächsten Kurs dein Lehrer ist?.

（5）Beantworten 回答问题

① Sind die Ergebnisse der wissenschaftlichen Untersuchungen zufriedenstellend?

Was möchten Sie wissen? – Ich ...

② Ist das Opernhaus im letzten Jahr renoviert und modernisiert worden?

Was möchtest du wissen? – Ich ...

③ Arbeitet Fritz bei einer neuen Firma?

Was möchtest du wissen? – Ich ...

④ Fährt dein Kollege mich zum Bahnhof ?

Was hast du gefragt? – Ich ...

⑤ Wird in der nächsten Jahreshauptversammlung der Gesellschaft ein neuer Vorsitzender gewählt?

Was hast du gefragt? – Ich ...

⑥ Die Lufthansa hat zwischen Frankfurt und Madrid ihre neue Luftverkehrslinie eröffnet.

Was möchten Sie wissen? – Ich ...

⑦ Wer hat den Brief geschrieben?

Ich weiß nicht, ...

⑧ Wann fährt der nächste Zug von hier ab?

Ich kann Ihnen nicht sagen, ...

⑨ Wie viel kostet dieser Wagen?

Fragen Sie den Verkäufer, ...

⑩ Mit welchem Zug kommt Herr Neumann hier an?

Ich weiß nicht genau, ...

⑪ Welcher Arzt hat nachmittags Sprechstunde?

Es steht im Telefonbuch, ...

⑫ Wohin fliegt die Maschine?

Fragen Sie die Stewardess, ...

（6）Übersetzen 翻译

① 老师要我们多说德语。

② 他说本周三举行考试。

③ 我很高兴，你给我打电话。

④ 我希望在上海再次见到您。

⑤ 问他一下，我们什么时候放假。

D Hörverständnis 听力

1. Thema: In der Frühstunde 在清晨的时候

Mutter: Komm', steh auf! Es ist halb sieben!

Tochter: Ich gehe heute nicht in die Schule!

Mutter: Na, nun mach' schon, sonst kommst du zu spät!

Tochter: Diese verdammte Schule! Ich gehe da nicht mehr hin! Da kannst du machen, was du willst!

Mutter: Was ist denn das für ein Ton! Wie redest du denn mit mir? Mach', dass du aus dem Bett kommst, aber schnell!

Tochter: Wenn du keine Argumente mehr hast, wirst du autoritär! Du glaubst wohl, dass ich darauf reagiere?

Mutter: Und du glaubst wohl, dass ich dir eine Entschuldigung schreibe?

Tochter: Das ist Erpressung!

2. Wörter 词汇

die Frühstunde -n 清晨
auf/stehen *vi* 起床，起立
sonst 不然
hin/gehen *vi* 去那儿
der Ton ¨-e 音，声音；声调；语调（无复数）
reden *vi / vt* 说话
das Argument -e 理由
autoritär 权威的；独裁的
reagieren *vi* 做出反应
die Erpressung -en 敲诈，勒索

3. Erläuterungen 解释

（1）Satzmodelle für Anfänger 初学句型

① Da kannst du machen, was du willst!（随你的便! / 你想干什么就干什么!）

这是用疑问代词was引导的宾语从句。从句was du willst（你想要干什么）是主句中谓语动词machen的宾语。was willst du或was wollen Sie在口语中较常用，如：Er weiß nicht, was er will.（他不知道他想要干什么。）

② Was ist denn das für ein Ton!（你这是什么腔调！）

疑问词was für (ein)是对不定冠词形容词提问的，表示什么样的东西。这里有责备的口吻，如：Er hat Freunde, aber was für welche!（他是有朋友，但这是些什么样的朋友！）

③ Du glaubst wohl, dass ...（你以为……）

主句中情态小品词 wohl使从句中的语气显得更突出、更强烈，意为“你以为会怎样”，如：Du glaubst wohl, dass ich damit einverstanden sein kann?（你以为我会听你的？）

（2）Feste Kombinationen 固定搭配

① aus dem Bett kommen （起床）

介词 aus 支配第三格，意为“从被窝里出来”。这里aus dem Bett kommen（起床）正对应ins Bett gehen（去睡觉），固定用法。

② auf etw. (A) reagieren （对某事做出反应）

不及物动词 reagieren 和介词auf连用，构成固定词组，表示“对某事做出反应”，如：Sie reagierte nicht auf meine Frage.（她对我的问题置之不理。）

（3）Idiomatische Wendungen 习惯用语

① Komm'! / Mach'!（别这样，听话！/ 赶快！）

口语中用这种动词命令形式时，在书面语中以[']符号代替被省略的字母e。

② Diese verdammte Schule!（这个讨厌的学校！）

这是学生用语，非正规场合下使用。

4. Übungen 练习

（1）Beantworten 回答问题

① Warum ruft die Mutter die Tochter?

② Wie reagiert die Tochter auf das Rufen der Mutter?

③ Warum ist die Mutter wütend?

④ Was sagen Sie zu diesem Verhältnis zwischen Mutter und Tochter?

（2）Richtig oder falsch 判断

① Die Tochter hat heute morgen keinen Unterricht, deshalb geht sie nicht in die Schule. （ ）

② Es ist halb acht. Die Mutter ist nervös. （ ）

③ Die Mutter hat heute morgen schlechte Laune. （ ）

④ Die Tochter ist für die Mutter ein braves Mädchen. ( )

⑤ Die Mutter ist gezwungen worden, ihr eine Entschuldigung zu schreiben. ( )

（3）Ergänzen 填空

Argument *Ton* *reagieren* *Entschuldigung* *auf/stehen* *autoritär*

① ________, ich habe heute verschlafen.

② Keiner war mit seinem ________ einverstanden, denn sein ________ ist schwach.

③ Diese Maßnahmen sind ________.

④ Er hat auf meinen Brief bis jetzt nicht ________.

⑤ Das Klavier hat einen schönen ________.

⑥ Morgens ________ er um halb sieben ________ und eine Stunde später fährt er zur Arbeit.

（4）Übersetzen 翻译

① 他已经有一个月时间没对我给他的答复做出反应。

② 他以为我们会等他呢。

③ 快点! 时间不多了。我们必须赶火车。

④ 孩子应早点上床睡觉，晚上不该玩得太晚。

⑤ 你知道什么时候考试吗?

E Lesetext 阅读课文

1. Thema: Demetrios und Osterei 题目: 迪迈特里奥斯和复活节彩蛋

Marion wohnte in einem Hochhaus. Sie wohnte gerne dort, denn eine Menge Kinder waren da. Man fand eigentlich immer jemanden zum Spielen.

Am Dienstag nach Ostern fuhr Marion mit dem Fahrstuhl aus dem sechsten Stock nach unten. Es war schönes Wetter, und sie freute sich, dass sie noch Ferien hatte. Sie wollte zum Spielplatz. In der rechten Tasche ihres Anoraks steckten zwei

Schokoladeneier, eins war in Goldpapier und eins in Silberpapier gewickelt. Das in Goldpapier war mit Nougat gefüllt, das in Silberpapier mit Marzipan.

Der Fahrstuhl hielt im dritten Stock, und ein Junge stieg ein. Er war ungefähr so groß wie Marion, hatte wellige schwarze Haare und sehr dunkle Augen. Die Tür schob sich hinter ihm zu. Es ist komisch, wenn man im Fahrstuhl so dicht beieinander steht und sich nicht kennt. Man weiß nicht, ob man sich anschauen soll oder nicht. Marion sah zuerst an dem Jungen vorbei. Über seiner Schulter war der rote Alarmknopf. Den starrte sie an. Aber dann ließ sie ihren Blick weiterwandern und merkte, dass der Junge sie aufmerksam anschaute.

Marion gab sich einen Ruck.

„Bist du neu hier?" fragte sie.

Der Junge nickte.

„Wie heißt du?"

„Demetrios. Und du?"

„Marion. Bist du deutsch?"

„Nein, griechisch. Wir kommen aus Saloniki."

Marion nickte unsicher. Sie wusste nicht, wo das war. Der Junge sprach ebenso gut deutsch wie sie. Er sah sympathisch aus. Sie griff in die Tasche und holte das in Goldpapier gewickelte Schokolodenei heraus, das mit Nougat.

„Das ist ein Osterei!", erklärte sie feierlich.

Demetrios lachte. „Ich bin ja nicht blöd", sagte er. „Und aus dem Urwald komme ich auch nicht." Aber das Ei nahm er an.

Nachmittags guckte Marion im Fernsehen einen Kinderfilm. Da klingelte es. Die Mutter öffnete die Tür. „Hier ist Besuch für dich, Marion!" rief sie.

Marion wollte eigentlich nicht, dass man sie jetzt störte, aber neugierig war sie auch. Sie lief zu ihr. Draußen stand Demetrios. Er hielt ihr ein buntbemaltes Ei entgegen.

„Das ist ein Osterei", erklärte er feierlich, und dann grinste er.

Marion lachte. „Vielen Dank", sagte sie. „Es ist sehr schön. Hast du es selbst bemalt?"

Demetrios nickte. „Wir bemalen immer alle Eier selbst, zusammen mit der ganzen Familie. Aber dieses hier ist von mir."

Später stellten sie fest, dass Demetrios nach den Ferien in dieselbe Schule und in dieselbe Klasse kommen wird wie Marion.

„Du kannst bestimmt neben mir sitzen“, sagte sie. „An unserem Tisch ist noch ein Platz frei.“

Demetrios war froh. Das konnte man sehen. „Ja, gern. Es ist nicht schön, wenn man neu ist und niemanden kennt.“

„Ich weiß!“ sagte Marion. „Wir sind auch erst im Herbst hier eingezogen. Da war ich neu in der Klasse.“ „Hat dir niemand ein Osterei geschenkt?“

Marion lachte. „Im Herbst gibt es doch keine Ostereier!“ Demetrios lachte auch. „Ein Glück, dass jetzt Frühling ist!“

2. Wörter 词汇

das Osterei -er 复活节彩蛋

das Hochhaus ¨er 高楼，大厦

der Fahrstuhl ¨e 电梯

der Anorak -s 带风帽的厚上衣

stecken *vi* 插于，处于

das Goldpapier 金纸

das Silberpapier 银纸

wickeln *vt* 包，卷

der Nougat -s 牛轧糖

der Marzipan -e 杏仁糖

halten *vt / vi* 拿着；保持；停住

wellig 波浪形的

zu/schieben *vr* 自动关上

komisch 奇怪的，怪里怪气的

dicht 紧密的，贴近的

beieinander 在一起，靠近

die Schulter -n 肩，肩膀

der Alarmknopf ¨e 报警按钮

an/starren *vt* 注视，凝视

der Ruck 猛一拉

nicken *vi* 点头

sympathisch 同情的；友善的

feierlich 庄严的，隆重的

der Urwald ¨er 原始森林

gucken *vt* 瞧，张望

der Kinderfilm -e 儿童电影

neugierig 好奇的

entgegen/halten *vt* 持向；比较

buntbemalt (P.II) 彩色的

grinsen *vi* 冷笑；咧嘴笑

bemalen *vt* 给……上色

fest/stellen *vt* 确定

froh 高兴的

ein/ziehen *vi* 搬入

3. Erläuterungen 解释

（1）Satzmodelle für Anfänger 初学句型

① Es ist komisch, wenn ... （当……的时候，人们感到很奇怪。）

这是用连词 wenn 引导的主语从句，关联词es在主句中不能少，如：Es ist besser, wenn du jetzt schweigst.（你不说话就更好）。本课文中同样的表达方式还有: Es ist nicht schön, wenn man neu ist und niemanden kennt.（新来乍到，又不认识人，这不是件好事。）

② „Hier ist Besuch für dich, Marion!“ rief sie. （她大声说：“玛里温，有人看你来了。”）

hier ist ... für ...可用于口语，类似的表达还有：Xiao Wang, hier ist Telefon für dich!（小王，你的电话！）Hier ist ein Geschenk für Sie!（这是给您的礼物！）

③ Sie stellen fest, dass ... （他们发现/注意到……）

动词fest/stellen 可以直接带宾语或构成宾语从句。以上句型也可以转换成被动语句，如：es wurde festgestellt, dass ...或es lässt sich feststellen, ob ...等。

（2）Feste Kombinationen 固定搭配

jm. etw. (A) entgegen/halten （把某物持向某人）

动词 entgegen/halten可支配一个第三格和一个第四格宾语, 如: Er hielt ihr ein buntbemaltes Ei entgegen.（他把一个彩蛋递给她。）

（3）Idiomatische Wendungen 习惯用语

① eine Menge Kinder （一群孩子）

单数名词 Menge（一大群，一大批）指数量，与名词连用，如：eine Menge Arbeit（一大堆工作），eine Menge Freunde（好多朋友）。

② das in Goldpapier （用金纸包扎起来的彩蛋）

介词in支配第三格名词，在这里指方式方法，即表示“用”“以”的意思。句中省略了动词 wickeln。

③ über seiner Schulter （从他的肩膀上方看过去）

介词über 支配第三格名词，表示方位，指“在……之上”。

④ „Ich bin ja nicht blöd.“ （“我可不傻。”）

句中情态小品词 ja表示说话者某种肯定的语气，指出已知的事实，有“可不”含义。

⑤ Ein Glück, dass jetzt Frühling ist. （高兴的是现在是春天了。）

这里连词dass 引导的从句修饰主句中的名词Glück，做定语。

4. Übungen 练习

（1）Beantworten 回答问题

① Worüber freute sich Marion?

② Wen hat sie im Fahrstuhl getroffen?

③ Wie sieht der Junge aus?

④ Woher kommt der Junge?

⑤ Wohnt Marion schon lange hier im Hochhaus?

⑥ Wann ist sie eingezogen?

⑦ Worüber war Demetrios froh?

（2）Richtig oder falsch 判断

① Marion ist auf dem Spielplatz verabredet. （ ）

② Marion schaut den Jungen neugierig an. （ ）

③ Marion findet Demetrios nett. （ ）

④ Demetrios mag keine Schokoladeneier. （ ）

⑤ Demetrios schenkt Marion ein Osterei, das hat er selbst angemalt. （ ）

⑥ Marion möchte gerne, dass Demetrios ihr Nachbar in der Klasse wird. （ ）

⑦ Demetrios ist froh, dass er in eine neue Klasse kommt. （ ）

⑧ Marion ist noch nicht lange in der Klasse. （ ）

（3）Übersetzen 翻译

① 她为她还有假期而感到高兴。

② 她不知道该不该看他一眼。

③ 他德语说得像她一样好。

④ 她给他开了门。

⑤ 我很高兴你今天能来。

Lektion 2

第二单元

Hauptthema: Arbeitswelt　主题：职场

A　Lernziel 导学

1. Redemittel 会话句型

Ich muss langsam aufbrechen.	Stimmt's?
Hier sind doch alle Arbeitsplätze besetzt!	Wenn man will, ...
Sag mal, wer / was / wo ...	Es handelt sich um ...
Das macht nichts.	Tun Sie Ihr Bestes.

2. Tipps zur Grammatik 语法提示

◇ **重点：**① 带连词wenn的条件从句。② 带连词wenn的时间从句。

◇ **难点：**① 连词wenn带起条件从句和时间从句。作为时间从句连词时，需要根据上下文判断从句动作是一次性动作还是经常性的重复动作。② 带连词wenn的条件从句里，当从句在前主句在后时，可以省略连接词wenn，此时变位动词放在从句句首。

3. Etwas über das Hauptthema 背景点滴

众所周知，德国有众多世界领先的工业产品，德国制造更是高品质的代名词。这与德国人的企业哲学与工作态度密不可分。虽然德国齐全的劳工福利制度在欧洲颇具盛名，平均每位员工可享受30个工作日的带薪年假，但信奉完美主义的德国人一旦进入工作状态，就以生产一流产品、提供一流服务为己任，对工作的每个细节都精益求精，这就是德国的工匠精神。它起源于传统的手工业，发展于工业时代德国对教育与科技的重视。

B Gespräch 对话

1. Thema: Der neue Kollege 题目：新同事

(*Situation: Zhonghua hat in den Sommerferien einen Job und arbeitet seit einem Monat in einer Maschinenbaufirma in Stuttgart. Er hat sich plötzlich erkältet und ist zwei Wochen krank: Angina. Er ist noch ziemlich kaputt. Heute beginnt aber schon die Nachtschicht. Er kommt an seinen Arbeitsplatz. Da steht ein merkwürdiger Kerl ...*)（会话情景：中华在暑假期间找到一份工作，在斯图加特机械厂已经干了一个月。他突然得了感冒，病了两个星期。他得的是咽喉炎，人还很疲倦。今天他上夜班，来到自己干活的地方，这时候有个“怪人”出现在他的眼前……）

R (Robert): Hallo, Zhonghua! Ich bin dein neuer Kollege! Ich heiße Robert Roboter.

Z: Was machst du denn hier? Ich habe dich hier noch nie gesehen!

R: Ich werde ab heute hier in deiner Abteilung arbeiten.

Z: Hier? Hier sind doch alle Arbeitsplätze besetzt!

R: Das macht nichts. Ich fange heute auf jeden Fall an.

Z: Was kannst du denn überhaupt machen?

R: Ich? Ich kann sehr schwere Sachen heben und tragen, ich kann schweißen und natürlich auch montieren. Ich schaffe so viel wie fünf Arbeiter zusammen!

Z: Aber denken kannst du nicht! Und wenn mal der Strom ausfällt, dann geht nichts mehr! – Sag mal, wer hat dich denn eigentlich hergeschickt?

R: Dein Chef natürlich. Er hat gesagt, die Arbeit ist zu schwer für dich.

Z: Was? Ich bin ganz ausgezeichnet in Form!

R: Da hat mir der Chef aber etwas anderes erzählt: Du bist dauernd krank, du brauchst zu viele Pausen, und du magst die Nachtschicht nicht! Stimmt's?

Z: Äh, sag mal, wo kommst du denn eigentlich her?

R: Ich bin die Idee von unserem Dr. Kopf, dem Oberingenieur. Der hat mich konstruiert.

Z: Und was hast du gekostet?

R: Nur eine halbe Million.

Z: Nur? Das ist doch wahnsinnig viel Geld!

R: Das denkst du. Aber überlege mal: eine Arbeitsstunde von dir kostet ungefähr 25 Euro, wenn man deinen Stundenlohn von 11 Euro, die Versicherungen und all die anderen Kosten zusammenrechnet. Bei 38 Stunden pro Woche und 52 Wochen pro Jahr macht das zusammen ca. 50 000 Euro im Jahr. So teuer bist du. Und ich arbeite so viel wie fünf Arbeiter! Hör mal: Du kannst ja auch in einer anderen Abteilung arbeiten ...

2. Wörter 词汇

der Kollege -n 同事，同行
die Angina 咽喉炎，扁桃体炎
ziemlich 相当地；几乎，差不多
kaputt 累的，疲倦的
die Nachtschicht -en 夜班
merkwürdig 古怪的，奇怪的
der Kerl -e 人，小伙子
der Roboter 机器人
ab 从……起
die Abteilung -en 部门
der Arbeitsplatz ¨e 工作岗位
besetzt (P.II) 被占的，不空的
an/fangen *vi* 开始
heben *vt* 抓起，举起
tragen *vt* 提
schweißen *vt* 焊接
montieren *vt* 装配
schaffen *vt* 干，做
denken *vi* 思维，思考
der Strom ¨e 电流；水流
aus/fallen *vi* 短路；停止运转
her/schicken *vt* 派来
der Chef -s 头，上司，主管
ausgezeichnet 杰出的，极其出色的
dauernd (P.I) 持续的，不间断的
die Idee -n 思想，想法
der Oberingenieur 总工程师
konstruieren *vt* 设计
kosten *vt* 价值
die Million -en 百万
wahnsinnig 荒唐的；非常
überlegen *vt* 考虑，思考
ungefähr 大概，大约，差不多
der Stundenlohn ¨e 计时工资
die Versicherung -en 保险
die Kosten (Pl.) 花费，开支
zusammen/rechnen *vt* 算在一起

3. Erläuterungen解释

（1）Satzmodelle für Anfänger 初学句型

① Hier sind doch alle Arbeitsplätze besetzt!（这里所有的工作岗位都有人了！）

这一句话由助动词sein现在时和第二分词besetzt构成状态被动态，用来表达一种动作完成的结果或状态。如：Ist der Platz frei? –Nein, der Platz ist besetzt.（这儿是空座吗?—不是，已经有人了。）在德国的银行服务窗口常看到上面写着“besetzt”的小牌子，这是在提醒顾客，此时这个服务窗口没空，请别在此等候。

② Sag mal, ...（你说……）

这是在彼此熟悉的情况下所用的单数第二人称命令句，用疑问代词引出宾语从句，或可用于一个简单句，如：Hör mal ...（听着……）

（2）Feste Kombinationen 固定搭配

① in Form sein（状态好，正常）

这个固定词组意指人的精神、体力或者竞技状态，常用于口语。在用法上，它有两种表达形式：一种是在介词后面加形容词，如：in guter, großer, glänzender Form sein；另一种是形容词放在介词前，如: gut, groß, glanzend, nicht in Form sein。

② auf jeden Fall（无论如何）

名词Fall与介词auf连用构成固定词组，表示“无论如何”的意思。如：Wir kommen auf jeden Fall.（我们无论如何要来的。）

（3）Idiomatische Wendungen 习惯用语

① Das macht nichts.（没关系/不碍事/这不要紧。）

这个常用句型用于口语，可以表达的意思有: das bedeutet nichts（这不要紧），das nützt nicht（这没用），das schadet / stört nichts（这不碍事/这不影响）。

② Stimmt’s（对吗？）

完整句是: Stimmt es?（这是对的吗？）常用于口语。

4. Übungen 练习

（1）Beantworten 回答问题

① Wie sieht Zhonghua heute aus?

② Mit wem unterhält er sich gerade?

③ Wer ist Robert Roboter?

④ Was kann Roboter alles machen?

⑤ Warum soll Roboter an Stelle von Zhonghua arbeiten?

⑥ Was kostet Roboter? Was bringt er für die Firma?

⑦ Wenn Zhonghua nicht mehr in der Montage arbeiten soll, wo kann er sonst noch arbeiten?

⑧ Mit wem kann er über seine Probleme sprechen?

⑨ Was meinen Sie: Was ist an diesem Gespräch realistisch?

(2) Ergänzen 选词填空

Arbeit	*zusammenarbeiten*	*Arbeitsamt*	*Arbeitnehmer*
Arbeitszeit	*arbeitslos*	*Arbeit*	

① Bist du zufrieden mit meiner ___________?

② Wenn Sie allein keine Stelle finden können, wenden Sie sich doch ans ___________.

③ Wir sind in einer halben Stunde fertig, wenn wir alle ___________.

④ Wir sind ein junger aufstrebender Betrieb und suchen zuverlässige __________.

⑤ Ich muss allein die ganze Familie ernähren, mein Mann ist seit zwei Jahren ___________.

⑥ So ein Wörterbuch macht wahnsinnig viel ___________.

⑦ Von 6 bis 11 und von 16 bis 18! Eine sehr ungünstige ___________.

(3) Partnerübung 结伴练习

Sie haben plötzlich Ihre Arbeitsstelle verloren und wissen nicht mehr, wie Sie tun sollen. Sie gehen zu Ihrem Freund und bitten ihn um seine Tips ...

Partner 1	***Partner 2***
Mal sehen. Vielleicht mache ich mich selbständig.	___________
Immer Ärger mit Kollegen	___________
Mit welcher Begründung denn?	___________
Ist der denn wahnsinnig?	___________
eine Stellung aufgeben	___________

sich beruflich verbessern ____________

eigene Existenz aufbauen ____________

Vertrauen zum Chef gestört ____________

erst mal einen Gelegenheitsjob machen ____________

Umschulen ____________

Taxi fahren ____________

eine Kneipe aufmachen ____________

（4）Schriftliche Übung 书面练习

Zhonghua erzählt:

Gestern hatte ich eine Nachtschicht. Als ich an meinen Arbeitsplatz kam, sprach mich ein merkwürdiger Kerl an. Ich konnte zuerst nicht begreifen, was er zu mir sagte. Später wusste ich, dass er ein Roboter ist und mich vertreten sollte.

Nun schreiben Sie weiter.

（5）Hausarbeit 课外作业

熟读课文。

Weisheit（智慧箴言）

Arbeit ist die beste Lotterie.

干活是最好的中彩。

C Grammatik 语法

Lerntipps 学习提示

带wenn从句分两种，时间、条件它引导。
条件从句可缺席，时间从句不可省。

1. Allgemeines 语法常识

（1）条件从句

由连词 wenn 引导的条件从句说明主句中行为可能实现的条件。对条件从句可用in welchem Fall（在什么情况下）或unter welcher Bedingung（在什么条件下）进行提问。

从句和主句的位置可前后置换。条件从句若前置，主句一般用so或dann导入。不带连词wenn 的条件从句若前置，主句就用 so 引导。

（2）时间从句

同样，连词wenn也可引导时间从句，表示时间意义（当……时；每当）。为此，只有根据上下文来判断连词 wenn的确切意义。

2. Grammatische Tabellen 语法图表

（1）wenn（Bedingung 条件）

主句	条件从句
Er bekommt mehr Lohn,	***wenn*** er Überstunden macht.
Ich komme nur,	***wenn*** ich aufgefordert werde.
条件从句（从句前置）	**主句**
Wenn er Überstunden macht,	bekommt er mehr Lohn.
Wenn ich Zeit habe,	besuche ich dich.

（2）wenn（Zeit 时间）

主句	时间从句
Sie fuhr nach Hause,	***wenn*** sie die Semesterpüfungen machte.
Ich mache einen Spaziergang,	***wenn*** ich mit meiner Arbeit fertig bin.
时间从句（从句前置）	**主句**
Wenn sie die Semesterprüfungen machte,	fuhr sie nach Hause.
Wenn ich Nachricht von ihm habe,	lasse ich es dich wissen.

（3）不带连词的条件从句

条件从句	主句
Behandeln Sie den Apparat unsachgemäß,	***so*** (***dann***) dürfen Sie sich auch nicht wundern, ***wenn*** er nicht mehr funktioniert.

说明：不带连词的条件句一般是从句在前，主句在后。

3. Übungen 练习

（1）Satzbilden 造句

Beispiel: besuchen – Zeit haben

Ich besuche dich, wenn ich Zeit habe. / Wenn ich Zeit habe, dann besuche ich dich.

① zu Hause bleiben – Wetter schlecht

② ins Kino gehen – interessanter Film

③ Brief schreiben – Zeit haben

④ spazierengehen – Wetter gut

⑤ günstig einkaufen – Sonderangebot

⑥ Kopfweh haben – zu viel Bier

⑦ schlafen – Urlaub

⑧ mit dir tanzen – Lust haben

⑨ das neue Auto kaufen – genug Geld haben

⑩ dich besuchen – am Wochenende nichts vorhaben

（2）**Vervollständigen 完整句子**

① Wenn wir Pause haben, __________.

② Wenn ich den Bus verpasst habe, __________.

③ Wenn ich zu spät in den Unterricht komme, __________.

④ Wenn die Schule aus ist, __________.

⑤ Wenn die Sonne scheint, __________.

⑥ Wenn es regnet, __________.

⑦ Wenn ich geduscht habe, __________.

⑧ Wenn ich den Deutschkurs besucht habe, __________.

⑨ Wenn ich meine Freunde nach Hause einladen will, __________.

⑩ Wenn ich laute Musik zu Hause mache, __________.

⑪ Wenn ich ins Kino möchte, __________.

⑫ Habe ich Probleme in der Schule, __________.

⑬ Wenn man Taschengeld möchte, __________.

⑭ Wenn ich mir was Besonderes anschauen möchte, __________.

⑮ Wenn Sie tatsächlich immatrikuliert sind, __________.

（3）**Unterscheiden (konditional oder temporal) 区别从句**

① Wenn du dich warm genug anziehst, ist dir draußen nicht mehr kalt. （ ）

② Wenn Sie mir helfen, können wir den schweren Koffer auf den Wagen laden. （ ）

③ Ich fuhr immer nach Hause, wenn das Semester beendete und ich kein Geld mehr hatte. ( )

④ Man kann die Autobahn wieder benutzen, wenn sie vom Schnee geräumt worden ist. ( )

⑤ Wenn Sie vorsichtig fahren, sind die nassen Straßen nicht gefährlich. ( )

⑥ Wenn Sie die Straße immer geradeaus gehen, kommen Sie direkt zum Bahnhof. ( )

⑦ Wenn ich morgen zu dir komme, nehme ich eine Flasche Weißwein mit. ( )

⑧ Wenn du an deine Eltern schreibst, grüßt du sie herzlich von mir. ( )

(4) Übersetzen 翻译

① 如果周末不下雨，我陪你去公园。

② 如果你们能来看我们的话，我们会很高兴的。

③ 做完作业我就来看你。

④ 你来上海时，我带你参观上海博物馆。

⑤ 假如不重视环境污染问题，那会带来严重的后果。

D Hörverständnis 听力

1. Thema: Janusz Karol hat eine Stelle bekommen 题目: 杨努斯基·卡洛尔找到一份工作

Janusz Karol wohnt zurzeit mit seiner Frau und seinen zwei Kindern in der Stadt Oberhausen. Er hat sich bei vielen Firmen beworben, auch bei der Firma COMT INTERNATIONAL in Stuttgart. Die Firma produziert Bohrmaschinen.

Er ist Elektriker. Er hat sich um eine Stelle als Betriebselektriker beworben. Die Firma hat ihm aber eine Stelle als Arbeiter in der Montage am Fließband angeboten. Man hat ihm gleichzeitig versprochen: „Sie bekommen eine Stelle als Elektriker, wenn eine frei wird!“ Fließbandarbeit! Das ist nicht ideal. Doch die Bezahlung ist gut: 11 Euro Stundenlohn. Und Schichtarbeit! Das bedeutet: einmal früh, einmal spät und manchmal auch nachts arbeiten. Aber wenn man will, kann man Überstunden machen, zum Beispiel am Samstag arbeiten. Dafür bekommt man über 15 Euro Stundenlohn!

Wenn Herr Karol die Stelle annimmt, dann muss die Familie in Stuttgart eine Wohnung finden. Das wird schwierig, denn in Stuttgart sind die Wohnungen knapp und die Mieten sehr hoch.

2. Wörter 词汇

die Stelle -n 岗位
bekommen *vt* 得到
Oberhausen 奥伯豪森（德国）
bewerben *vr* 求职
produzieren *vt* 生产
die Bohrmaschine -n 钻孔机器
der Elektriker 电工
die Montage -n 装配
das Fließband ¨-er 流水线
an/bieten *vt* 提供
gleichzeitig 同时的
versprechen *vt* 许诺，答应
die Fließbandarbeit -en 流水线工作
ideal 理想的
die Bezahlung -en 支付，付款；报酬，酬谢；工资，薪金
die Schichtarbeit -en 轮班工作
nachts 夜间，夜里
die Überstunde -n 加班的钟点
an/nehmen *vt* 接受；批准，通过；假定，认为
knapp 勉强的
die Miete -n 房租

3. Erläuterungen 解释

（1）Satzmodelle für Anfänger 初学句型

① Das bedeutet: ... （这意味着：……）

bedeuten是及物动词，支配第四格宾语。这里bedeuten在句法上有解释性的含义，相当于动词 heißen。如：Leben bedeutet kämpen.（人生乃搏斗。）

② Man hat ihm gleichzeitig versprochen. （与此同时人们答应他。）

动词versprechen可支配第三、第四格宾语，如：Er versprach ihm seine Unterstützung.（他答应给予他支持。）

③ Sie bekommen eine Stelle als Elektriker, wenn eine frei ist. （如果电工的职位有空缺，您将获得电工的工作。）

eine Stelle als ... 意为“一个……的岗位”。als作并列连词用，说明名词Stelle，如：Sie bekommt eine Stelle als Verkäuferin.（她获得了售货员的岗位。）Ich rate es dir als meinem Freund.（我把你当作朋友向你劝告。）

句中形容词frei和nicht besetzt是同一个意思，表示某物是“可用的，空着的”，如：Der Platz ist noch frei.（这个座位还空着。）Das Zimmer ist frei.（房间空着。）

（2）Feste Kombinationen 固定搭配

① sich um etw. (A) bewerben （申请得到某物）

反身动词sich bewerben（谋求职位）支配介词宾语um加第四格名词，如：Er hat sich um einen Studienplatz im Ausland beworben.（他申请了国外一所大学的就读位置。）

② zurzeit （目前）

这是副词，做时间状语用，如： Zurzeit entwickelt sich die Stadt sehr schnell.（目前这座城市发展很快。）

（3）Idiomatische Wendungen 习惯用语

① einmal früh, einmal spät （一次早班，一次晚班）

句中副词 einmal表示“一次，一会儿”的意思，如：einmal so, einmal anders （一会儿这样说，一会儿又那样说），einmal links, einmal rechts（一会儿左，一会儿右）。

② wenn man will, ... （只要人们愿意，……）

连词wenn可以引导两种意义的条件：一种表示时间的从句（时间从句）；另一种表示条件意义的从句（条件从句）。这里wenn表示条件意义，意为“如果/只要……，就……”，常用于口语。

4. Übungen 练习

（1）Beantworten 回答问题

① Warum hat Herr Karol bei COMT INTERNATIONAL keine Stelle als Elektriker bekommen?

② Unter welcher Bedingung muss die Familie Karol eine neue Wohnung finden?

③ Warum ist die Wohnungssuche in Stuttgart schwierig?

④ Soll Herr Karol die Stelle in Stuttgart annehmen?

⑤ Was produziert die Firma?

（2）Richtig oder falsch 判断

① Janusz Karol wohnt allein in Oberhausen. （ ）

② Die Firma hat Karol eine Stelle als Betriebsleiter angeboten. （ ）

③ Er verdient gut und kann auch Überstunden machen. （ ）

④ Auch er kann Schichtarbeit machen. （ ）

⑤ Er hat schließlich die Stelle angenommen. （ ）

（3）Ergänzen 填空

bekommen *sich bewerben* *produzieren* *an/bieten* *versprechen*
werden *an/nehmen* *sein*

① Schon lange habe ich keine Briefe von meinen Eltern ________.

② In dieser Fabrik wird Bohrmaschine ________.

③ Die Firma hat ihr eine Stelle als Sekretärin ________.

④ Wenn die Stelle frei ________, können Sie bei uns arbeiten.

⑤ Die Schule hat das behinderte Kind ________.

⑥ Ich habe ______ als Buchhalter bei der Firma ________.

⑦ Wie ________, schicke ich dir anbei das Buch.

⑧ Ich möchte später Lehrer ________.

（4）Übersetzen 翻译

① 这个人一会儿说来，一会儿又说不来，真不守信用。

② 如果你愿意，我可以把房间让出来。

③ 答应的事，必须要做到。

④ 这个房间简直太理想了。我很满意。

⑤ 我在你们这里已经住了很久了。我想搬到其他地方去住。

E Lesetext 阅读课文

1. Thema: Der Job 题目: 工作

„Sie wissen alle bestimmt, es gibt nur eine einzige Freistelle hier. Tun Sie alle ihr Bestes. Wir werden dann mit der Prüfung beginnen. Auf der Tafel wird die Aufgabe erscheinen. Die Prüfung dauert 45 Minuten." Der Mann drückt einige Tasten auf seinem Pult und auf der großen Tafel erscheint die erste und einzige Aufgabe. Es handelt sich dabei um eine Wahrscheinlichkeitsrechnung.

Eine Glaskugel, Außendurchmesser 33 cm, innen hohl, Wandstärke 1,5 cm, fällt aus einer Höhe zur Unterseite von 7,3 m auf einen Holzboden.

Berechnen Sie:

(1) Die Wahrscheinlichkeit, dass sechs Bruchstücke eine Gesamtfläche zwischen 18,5 und 19 cm^2 haben.

a. bei einem Boden aus Eichenholz.

b. bei einem Boden aus Weidenholz.

c. bei einem Boden aus Tannenholz.

(2) Die Wahrscheinlichkeit, dass das kleinste Bruchstück 0,3 cm^2 hat.

(3) Die minimale und maximale Anzahl der Bruchstücke.

Ich kann mein Glück kaum fassen: es ist mein Spezialgebiet. Und so fange ich mit der Aufgabe an. Es sind noch keine zwanzig Minuten um, da habe ich schon alle Lösungen. Wie soll ich die nächste Zeit verbringen? Ich muss doch etwas machen können. Ich sehe mir die Aufgaben noch einmal genauer an. Dann fällt es mir auf: es gibt mehrere Lösungsmöglichkeiten. Ich fange noch einmal mit der Arbeit an. Drei Minuten vor Schluss habe ich alle bekannten Lösungsmethoden durchgearbeitet. Dann erklingt die Stimme des Mannes: „Finger weg von der Tastatur! Stehen Sie alle auf und gehen Sie nach Hause. Wir werden Ihnen das Ergebnis schicken."

Nach einer Woche ist es dann soweit. Der Postbote ruft mir schon vom Tor zu: „Heute haben Sie endlich einen Brief." Zitternd mache ich den Brief auf. Es ist ein Einstellungsschreiben! Ich habe ihn. Ich habe den Job, jetzt bin ich wer. Endlich, nach langer Zeit kann ich sagen: „Ich habe auch einen Job, einen Job als Straßenkehrer bei der Städtischen Müllabfuhr!"

2. Wörter 词汇

erscheinen *vi* 出现，显得

drücken *vt* 按下

die Taste -n 按键

das Pult -e 讲台

die Wahrscheinlichkeitsrechnung -en 概率计算

der Glaskugel -n 玻璃球

der Außendurchmesser 外径

hohl 空心的

die Wandstärke -n 壁厚

der Holzboden = 木地板

berechnen *vt* 计算

das Bruchstück -e 碎片

die Gesamtfläche -n 总面积

das Eichenholz ¨-er　橡木

das Weidenholz ¨-er　草杆木

das Tannenholz ¨-er　杉木

die Anzahl　数量

die Lösungsmöglichkeit -en　解答可能性

die Lösungsmethode -n　解答方法

durcharbeiten *vt*　仔细研究

erklingen *vi*　发出响声

zitternd (P.I)　颤抖的，摇晃的

das Einstellungsschreiben　入职通知书

der Straßenkehrer -　街道清洁工

die Müllabfuhr -en　垃圾清除；垃圾装运处

3. Erläuterungen 解释

（1）Satzmodelle für Anfänger 初学句型

① Es sind noch keine zwanzig Minuten um. （还没过二十分钟。）

这里副词um与系动词sein连用，表示“结束”，如：Die Ferien sind um.（假期结束了。）需要注意的是，es位于句首只是形式上的主语。句中Minuten是主语，动词sind用复数形式，如：Es sind viele Leute hier.（这里有很多人。）

② Ich muss doch etwas machen können. （我是一定能够做出些事情来的。）

句中können是实义动词，意指“能够”，与句中另一个动词machen（干，从事）连用，构成框架结构。如：Man muss nicht alles mögen.（人们不必喜欢所有的事物。）

（2）Feste Kombinationen 固定搭配

① es handelt sich um etw. (A) （与某事相关）

反身动词es handelt sich + um构成固定用法，表示“涉及，关系到”，如：Worum handelt es sich?（这是关于什么的？）Es handelt sich um meine Arbeit.（这关系到我的工作。）

② etw. (N) fällt jm. auf （某事引起某人注意）

动词auf/fallen意为“显眼，引人注目”，支配第三格宾语，如：Sein Aussehen fällt mir auf.（他的外表引起了我的注意。）Es fällt mir auf, dass er heute nicht zur Arbeit kommt.（我注意到他今天没来上班。）

（3）Idiomatische Wendungen 习惯用语

① Tun Sie Ihr Bestes. （您尽力吧！）

句中名词das Beste是由形容词gut的最高级转换而来的，表示“最好的东西；最好者”，按形容词变化。如：sein Bestes tun（尽他的最大努力）。

② Finger weg! （别动！/把手拿开！）

用于口语中粗暴的命令。如：Finger weg von meinem Kind!（不要碰我的孩子！）

Finger weg vom Alkohol!（不要喝含酒精饮料！）

③ Es ist so weit. （是时候了/准备好了。）

口语中so weit sein用于无人称句，表示所期待的那个时机到了。

4. Übungen 练习

（1）Beantworten 回答问题

① Wer ist der Mann am Anfang?

② Wie findet der Ich-Erzähler die Aufgabe?

③ Was ist sein Spezialgebiet?

④ Wie lange braucht er für die Prüfung?

⑤ Hat die Aufgabe nur eine Lösung?

⑥ Wie lange wartet er auf das Schreiben?

⑦ Was für einen Job hat er jetzt?

（2）Schriftliche Übung 书面练习

Wer? Wo? Was? Wie? Wann?

Beantworten Sie Fragen und dann fassen Sie den Text kurz zusammen.

（3）Übersetzen 翻译

① 这篇文章描述了一段寻找工作的经历。

② 他的穿着引起了警察的注意。

③ 还没有到那个程度。

④ 他还没有尽全力。

⑤ 已经过了一周。

⑥ 我仔细研究了整本练习册。

⑦ 她忽然想起，今天她有一个约会。

Lektion 3

第三单元

Hauptthema：Höflichkeit　主题：礼貌

A　Lernziel　导学

1. Redemittel　会话句型

Darf ich mal ...	Mir ist es lieb, wenn ...
Zeigen Sie (mir) ...	Am besten bringen Sie ... mit.
Hoffentlich ...	Es mag wohl nichts darin sein.
Es war sehr nett bei Ihnen, ...	Man findet (...) schauderhaft.

2. Tipps zur Grammatik　语法提示

◇ **重点**：①由weil引导的原因从句。②由da引导的原因从句。

◇ **难点**：①由weil引导的原因从句可以放在主语前，也可以放在主句后。②由da引导的原因从句，一般放在主句前，表示众所周知的原因。

3. Etwas über das Hauptthema　背景点滴

德国人自律严谨，无论在正式场合还是私下里都会遵循特有的礼仪规范和交往规则，例如：尊称Sie的使用，见面握手礼，称呼对方要加头衔及学衔，守时，拒绝别人时要先说谢谢，即使朋友间的拜访也要事先约定等。当有人没有遵循约定俗成的礼仪规范时，德国人出于礼貌一般不会当面指出，但会留下不良的印象。因此，了解礼仪文化差异，在与对方交往时尊重对方的礼仪传统，是跨文化交际活动中至关重要的一个环节。

B Gespräch 对话

1. Thema: Hoffentlich verstehen Sie Kausalsätze ... 题目：但愿您知道原因从句……

(*Situation: Zhonghua studiert seit ein paar Monaten an der Universität Frankfurtr und wird auf der Straße von einer Polizistin angesprochen.*)（会话情景：中华在法兰克福大学学习已有几个月了。一次在马路上，一名警察询问他。）

P (Polizistin): Guten Tag! Darf ich mal Ihren Personalausweis sehen?

Z: Haben Sie da gerade einen Wunsch geäußert?

P: Wie? Was? Ich möchte Ihren Personalausweis sehen.

Z: Das klingt sehr höflich. Ich kann diese Bitte vermutlich ablehnen.

P: Nein. Das können Sie nicht. Darf ich Ihren Personalausweis sehen?

Z: Das habe ich zuerst nicht so verstanden.

P: Also, zeigen Sie mir jetzt Ihren Personalausweis?

Z: Nein.

P: Wie bitte?

Z: Ich habe keinen Personalausweis. Ich bin Ausländer.

P: So, Ausländer sind Sie? Also zeigen Sie mir mal sofort Ihren Pass!

Z: Meinen Pass wollen Sie sehen?

P: Ja. Her mit dem Pass, sonst passiert was!

Z: Also – zuerst haben Sie mich nach dem Personalausweis gefragt. So etwas habe ich nicht.

P: Wenn Sie mir nicht innerhalb von zwei Sekunden Ihren Pass zeigen, verhafte ich Sie.

Z: Ein Bedingungssatz. Wenn ich Ihnen den Pass tatsächlich zeige, was dann?

P: Ich warne Sie!

Z: Hier ist der Pass. Die Aufenthaltsgenehmigung ist in Ordnung.

P: Warum haben Sie mir den Pass nicht gleich gezeigt?

Z: Weil Sie mich nach dem Personalausweis gefragt haben. Und weil Sie offenbar weder den Imperativ noch die Bedingungssätze richtig gebrauchen. Hoffentlich verstehen Sie Kausalsätze ...

2. Wörter 词汇

hoffentlich 但愿
der Kausalsatz ¨e 原因从句
der Personalausweis -e 身份证
gerade 恰好，刚刚，正如
der Wunsch ¨e 愿望；请求；祝贺
äußern *vt* 表达
klingen *vi* 发出声音，听起来
höflich 有礼貌的，客气的
die Bitte -n 请求
vermutich 估计，可能，大概
ab/lehnen *vt* 不接受；拒绝；否决
der Pass ¨e 护照；山口
her 到这里来，过来
passieren *vi* 发生
innerhalb 在……之内
verhaften *vt* 逮捕，拘留
der Bedingungssatz ¨e 条件从句
tatsächlich 确实，真的；事实上
die Aufenthaltsgenehmigung -en 居留许可
offenbar 看来
der Imperativ -e 命令式
gebrauchen *vt* 使用

3. Erläuterungen 解释

（1）Satzmodelle für Anfänger 初学句型

① Darf ich mal Ihren Pass sehen? （允许我看一下您的护照吗？）

"Darf ich mal ...?"（允许我……吗？）是征求对方意见时使用的句型，如: Darf ich mal eine Frage stellen?（可以提个问题吗？）句中mal表示次数，意为"一次，一下"。

② Zeigen Sie sofort Ihren Pass! （请马上拿出您的护照！）

动词zeigen（让……看；显示出）可支配一个第三格宾语和第四格宾语。此句是命令式，说话者要求对方把某物拿出来让他看。但在用法上也可将第三格宾语省略，直接带出第四格宾语。

③ Hoffentlich verstehen Sie Kausalsätze ... （但愿您知道原因从句……）

副词hoffentlich（但愿）用在句中表达说话者对于某事的一种期待，常用于口语，相当于"ich hoffe/ich wünsche，dass ..."这类句型，如：Hoffentlich hast du dich nicht erkältet!（但愿你没有感冒！）

（2）Feste Kombinationen 固定搭配

① jn. nach etw. (D) fragen （向某人打听某事）

这是向某人打听/了解某事的一种表达。动词fragen支配一个第四格宾语+介词宾语

nach（第三格），如：jn. nach der Zeit（时间）/dem Preis（价格）/dem Weg（问路）/seinem Namen（姓名）/seiner Meinung（意见）fragen。

② **innerhalb von etw. (D)（在某物之内）**

句中innerhalb和介词von连用作副词，表示“在……之内”，如：innerhalb von zehn Jahren（在十年内）。

③ **in Ordnung sein（有秩序，妥当，对头）**

这个介词词组在口语中可指称某事或某一种状态，亦可指人，如：Der Pass ist in Ordnung.（护照正常。）Der Neue ist ganz in Ordnung.（那个新来的人为人不错。）

（3）Idiomatische Wendungen 习惯用语

① **Wie bitte?（您说什么？）**

这是用于口语中的一种表达，在没听清楚对方说话内容时，请求对方重复刚才说的话。bitte来源于动词bitten（请求）。

② **Her mit dem Pass, sonst passiert was!（拿出您的护照来，不然有您好看的！）**

副词her（到这里）表示地点，同介词mit连用，表示“把某物拿出来”，如：Her mit Geld!（把钱拿过来!）Lasst ihn her.（把他叫来。）副词her还可以表示时间意义，例如：Das ist nicht lange her.（那是不久以前的事。）Es ist schon drei Jahre her, dass wir uns nicht gesehen haben.（我们已经三年没见面了。）

③ **Wenn ich Ihnen den Pass tatsächlich zeige, was dann?（如果我真的把护照拿给您看，之后呢？）**

口语中主句省略了passieren（发生）这一谓语动词。

④ **weder ... noch ...（既不……又不……）**

这是并列连词，可连接并列的句子成分和句子，该连词具有否定意义，即所述内容都不产生作用，如：Er trinkt weder Kaffee noch Tee.（他既不喝咖啡也不喝茶。）

4. Übungen 练习

（1）Beantworten 回答问题

① Was will die Polizistin von Zhonghua verlangen?

② Darf sie auf diese Weise tun?

③ Was hat Zhonghua nicht?

④ Was will die Polizistin sehen?

⑤ Was wird Zhonghua passieren, wenn er nicht nach der Forderung der Polizistin tut?

⑥ Warum zeigt er seinen Pass nicht sofort?

⑦ Ist die Verhaltensweise der Polizistin selbstverständlich?

⑧ Was hat sie nicht gut getan?

（2）Ergänzen 填空

äußern verstehen fragen klingen ab/lehnen verhaften gebrauchen

① Er hat seinen Wunsch __________, zum Geburtstag ein neues Fahrrad zu bekommen.

② Das __________ ganz komisch. Ich kann seine Bitte nicht akzeptieren.

③ Er hat seinen Lehrer gar nicht richtig __________.

④ Der junge Mann hat den Polizisten nach dem Weg __________.

⑤ Der Polizist hat den Mann __________.

⑥ Seine Forderung hat der Chef __________

⑦ Das kann ich gerade gut __________.

（3）Partnerübung 结伴练习

Sie wollen nur für 20 Euro tanken, aber der Tankwart hat den Tank vollgemacht. Sie können folgende Sätze verwenden:

Das können Sie nicht mit mir machen!（在我这儿您不能做这种事！）

Das geht doch nicht!（这不行！）

Das dürfen Sie nicht so einfach!（您不能这么简单了事！）

Das glaube ich nicht!（这我不信！）

Das stimmt nicht!（这不对！）

Das ist nicht wahr!（这不是真的！）

Das ist falsch!（这是错的！）

Das ist gelogen!（这是欺骗！）

Das interessiert mich nicht!（这我不感兴趣！）

Das ist mir egal.（我无所谓。）

Das überzeugt mich nicht!（我不信！）

Sicher, aber ...（肯定的，但是……）

Das stimmt, aber ...（对的，但是……）

Sie haben recht, aber ...（您说得对，但是……）

Das tut mir leid, aber ...（对不起，但是……）

Das ist richtig, aber ...（这是对的，但是……）

Das habe ich nicht gewusst.（这我不知道。）

Verzeihung.（对不起。）

（4）Übersetzen 翻译

① 你和我都无法帮助他。

② 看来他要晚点来。

③ 这位女歌手的声音听上去很美妙。

④ 出于礼貌他同意了她。

⑤ 你理解我吗?

Weisheit（智慧箴言）

Auf Regen folgt Sonnenschein.

雨过天晴。

C Grammatik 语法

Lerntipps	原因从句有两种，weil和da来引导。
学习提示	weil从句用得多，da连词常居首。

1. Allgemeines 语法常识

第一册教材中介绍过denn（因为），系并列连词，连接两个主句。本课讲解原因状语从句的连词weil和da。对从句的内容提问可以用warum（为什么），aus welchem Grund（出于何种原因），weshalb（因为什么）以及wieso（为什么）。要注意的是，weil和da在用法上有一定的区别。用da引导的从句所述的理由一般为已知的原因，常位于主句之前，多用于书面语。由weil引导的从句可作独立句使用。

2. Grammatische Tabellen 语法图表

（1）带连词weil的原因从句

主句	从句
Karol ist nach Stuttgart gezogen,	***weil*** ihr Mann dort eine Stelle bekommen hat.
从句	**主句**
Weil ich verschlafen habe,	bin ich zu spät zum Deutschkurs gekommen.

（2）带连词da的原因从句

从句	主句
Da wir nächste Woche keine Vorlesungen haben,	machen wir einen Ausflug.
Da er verreist war,	konnte er nicht kommen.

（3）单独使用

Weil Sie mich nach dem Personalausweis gefragt haben.
Weil Sie offenbar weder den Imperativ noch die Bedingungssätze richtig gebrauchen.

3. Übungen 练习

（1）Satzbilden 造句

① nichts lernen – müde

② keine Hausaufgaben – Freunde zu Besuch

③ viel Obst und Gemüse essen – gesund

④ keinen Kuchen – zu dick

⑤ wandern – frische Luft

⑥ Umschulung – mehr verdienen

⑦ keinen Kaffee – Herzklopfen

⑧ kein Geld mehr – alles ausgeben

⑨ zum Bahnhof fahren – die Gäste begrüßen wollen

⑩ Ich kann Ihnen keinen Personalausweis zeigen. – Ich bin Ausländer.

⑪ Ich beeile mich. – Mein Freund will mir noch ein anderes Geschäft zeigen.

⑫ Herr Yu spricht gut Deutsch. – Er ist vier Jahre in Deutschland gewesen.

⑬ Sie geht in die Stadt. – Sie will ein Geschenk kaufen.

⑭ Ich kann dich begleiten. – Ich habe jetzt Zeit.

⑮ Er könnte heute nicht kommen. – Er war eine Woche krank.

（2）**Vervollständigen 完整句子**

① Ich kann nur bis zum Wochenende bleiben, weil ________.

② Er muss zu Haus bleiben, weil ________.

③ Wir machen morgen einen Ausflug, weil ________.

④ Ich habe viele Freunde zum Party eingeladen, weil ________.

⑤ Ich muss den Fernseher zur Reparatur bringen, weil ________.

⑥ Er kann perfekt Englisch sprechen, weil ________.

⑦ Er geht nicht ins Kino, weil ________.

（3）**Ergänzen (denn, weil, nämlich) 填空**

① Ich kann mich nicht beeilen, ich habe ________ Fußschmerzen.

② ________ der Fahrer zu schnell gefahren ist, ist der Unfall passiert.

③ Ich arbeite gern in der Uni-Bibliothek , ________ es gibt dort viele Bücher.

④ Wir saßen bis zum Ende der Aufführung, sie war ________ sehr spannend.

⑤ Die Mutter hatte immer Sorge um ihre Tochter, ________ sie war allein zu Hause.

⑥ Der Unterricht fällt heute aus, ________ der Lehrer ist krank.

（4）**Beantworten 回答问题**

①Warum können die jungen Leute so gut mit dem Computer umgehen?

②Warum sprichst du nicht mehr mit Leon?

③Warum war Tanja in den Ferien immer mit Sebastian zusammen?

④Warum bist du am Samstag nicht zum Party gegangen?

⑤Warum seid ihr denn einfach weggegangen?

⑥Warum habt ihr das Spiel gegen die Klasse A verloren?

⑦ Warum fahren Sie nach München?

⑧ Aus welchem Grund hat Herr Bergmann die Firma seinem Sohn übergeben?

⑨ Aus welchem Grund hat der Minister sein Amt zur Verfügung gestellt?

⑩ Aus welchem Grund müssen sich Auslandsreisende nochmals gegen Pocken impfen lassen?

⑪ Aus welchem Grund ist hier die Autobahn durch einen schweren Unfall blockiert worden?

⑫ Aus welchem Grund ist der Diplomat des Landes verwiesen worden?

（5）Satzbilden 造句

① Georg arbeitet in den Ferien. – sich ein neues Fahrrad kaufen möchten

② Eva bekommt nicht viel Taschengeld. – nicht jeden Tag ins Eiscafé gehen können

③ Manuel macht seine Hausaufgaben zusammen mit seinen Freunden. – das Lernen mit anderen mehr Spaß machen

④ Susanne hat immer gute Laune. – bei allen beliebt sein

⑤ Leo liest gerne Bücher. – oft in die Bibliothek gehen

⑥ Petra und Frank wohnen nicht in derselben Stadt. – sich nicht täglich treffen können

⑦ Jörg macht eine große Party. – Geburtstag haben

⑧ Die Jugendlichen gehen in die Disco. – dort Freunde treffen können

⑨ Die meisten Jugendlichen haben kein Auto. – mit dem Bus fahren

⑩ Christian hat keine Lust zum Lernen. – schlechte Noten bekommen

（6）Ergänzen (weil, deshalb, denn oder da) 填空

Liebe Gabi,

ich hatte für letzten Samstag alle meine Freunde und Freundinnen eingeladen, ________ ich Geburtstag hatte. Und ________ das Wetter toll war, habe ich beschlossen, eine Gartenparty zu geben.

Am Vormittag ging ich mit meinen Eltern einkaufen, ________ allein konnte ich ja nicht die vielen Getränke besorgen. Ich wollte nicht den ganzen Tag kochen und backen, ________ machten wir Pizzas (比萨) und Kartoffelchips (薯条). Wir bestellten auch drei Torten beim Bäcker, ________ man seinen Geburtstag schließlich nicht ohne Torte feiern kann. Gegen Mittag fing ich mit den Vorbereitungen im Garten an, ________ es gab eine Menge Arbeit. Meine beiden Brüder halfen nur dabei; ________ ging auch alles viel schneller. Wir brachten Tische und Stühle in den Garten, stellten Gläser und Teller auf die Tische und suchten die passende Musik aus. Zwei Stunden vor Beginn der Party fing es leider an zu regnen. Wir mussten ________ alles wieder ins Haus bringen. Die Party war aber dann trotzdem ganz toll, ________ alle gute Laune hatten. Schade, dass Du nicht kommen konntest.

Viele Grüße

Deine Freundin Iris

D Hörverständnis 听力

1. Thema: Fehlanzeige 题目：虚假的广告

(*Ein Telefongespräch zwischen Frau Baumann und Herrn Lindner*)

B: Baumann.

L: Hier Lindner. Also, ich möchte mal wissen, wann Sie die gebrauchten Weihnachtsbäume abholen können. Ich habe hier schon 150 Stücke auf dem Hof liegen. Mir ist es lieb, wenn Sie möglichst bald vorbeikommen. Ich brauche nämlich den Platz auf dem Hof.

B: Tut mir leid, Herr Lindner, aber ...

L: Ich würde sagen, Sie holen die Bäume heute noch ab. Und zwar sind das 100 große Bäume zu 10 Euro und ungefähr 50 kleine Bäume zu 5 Euro. Am besten bringen Sie die 1 250 Euro gleich mit.

B: Nun hören Sie mir doch mal zu, mein Herr. Diese Anzeige haben Sie in der Zeitung gelesen. Die ist nicht von mir. Da wollte mich wohl jemand ärgern. Ich kaufe keine gebrauchten Weihnachtsbäume und ich denke auch nicht daran, Ihre Bäume abzuholen.

L: Das können Sie mir nicht erzählen! Sie werden noch von mir hören!

B: Ich glaube nicht, mein Herr!

2. Wörter词汇

die Fehlanzeige -n 虚假的广告

gebraucht (P.II) 用过的，用旧的

der Weihnachtsbaum ¨e 圣诞树

ab/holen *vt* 接，提取

das Stück ¨e 块，片，件，只

der Hof ¨e 庭院，院子

lieb 乐意的，喜欢的

nämlich 即，也就是

der Baum ¨e 树，树木

zu/hören *vt* 仔细地听

ärgern *vt* 使生气，恶意地逗弄

3. Erläuterungen 解释

（1）Satzmodelle für Anfänger 初学句型

① Mir ist es lieb, wenn ... （如果……我将很高兴。）

句中形容词lieb表示“喜欢，乐意”，mir是第三格人称代词，表示某人喜欢。es是形式主语，不能省略，如: Wenn Sie mitkommen, wird es mir lieb sein.（您来我很高兴。）

② Am besten bringen Sie ... mit. （最好您带上……）

beste是gut的最高级，与介词连用构成am besten，在句中表示“最好是……”。常用于口语。

（2）Feste Kombinationen 固定搭配

an etw. (A) denken （打算做某事）

动词denken与介词an连用，构成固定搭配，意指“有意、打算做某事”，an支配第四格。这个搭配还可以构成带zu不定式用法，如：Ich denke auch nicht daran, Ihre Bäume abzuholen.（我也不想来取您的树。）

（3）Idiomatische Wendungen 习惯用语

① Ich habe hier schon 150 Stück (Bäume) auf dem Hof liegen. （我已经有150棵树放在院子里。）

德语中有些动词如sehen，heißen，lernen，bleiben等，可以与其他动词不定式连用，在句中做宾语或谓语补足语。以上这个句子就属此类。又如：Ich habe 20 Flaschen Rotwein im Keller liegen.（在我家地窖里放着20瓶红葡萄酒。）

② Sie werden noch von mir hören! （您会知道我的厉害的！）

这是一句威吓语，可从两个层面来解释：一说明他还会打电话来，二暗示一种警告，即打电话人会给她点颜色看看的。

4. Übungen 练习

（1）Richtig oder falsch 判断

① Herr Lindner hat eine Anzeig in der Zeitung aufgegeben. （ ）

② Frau Baumann möchte die gebrauchten Weihnachtsbäume abholen. （ ）

③ Frau Baumann hat diese Anzeige in der Zeitung aufgeben lassen. （ ）

④ Jemand wollte Frau Baumann ärgern. （ ）

⑤ Frau Baumann bekommt noch Ärger. （ ）

⑥ Frau Baumann hat keine andere Wahl, als die Bäume abzuholen. （ ）

（2）**Ergänzen 填空**

gebraucht *ärgern* *abholen* *Anzeige* *mir*

① Er bekommt Geld von ＿＿＿＿＿.

② Kannst du für mich meine Eltern vom Bahnhof ＿＿＿＿＿?

③ Ich habe eine ＿＿＿＿＿ in der Zeitung aufgeben lassen.

④ Die Kinder ＿＿＿＿＿ ihren Vater ständig.

⑤ Dieser ＿＿＿＿＿ Staubsauger funktioniert nicht mehr.

E Lesetext阅读课文

1. Thema: Lügt man, wenn man höflich ist? 题目：当人们有礼貌的时候，是在说谎吗?

Oft ist Höflichkeit der Antrieb für die Lüge. Wenn Deutsche von Freunden ein scheußliches Geschenk bekommen, reißen sie sich zusammen und heucheln zu 57.8% Begeisterung. Junge Leute sind am offensten, katholische Kirchgänger heucheln am besten.

Wenn gar Verwandte mit dem unwillkommenen Gartenzwerg und dem grässlichen Sofakissen daherkommen, wird das dankbare Lächeln im ganzen Land noch etwas breiter. Allenfalls in Großstädten schockiert man die Erbtante mal durch ein offenes Wort. Merke: Höflichkeit ist wie ein Luftkissen. Es mag wohl nichts darin sein, mildert aber diese die Stöße des Lebens (*Arthur Schopenhauer*).

Wenn freilich ein Freund einen hässlichen neuen Anzug oder eine Freundin ein kitschiges Kleid vorführt, fällt die Maske. 70% der Deutschen sagen glatt heraus, dass sie das Stück schauderhaft finden. Bei den Jungen ist noch zehn Prozent mehr Offenheit vorhanden. Freunde nehmen so was in Deutschland nicht krumm. Unverzeihlich ist dagegen für Männer wie Frauen zu 85%, wenn Freund oder Freundin Vertrauliches ausplaudern, schlecht über einen reden oder über die Familie herziehen.

Wie sieht es in China aus? Die Höflichkeit ist eine der wichtigsten Tugenden des Konfuzianismus.

Richtige Benimmregeln bzw. wie gute Umgangsformen in China sind bedeutungsvoll für die chinesische Gesellschaft. Da sich die Höflichkeitsregeln in China von Europa teils stark unterscheiden, fühlt man sich in einer fremden chinesischen Stadt oft verwirrt. Wenn ein Chinese Ihr Geschenk erst einmal ablehnt, fühlen Sie sich daher nicht brüskiert. Es gehört zur chinesischen Geschenke-Tradition, dass man aus Höflichkeit erst zwei oder drei Mal ablehnt und dann ein Geschenk annimmt. Das Gleiche passiert manchmal auch am Esstisch. Wenn der Gastgeber seinen Gästen etwas zum Essen anbietet, nehmen die Gäste das Angebotene nicht gleich an.

Solche „unehrliche" Höflichkeit spielt eine wichtige Rolle in der chinesischen Kultur. Sich bescheiden zu verhalten und seine Kenntnisse herunterzuspielen, ist z.B. eine richtige Reaktion bei Komplimenten. Lernt man Chinesen kennen, wird man diesem Schema immer wieder begegnen: „Sie können sehr gut Deutsch sprechen." Richtige Antwort darauf: „Nein, nein, mein Deutsch ist nicht so gut."

Wenn man im Ausland lebt oder mit Ausländern umgeht, sollte man sich auch mit den kulturellen Unterschieden vertraut machen. Dies macht das Zusammenleben viel einfacher und zeigt den Menschen Respekt vor ihrer Lebensweise.

2. Wörter 词汇

lügen *vi* 说谎，撒谎，骗人
der Antrieb -e （行为的）动力
scheußlich 可恶的，可憎的，令人恶心的
zusammen/reißen *vr* 振作起来，鼓起劲头
heucheln *vt* 伪善，假装
die Begeisterung -en 鼓舞，热情，振奋
offen 坦白的，诚实的
katholisch 天主教的
der Kirchgänger 定期做礼拜的人
gar 完全，甚，十分
der Verwandte (dekl. wie Adj.) 亲戚（按形容词变化）
unwillkommen 不受欢迎的
der Gartenzwerg -e 花园陶像
grässlich 丑陋的
das Sofakissen 沙发枕头
daher/kommen *vi* 从那里来
das Lächeln 微笑
allenfalls 至多，也许，在某种情况下
schockieren *vt* 使愤怒，使震惊
die Erbtante -n 有遗产的人
merken *vt* 记住

das Luftkissen 空心枕头
mildern *vt* 和解
der Stoß ¨-e 冲击
kitschig 庸俗的
vor/führen *vt* 展示
die Maske -n 面具
glatt 滑的，直接的
schauderhaft 很糟的，可恶的
krumm/nehmen *vt* 见怪，生气，责备
unverzeihlich 不可原谅的，不能饶恕的
aus/plaudern *vt* 泄露
her/ziehen *vt* 讲某人坏话
der Konfuzianismus 孔子学说；儒家学说
die Benimmregel -n 行为准则
die Umgangsform -en 交际礼节
bedeutungsvoll 意义深刻的
verwirrt (P.II) 迷惘的，困惑的，糊涂的
brüskiert (P.II) 受侮辱的，被奚落的
bescheiden 谦虚的，简朴的
herunter/spielen *vt* 缩小
das Kompliment -en 恭维，奉承
das Schema -s 图标；样式，模式
vertraut 熟悉的，亲密的

3. Erläuterungen 解释

（1）Satzmodelle für Anfänger 初学句型

① Es mag wohl nichts darin sein. （这里面可能什么都没有。）

句中mag是动词mögen的第三人称单数形式。情态动词mögen大多用来说明某人对事物的一种主观猜测，情态小品词wohl在句中起加强语气的作用，如：Es mag wohl sein, dass er krank ist.（他可能生病了。）

② Sie finden das schauderhaft. （他们觉得它糟透了。）

动词finden支配第四格宾语+形容词，表示说话人的看法，相当于meinen（以为，认为）和halten für（认为），如：Ich finde das nicht richtig.（这件事我觉得不对劲。）

③ Die Höflichkeit ist eine der wichtigsten Tugenden des Konfuzianismus. （儒学中，礼是最重要的美德之一。）

句中eine der + 形容词最高级 + 复数名词表示“最……的之一”，不定冠词ein的词尾根据随后名词的性变化，如：Heidelberg ist eines der schönsten Reiseziele.（海德堡是最美旅游胜地之一。）

（2）Feste Kombinationen 固定搭配

① jm. etw. (A) krumm/nehmen （因某事而见怪某人）

可分动词krumm/nehmen可支配一个第三格宾语和一个第四格宾语，多用于口语表

达。句中第三格人称代词可加可不加，如：Nehmen Sie bitte mir den Hinweis nicht krumm.（请您对我提及的事不要介意。）

② über jn. /etw. (A) her/ziehen （讲某人/某事的坏话）

动词herziehen支配介词宾语über加第四格，用于口语，表示“说某人/某事的坏话”，如：Sie sind wieder über dich hergezogen.（他们又在说你的坏话。）

③ gehören zu etw. (D) （属于某物）

不及物动词gehören有两种用法，一种是支配第三格宾语，表示“占有、支配的权利”，如：Wenn du jung bist, gehört dir die Welt.（世界属于像你这样的年轻人。）一种是与介词zu连用，构成介宾宾语，表达一种从属关系，指称整体中的一部分，如：Der Hund gehört zu unserer Familie.（这只狗是我们家庭中的成员。）

（3）Idiomatische Wendungen 习惯用语

① gar （完全，甚）

副词gar表示所修饰对象的程度或强调对某物的猜测或担忧，如：unter gar keinen Umständen（决不）。又如：Ich freue mich gar sehr darüber.（那件事让我太高兴了。）

② die Maske fallen lassen （放下假面具，露出真面目）

名词Maske意思是“假面具”，动词fallen和lassen连用，表示“使……落下”，如：Sie ließ ihre Maske fallen.（她露出了真面目。）

③ schlecht über jn. reden （说某人的坏话）

这里schlecht与动词reden连用，表示“说坏话”。von jm./über jn.表示“谈论某人”。

④ eine wichtige Rolle spielen （起到重要作用）

这个动宾词组可扩展成多种表达，如eine wichtige Rolle（某一重要角色），还有eine bedeutende / entscheidende / zentrale Rolle（某一重要的/决定性的/核心角色），或者也可表示否定keine Rolle spielen（无关紧要）。

4. Übungen 练习

（1）Beantworten 回答问题

① Sind Sie der Meinung des Verfassers, dass Höflichkeit oft der Antrieb für die Lüge ist?

② Wer heuchelt am besten?

③ Wer ist am offensten?

④ Was verstehen Sie unter der Aussage des Philosophen?

⑤ Wieviel Prozent der Deutschen sagen glatt heraus, wenn sie einen häßlichen Anzug als Geschenk erhalten?

⑥ Wie verhalten sich Freunde in Deutschland?

⑦ Wie verhalten sich Chinesen, wenn sie Geschenke bekommen?

（2）Ergänzen (Präpositionen) 填空

① Er gefällt mir nicht, weil er gern schlecht ____________ uns redet.

② Du bist ____________ seinen Worten beeinflusst worden.

③ Seine Worte sind ____________ mich Antrieb.

④ Er sagte ihr ____________ Höflichkeit nichts ____________ ihr Aussehen.

⑤ ____________ die Modenschau wurden die neuesten Modelle vorgeführt.

Lektion 4

第四单元

Hauptthema：Freizeit　主题：业余时间

A　Lernziel 导学

1. Redemittel 会话句型

Seit wann ...?	mit jm. unterwegs sein
Deshalb muss man sich fragen, ...	So wie es ..., so ...
Etw. (N) ist für/durch etw.(A) bekannt.	... wurde eröffnet.
etw. in Ordnung bringen	etw. wahr/nehmen

2. Tipps zur Grammatik 语法提示

◇ **重点**：① 关系从句由关系代词或关系副词引导，性和数须与相关词一致。② 关系代词的格取决于它在从句中的语法功能，与主句无关。

◇ **难点**：① 如果关系代词前有介词，那么它与介词一起引导从句，关系代词的格受其制约。② 由wer引导的关系从句，从句放在主句前，主句中相关词 der 总是位于主句首位，der 是第一格时可省略。

3. Etwas über das Hauptthema 背景点滴

作为欧洲假期最多的国家之一，德国人的业余时间很长。他们最喜欢的业余活动有看电视、听音乐、读书、聚会、运动等。内敛、稳重的德国人相比其他欧美国家的人，在业余活动上还是比较保守，甚至有些“过时”。即使在朋友聚会上，他们谈论的也往往是科技、社会、工作等较“严肃”的话题。随着通信技术的发展，德国人逐渐接受了智能手机和互联网，但仍有很多人更愿意看纸质书，读纸质报纸和杂志。

B Gespräch 对话

1. Thema: Freizeit – Lust oder Last? 题目：业余时间——是乐还是忧？

(*Situation: Zhonghua und Hongying sind zu Ostern von der Familie Müller eingeladen worden, die sich nach dem Mittagessen mit den Gästen aus China über das Thema Freizeit unterhält. Für die beiden Chinesen ist Freizeit im Augenblick in ihrem Heimatland auch ein aktuelles Thema.*)

（会话情景：复活节时，中华和红英受到米勒一家人邀请来作客。午饭后，主人和中国客人一起聊天，话题是“业余时间”。对两个中国人来说，这个话题目前在他们的家乡也很时兴。）

M: Darf ich Ihnen jetzt noch eine Tasse Kaffee anbieten?

Z: Ja, danke. Frau Müller, ich habe eine Frage. Seit wann ist das Wort Freizeit von wichtiger Bedeutung?

M: Noch vor hundert Jahren war Freizeit ein absolutes Fremdwort. Mit der Verkürzung der Arbeitszeit ist seither die frei verfügbare Zeit ständig gewachsen. Man arbeitet heute durchschnittlich nur noch 1 645 Stunden im Jahr.

H: Was macht also der Durchschnittsbürger, wenn er nicht arbeitet?

M: Die Deutschen sehen in ihrer Freizeit vor allem fern. Fernseher stehen in 89% aller Haushalte und mehr als ein Gerät in 21% der Wohnungen. Bildung und geistige Interessen finden zwar knapp 90% der Bevölkerung ziemlich wichtig, oft aber bleibt's beim bloßen Lippenbekenntnis. Denn Museen, Kunstausstellungen und Theateraufführungen besuchen nur 45%. Ein Faible teilen Männer und Frauen unterschiedslos – die Lust am Reisen. Die Deutschen dürfen für sich in Anspruch nehmen, darin absolute Weltspitze zu sein.

Z: Wenn man oft unterwegs ist, ist dies nicht auch eine Last?

M: Das stimmt. Mit der „Freizeitgesellschaft“ sind aber auch einigermaßen Gefahren verbunden, denn die Freizeit verleitet viele zu einer Zusatzbeschäftigung, die wiederum zu Lasten der notwendigen Erholung geht. Manche finden von sich aus nicht den Weg zu einer vernünftigen Freizeitgestaltung.

H: Mit anderen Worten: Freizeit ist ein Danaergeschenk.

M: Das ist richtig. Aus dem Überfluss entsteht leicht ein Leid an dieser Zeit. Deshalb muss man sich fragen, welche Chancen ihre weitere Entwicklung bietet. Mit zunehmender Freizeit steigt die Gefahr, dass die Qualität der Freizeit für den einzelnen abnimmt. Und noch etwas anderes steht unumstößlich fest：Ohne Arbeit ist die Freizeit so gut wie nichts wert – sie ist vielmehr unmittelbar an sie gekettet.

H: Heute haben wir wieder was gelernt.

2. Wörter 词汇

die Freizeit -en 空闲时间，业余时间；休假
die Last -en 负担；经济负担
das Heimatland ¨-er 家乡；祖国
absolut 绝对的，完全的
das Fremdwort ¨-er 外来词，外来语
die Verkürzung -en 缩短，减少
verfügbar 可支配的，可掌握的
ständig 经常的，不断的
gewachsen (P.II) 胜任的；增加的
durchschnittlich 平均的，通常的，一般的
der Durchschnittsbürger 普通公民
der Haushalt -e 家务；财政收支
das Gerät -e 仪器，工具，器材
die Bildung -en 教育；知识，学识
geistig 脑力的，思维的；精神的
bloß 单纯的，单一的
das Lippenbekenntnis -se 口头上的承认或表白
das Museum -seen 博物馆
die Kunstausstellung -en 艺术展览馆
die Theateraufführung -en 演戏
das Faible -s 偏爱，嗜好
unterschiedslos 无区别的
der Anspruch ¨-e 要求
die Weltspitze -n 首屈一指，前列，首位；顶点
einigermaßen 在一定程度上
verleiten *vt* 引诱，诱使
die Zusatzbeschäftigung -en 额外工作，额外活动，额外职业
vernünftig 有理智的，有理性的
die Freizeitgestaltung 业余时间的安排

das Danaergeschenk 危险赠物

der Überfluss ...flüsse 过多；过剩

die Chance -n 机会

bieten *vt* 提供

zunehmend (P.I) 增加的

die Qualität -en 质量；品质；特性

ab/nehmen *vi* 变小，减少

unumstößlich 无法更改的；不能驳倒的

3. Erläuterungen 解释

（1）Satzmodelle für Anfänger 初学句型

① Seit wann ist das Wort Freizeit von wichtiger Bedeutung? （自何时以来业余时间这个词变重要了？）

介词seit（自从，自……以来）支配第三格，表示时间从过去某个点开始，持续至现在。如：Seit wann arbeitest du hier in der Firma?（你来这家公司工作多久了？）

② Deshalb muss man sich fragen, ... （因此，人们不得不考虑……）

反身代词sich在句中为宾语，意指问自己，如：Das habe ich mich auch schon oft gefragt.（这我也经常考虑过。/我也不太清楚。）

（2）Feste Kombinationen 固定搭配

① von (wichtiger) Bedeutung sein （有<重要>意义）

这个词组表示某事或某人具有重要性。在介词von和名词Bedeutung之间不需要加冠词。如出现形容词修饰名词，则按无冠词形容词变化，如：von wichtiger/großer Bedeutung（很重要）。其反义表达是：ohne Bedeutung（微不足道，不重要）。

② etw. (D) / jm. gewachsen sein （胜任某事/比某人强）

gewachsen是从动词 wachsen派生来的，第二分词用作形容词。反义词组为etw. (D) nicht gewachsen sein（不能胜任某事），如：Er ist dieser Aufgabe nicht gewachsen.（他胜任不了这项任务。）Er war seinem Gegner an Stärke nicht gewachsen.（在力量上，他不是对方的对手。）

③ etw. (A) in Anspruch nehmen （要求某物）

nehmen系功能动词，与介词词组 in Anspruch组成固定的结构形式，动词nehmen带一个第四格宾语。in Anspruch的语义来自动词beanspruchen。如：Diese Arbeit hat mich sehr in Anspruch genommen.（这项工作耗费了我大量精力。）

④ mit etw. (D) verbunden sein （与某事有联系）

verbunden是动词verbinden的第二分词，与介词mit构成固定词组，如：Sie sind

freundlich miteinander verbunden.（他们之间友好相处。）

⑤ **aus etw. (D) entstehen （从某事中形成）**

entstehen是不及物动词，与介词aus连用，表示某事发生的起因，如：Große Dinge entstehen oft aus kleinen Anfängern.（大事往往从小事开始。）

⑥ **etw. (N) ist an etw. (A) gekettet sein. （某物同某物联系在一起。）**

动词ketten（用链条拴住；使紧密地和……联系在一起）在句中以第二分词gekettet形式出现，如：Die Freizeit ist vielmehr unmittelbar an die Arbeit gekettet.（其实业余活动和工作是紧密联系在一起的。）

（3）Idiomatische Wendungen 习惯用语

① **zu Lasten js. gehen （由某人负担，归咎于某人）**

固定词组中的 Lasten 须指出“某人”负担、承担或负责某事，用一个名词第二格加以说明，如：Die Verpackungskosten gehen zu Lasten des Käufers.（包装费用由买方承担。）

② **so gut wie nichts wert （毫无价值）**

so gut wie nichts = fast nichts，几乎什么都没有。类似的表达还有：so gut wie sicher（可以肯定地估计），so gut wie unmöglich（几乎不可能）。

③ **Oft bleibt's beim bloßen Lippenbekenntnis. （这往往只是口头上说说而已。）**

名词Lippenbekenntnis是贬义词，意思是“口头上的表白”。句中动词 bleiben后面的's是省略了的语法主语es，介词短语 beim bloßen Lippenbekenntnis是真正的主语。

4. Übungen 练习

（1）Beantworten 回答问题

① Worüber sprechen sie in der Familie Müller?

② Warum interessieren sie sich besonders für das Thema Freizeit?

③ Was tun die Deutschen hauptsächlich in ihrer Freizeit?

④ Mit welchen Gefahren ist Freizeit verbunden?

⑤ Was halten Sie davon?

（2）Partnerübung 结伴练习

Was machen Sie gern in Ihrer Freizeit?

Freizeitbeschäftigung	gern	nicht so gern	nie
essen			
fernsehen			
spazierengehen			
radfahren			
schwimmen			
fotografieren			
tanzen			
Freunde treffen			
Filme sehen			
Musik hören			
feiern			
...			

（3）Ergänzen (Präpositionen) 填空

① ________ ihrer Freizeit sehen die Deutschen vor allem fern.

② Wenn ich mich ________ meinem Vater unterhalten möchte, hat er meistens keine Zeit.

③ ________ der Entwicklung der Ökonomie hat sich die Stadt rasch verändert.

④ ________ dem Abendessen dürfen die Kinder nicht mehr spielen. Sie müssen dann sofort ins Bett gehen.

⑤ Ein deutsches Sprichwort sagt: ________ Fleiß kein Preis.

⑥ ________ Vorurteilen können Kriege entstehen.

⑦ Das Auto fährt ________ Licht.

⑧ Ich konnte gestern ________ des schlechten Wetters nicht zu dir kommen.

（4）Übersetzen 翻译

① 他经常出门在外，因此在家的时间不多。

② 学习上的进步和一个人的勤奋是分不开的。

③ 对我来说度假完全是个陌生词。

④ 没有签证是不可能去德国的。

⑤ 经过多年努力他取得了成功。如今他是个举足轻重的人。

Weisheit（智慧箴言）

Aus dem kleinsten Funken wird oft der größte Brand.

星星之火，可以燎原。

C Grammatik 语法

Lerntipps 定语从句不简单，关系代词要分明。

学习提示 性数取决相关词，“格”隐藏在从句中。

1. Allgemeines 语法常识

在定语从句中，关系从句是最常见的一种形式，它通过关系代词或关系副词引导，修饰主句中的一个名词或代词，关系代词与主句中的相关词性和数一致。关系代词的格取决于从句的语法功能。

2. Grammatische Tabellen 语法图表

（1）关系代词变格表

格	单数			复数
第一格	der	das	die	die
第二格	dessen	dessen	deren	deren
第三格	dem	dem	der	denen
第四格	den	das	die	die

说明：关系代词的变格除单数第二格和复数第二、三格外，与定冠词相同。

Die Frau, ***die*** Kiefer heißt, ist Zahnärztin.（第一格，单数）

Das ist Frau Lang, ***deren*** Tochter im Krankenhaus liegt.（第二格，单数）

Hermann hat ein neues Fahrrad, ***dem*** aber die Klingel fehlt.（第三格，单数）

Sie schenkt das Bild ihren Eltern, ***denen*** es bestimmt gefällt.（第三格，复数）

Ich gebe dem Verletzten meinen Mantel, ***den*** er gerne annimmt.（第四格，单数）

（2）Präposition+Relativpronomen （介词+关系代词）

假如关系代词前有介词，关系代词的格则受其制约。

Es gibt einige Schüler, *vor denen* die Mitschüler Angst haben.

Die Fragen, *über die* wir heftig diskutiert haben, müssen schnell gelöst werden.

（3）以dass, ob为连词的定语从句

Unter der Bedingung, ***dass*** du mitkommst, gehe ich auch mit.

Die Frage, ***ob*** er kommt, ist mir unklar.

（4）以疑问代词为连词的定语从句

Jetzt bleibt Michael immer in der Klasse, ***wo*** er sich sicher fühlt.

Das ist das Beste, ***was*** du tun kannst.

（5）关系代词wer引导的定语从句

Wer aber in diese alte Zeit noch einmal zurückschauen will, (***der***) kann dies in einem Museum tun.

Wer seine Arbeit los ist, (***der***) ist auch den Rhythmus zwischen der Arbeit im Betrieb und dem Feierabend los.

3. Übungen 练习

（1）Satzverbinden 连接句子

① Herr Kaufmann sucht seine Fahrkarte. Die hat er gerade gekauft.

② Herr Lupp hilft heute der Familie Müller beim Umzug. Ihre alte Wohnung ist ihnen zu klein geworden.

③ Man hat das Hallenbad renoviert. Seine Öffnungszeiten haben sich seitdem geändert.

④ Auf dem Dachboden findet Marion ein altes Fotoalbum. Seine Seiten sind schon braun geworden.

⑤ Auf der Wiese spielen Kinder. Ihnen macht der Regen nichts aus.

⑥ Menschen, Tiere, Pflanzen brauchen Sonne. Ihre Strahlen geben immer Wärme und Licht.

⑦ Das ist der Sohn unseres Nachbarn. Er hat gestern seinen Geldbeutel bei uns vergessen.

⑧ Leon hat ein neues Telefon. Mit dem kann er in der ganzen Wohnung herumlaufen.

（2）Worterklären mit einem Relativsatz 用关系从句解释词语

① der Englischlehrer (Englisch unterrichten)

② eine Freistunde (keinen Unterricht haben)

③ die Hausaufgaben (zu Hause machen)

④ ein Abschlusszeugnis (nach Beendigung der Schulzeit bekommen)

⑤ eine Schülerzeitung (von Schülern gemacht werden)

⑥ ein Musikraum (Musikunterricht haben)

⑦ eine Klassenarbeit (in der Klasse machen)

⑧ ein Pausenhof (sich während der Pause aufhalten)

（3）Ergänzen 填空

Wo möchten die Leute wohnen?

Gaby möchte in Städten wohnen, ______ viele Parks haben.

______ Straßen nicht so groß sind.

______ ein großer Fluss fließt.

______ man nachts ohne Angst spazierengehen kann.

______ sich die Touristen nicht interessieren.

______ man sich frei fühlt.

Manfred möchte in einem Land leben, ______ schöne Landschaften hat.

______ das Klima trocken und warm ist.

______ Sprache ich gut verstehe.

______ die Luft noch sauber ist.

______ man keinen Regenschirm braucht.

______ sich alle Leute wohl fühlen.

______ man immer interessant findet.

______ Leute freundlich sind.

（4）Schriftliche Übung 书面练习

Beispiel: kein Geschirr aus Kunststoff benutzen – nach dem Essen wegwerfen müssen

Er benutzt kein Geschirr aus Kunststoff, das man nach dem Essen wegwerfen muss.

① Eis essen – keine Verpackung haben

② Brot kaufen – nicht in Plastiktüten verpackt sein

③ Saft trinken – in Pfandflaschen geben

④ Tochter Spielzeug schenken – nicht so leicht kaputtmachen können

⑤ kein Obst in Dosen kaufen – auch frisch bekommen können

⑥ auf Papier schreiben – aus Altpapier gemacht sein

⑦ Putzmittel kaufen – nicht giftig sein

⑧ keine Produkte kaufen – nicht unbedingt brauchen

（5）Satzbilden 造句

Beispiel: – Karl wird mir die Wohnung zeigen. – Welche Wohnung?

– Die Wohnung, die er gestern gemietet hat.

① – Ich habe dem Kind Schokolade geschenkt. – Welchem Kind?

– ________ (Das Kind hat mir vorhin den Weg zum Bahnhof gezeigt.)

② – Kennst du den Mann? – Welchen Mann?

– ________ (Wir haben gerade mit dem Mann gesprochen.)

③ – Mein Vater kommt mit dem Zug. – Mit welchem Zug?

– ________ (Der Zug trifft hier um 5. 30 Uhr ein.)

④ – Arbeitest du jetzt bei der Firma? – Bei welcher Firma?

– ________ (In der Firma ist dein Vater als Ingenieur tätig.)

⑤ – Ich lese gerade den Brief. – Welchen Brief?

– ________ (Ich habe den Brief heute von meinen Eltern bekommen.)

⑥ – Morgen sehen wir uns den Film an. – Welchen Film?

– ________ (Wir haben gestern über diesen Film gesprochen.)

⑦ – Kennst du das Haus? – Welches Haus?

– ________ (Ich wohne seit zehn Jahren in dem Haus.)

⑧ – Du hast mir noch nicht die Adresse gegeben. – Welche Adresse?

– ________ (Ich sollte an diese Adresse wegen einer Auskunft schreiben.)

⑨ – Der Junge ist sehr sportlich. – Welcher Junge?

– ________ (Ich habe vorhin mit dir über die sportlichen Leistungen dieses Jungen gesprochen.)

⑩ – Ich suche eine Wohnung? – Was für eine Wohnung?

– ________ (Die Miete dieser Wohnung ist nicht so hoch.)

（6）Übersetzen 翻译

① 在我校学习的德国留学生很用功。

② 他拜访过的那个医生正在检查病人。

③ 他是从那个城市到上海来的，那个城市是中国最著名的城市之一。

④ 他时常研究的那个问题是如何保护环境。

⑤ 和我刚刚谈过话的那个教师你认识吗？

D Hörverständnis 听力

1. Thema: Freizeit, Freizeit über alles? 题目：业余时间，业余时间胜过一切吗？

Früher waren die Deutschen in der Welt für Fleiß und Arbeitsamkeit bekannt. Heute bestimmen die Wörter Freizeit und Urlaub das Arbeitsleben wie in keinem anderen Land der Welt.

Gewerkschaften und Arbeitnehmer wollen nicht mehr Geld, sondern mehr Freizeit. Der härteste Arbeitskampf in der Geschichte der Bundesrepublik ging um die Verkürzung der Wochenarbeitszeit, also um mehr Freizeit. Das Wort Freizeit können allerdings über zwei Millionen Bundesbürger nicht mehr hören. Wer seine Arbeit los ist, ist auch den Rhythmus zwischen der Arbeit im Betrieb und dem Feierabend los. Der Tag zerfällt, wird leer, verliert seine Einschnitte. Frühstück, Mittagessen, Schlafenszeit – das sind die einzigen Pfeiler im Strom des Einerlei.

Für viele Arbeitslose ist die totale Freizeit die größte Belastung. Wie kann ein 35-jähriger wie ein Rentner leben? Die Blumen umtopfen, die Garage streichen, den Keller in Ordnung bringen – das kann man auch nicht jeden Tag machen. Und irgendwann ist auch der letzte Winkel auf dem Speicher aufgeräumt – und was dann?

Für die Freizeitindustrie ist ein Arbeitsloser kein Kunde. Denn er hat nicht mehr genug Geld im Portemonnaie. Das Problem mit der zu vielen freien Zeit betäuben viele arbeitslose Jugendliche durch Drogen und besonders durch Alkohol.

2. Wörter 词汇

der Fleiß 勤奋，努力

die Arbeitsamkeit 勤劳

bestimmen *vt* 确定，规定

die Gewerkschaft -en 工会

hart 艰苦的，困难的，重大的

der Rhythmus ...men 节奏；韵律；和谐

los 摆脱，解脱

zerfallen *vi* 倒塌；崩溃

der Einschnitt -e 切口，刀口；新的开端
der Pfeiler 柱，墩；支柱
das Einerlei 老一套，千篇一律
die Belastung -en 负担，责任
der Rentner 退休者，领养老金的人
umtopfen *vt* 培土
die Garage -n 车库
streichen *vt* 涂抹
der Keller 地下室
der Winkel 角；角落
der Speicher 仓库
auf/räumen *vt* 整理，打扫
das Portemonnaie -s 小钱包，小皮夹
betäuben *vt* 使麻醉，使麻木
die Droge -n 药材；麻醉品
der Alkohol -e 酒；酒精

3. Erläuterungen 解释

（1）Satzmodelle für Anfänger 初学句型

① Früher waren die Deutschen in der Welt für Fleiß und Arbeitsamkeit bekannt. （以前，德国人在世界上以努力和勤劳而出名。）

形容词 bekannt和介词für连用，表示某人或某物由于某事而出名，如：Er ist für seine ausgezeichnete Schauspielkunst bekannt.（他的杰出表演使他出名。） Er ist dafür bekannt, dass er gut arbeitet.（他努力工作使他出了名。）

② ..., den Keller in Ordnung bringen ... （……整理地窖……）

etw. (A) in Ordnung bringen这是功能动词结构用法，动词bringen后面跟宾语，再加上介词词组 in Ordnung，如：Die Kinder haben schnell alles wieder in Ordnung gebracht.（孩子们很快把一切东西收拾好了。）

（2）Feste Kombinationen 固定搭配

es geht um etw. (A) （事关某事）

以形式主语es加介词um（关于）构成固定词组，用来表示与某事有关，如：Es geht mir um meine zukünftige Berufsmöglichkeit.（这关系到我今后的工作。）

（3）Idiomatische Wendungen 习惯用语

① Wer seine Arbeit los ist, ist auch den Rhythmus zwischen der Arbeit im Betrieb und dem Feierabend los. （工作没了，上班和下班的节奏也就没了。）

jn. / etw. (A) los sein这个词组意为“摆脱某人/某事”，人或物是第四格，用于口语。如：Ich bin froh，dass ich ihn endlich los bin.（我高兴的是，我终于摆脱了他的纠缠。）

② **jeden Tag** （每天）

不定代词jeder作形容词用，意为“每一，每个”，在句子中作时间状语第四格，不受其他词限制。类似的还有：jeden Augenblick（任何时候），jedes Jahr（每年），jede Woche（每周）。

③ **irgendwann** （在任何时候，随便什么时候）

在一些不定代词如jemand, einer, was, wer, wann 等之前可加不变化的副词irgend，意为“任何，随便，不知”，并连在一起构成复合词。如：Irgendwann nehme ich mir Zeit, dich einmal zu besuchen.（随便什么时候我腾出时间就来看你。）类似的复合词还有：irgendwie（无论如何），irgendwohin（到任何一个地方）， irgendwo（在任何地方）。

4. Übungen 练习

（1）Beantworten 回答问题

① Was ist das Entscheidende für das Arbeitsleben?

② Worum kämpfen die Gewerkschaften und Arbeitnehmer?

③ Wie sieht der Tag für diejenigen aus, die das Wort Freizeit nicht mehr hören können?

④ Warum ist die Freizeit für viele Arbeitslose die größte Belastung?

⑤ Welche negativen Wirkungen bringen für viele arbeitslose Jugendliche hervor?

（2）Richtig oder falsch 判断

① Die Deutschen wurden in der Welt als fleißig und arbeitsam anerkannt. （ ）

② Freizeit und Urlaub sind heutzutage nicht mehr von Bedeutung. （ ）

③ Über zwei Millionen Bundesbürger haben mit dem Wort Freizeit nicht zu tun. （ ）

④ Die Freizeitindustrie braucht viele Arbeitslose. （ ）

⑤ Das Problem, dass man zu viel freie Zeit hat, führt viele arbeitslose Jugendliche zum Drogen und Alkohol. （ ）

（3）Vervollständigen 完整句子

① Endlich bin ich meinen Schnupfen wieder ________.

② Der Betrieb ist bekannt ________ gute Qualität.

③ Bernd soll eigentlich Bankkaufmann werden. Aber er will das nicht, er möchte seinen Beruf selbst ________.

④ Ich bin mit dem Vertrag einverstanden. Er ist ________.

⑤ Wenn der Tank ________ ist, braucht man Benzin.

E Lesetext 阅读课文

1. Thema: Die Idee kam bei Blitz und Donner: Ein „Hotel“ für junge Leute – die Jugendherberge 题目：突如其来的念头：青年旅舍，年青人的“旅馆”

Eine Idee ging um die Welt: Was einmal ganz klein begann, hat inzwischen Millionen Freunde in 52 Ländern der Erde gefunden. Die Organisation der deutschen Jugendherbergen, das Deutsche Jugendherbergswerk, besteht jetzt seit mehr als 110 Jahren.

Der Lehrer Richard Schirrmann ging gern viele Stunden durch die freie Natur. Durch die deutschen Mittelgebirge wanderte er mit Kindern und Jugendlichen. Im Sommer des Jahres 1909 war er mit einer Gruppe unterwegs. Er fand oft nur schwer einen Platz zum Schlafen. In einer Gewitternacht im August übernachteten die Gruppen in einem Dorf in einer leeren Schule. Da kam Schirrmann der Gedanke: So wie es in jedem Ort eine Schule gibt, so sollte es auch möglichst viele Häuser geben, wo junge Leute übernachten können.

Diese Idee bei Blitz und Donner gilt heute als Geburtsstunde der Jugendherberge, und drei Jahre später wurde die erste Jugendherberge in Deutschland eröffnet. Man kann sie allerdings mit den meisten Jugendherbergen von heute kaum noch vergleichen. Wer aber in diese alte Zeit noch einmal zurückschauen will, kann dies in einem Museum tun. Neben Schirrmanns Schuhen zum Wandern kann man dort auch den großen Schlafraum sehen, in dem noch die damals üblichen unbequemen Betten stehen. Seit einiger Zeit macht das früher eher etwas konservative Jugendherbergswerk auch Reklame für interessante Ferienprogramme und günstige Reisen, mit denen es Familien als Gäste gewinnen will. So können heute in fast jeder zweiten

Jugendherberge Familien Unterkunft finden. Mehr als 400 000 Familien haben diese Gelegenheit wahrgenommen.

Besonders interessant sind die Angebote für Hobby und Freizeit: So bestehen in den meisten Jugendherbergen gute Voraussetzungen für viele Sportarten. Seit kurzem kann man während eines Aufenthaltes in einer Jugendherberge auch an Kursen teilnehmen, wo man z.B. Tanzen und Schwimmen lernen kann. Eine Jugendherberge bietet sogar Führerscheinkurse an.

2. Wörter 词汇

der Blitz -e 闪电
der Donner 雷，雷声
die Jugendherberge -n 青年旅舍
die Organisation -en 组织；机构，团体，协会
das Deutsche Jugendherbergswerk - 德国青年旅舍协会
wandern *vi* 漫游
die Gewitternacht ¨-e 雷雨之夜
gelten *vi* 有效；有用
die Geburtsstunde -n 诞生时刻
eröffnen *vt* （宣布）开始
vergleichen *vt* 比较
zurück/schauen *vi* 回看
üblich 普通的，常见的，惯常的
unbequem 不舒适的，不方便的，令人讨厌的
konservativ 保守的，守旧的
die Reklame -n 广告，广告宣传
das Ferienprogramm -e 假期计划，节目
günstig 有利的；好的，善的
die Unterkunft ¨-e 临时住处，住宿
wahr/nehmen *vt* 认识
das Hobby -s 业余爱好
die Sportart -en 体育种类
der Führerscheinkurs -e 驾驶员培训班

3. Erläuterungen 解释

（1）Satzmodelle für Anfänger 初学句型

① Im Sommer des Jahres 1909 war er mit einer Gruppe unterwegs. （1909年夏天，他正和一队人在路上。）

unterwegs意为“途中，路上”，与系动词sein连用，表示在路上。如：Er ist den ganzen Tag unterwegs.（他整天跑来跑去。）

② **So wie es in jedem Ort eine Schule gibt, so sollte es auch möglichst viele Häuser geben, wo junge Leute übernachten können.（像每个地方都有学校一样，也应该尽可能为青年人过夜提供更多的房子。）**

so ..., so ...为复式从属连词，表示比较，主句和从句所述情况相同。从句一般前置。

③ **Mehr als 400 000 Familien haben diese Gelegenheit wahrgenommen. （超过400000个家庭利用过这个机会。）**

句中动词wahr/nehmen有“觉察，注意到；利用；考虑到”等多个释义，需根据上下文理解这个动词的含义。

（2）Feste Kombinationen 固定搭配

① **Blitz und Donner （电闪雷鸣）**

Blitz und Donner连用从字面上理解为“电闪雷鸣”，属自然现象。但课文所指称的是“突如其来”的念头。

② **als etw. (A) / jn. gelten （被视为某物/某人，被当作某物/某人）**

动词gelten与als+形容词/第二分词或名词，有被动含义，如：Sie galt als die größte Dichterin ihrer Zeit.（她被视为她那个时代最伟大的诗人。）

③ **etw. (A) mit etw. (D) vergleichen（拿某物与某物比较）**

动词vergleichen支配第四格宾语和介词宾语，意为“拿某物与某物比较”。如：Man kann sie (Jugendherberge) mit den meisten Jugendherbergen von heute kaum noch vergleichen.（当年的青年旅舍几乎不能与今天大多数的青年旅舍相比了。）

（3）Idiomatische Wendungen 习惯用语

① **die freie Natur （野外）**

短文中“gern viele Stunden durch die freie Natur gehen”表示“喜欢在野外待很久”的意思。

② **Unterkunft finden （投宿）**

名词 Unterkunft包含“临时住宿之所”意思，通常是指人们外出旅游临时借宿的地方，如：Ich habe bei einem Bauernhof eine Unterkunft gefunden.（我在一家民宿找了个过夜的地方。）

4. **Übungen** 练习

（1）**Beantworten** 回答问题

① Wer ist Richard Schirrmann?

② Wie ist er auf die Idee gekommen, eine Jugendherberge zu gründen?

③ Wo kann man in die alte Zeit über Jugendherbergen zurückschauen?

④ Was gibt es dort zum Sehen?

⑤ Wie sehen heute Jugendherbergen aus?

（2）**Ankreuzen** 选择

① Was war die Idee des Lehrers Richard Schirrmann?

a. Es sollte an jedem Ort möglichst viele Häuser für junge Leute geben.

b. Es sollten Unterkünfte für Jugendliche geschaffen werden.

c. Junge Leute sollten in leeren Schulen übernachten können.

d. Junge Leute sollten viele Stunden in der freien Natur wandern.

② Welche Aussage ist richtig?

a. Die erste Jugendherberge hatte noch keine bequemen Betten.

b. Die erste Jugendherberge ist heute ein Museum.

c. Die erste Jugendherberge ist so ähnlich wie die Jugendherberge von heute.

d. In der ersten Jugendherberge sind Schirmanns feste Schuhe ausgestellt.

③ Welche Aussage ist richtig?

a. Früher übernachteten in Jugendherbergen nur Gruppen.

b. Fast die Hälfte der westdeutschen Herbergen nimmt nur noch Familien als Gäste auf.

c. Interessante Ferienprogramme gibt es besonders für Jugendliche, die allein wandern.

d. In vielen Jugendherbergen können heute auch ganze Familien übernachten.

④ Welche Aussage ist richtig?

a. Bei einem Aufenthalt in der Jugendherberge sollte man möglichst an einem Kurs teilnehmen.

b. In einer Jugendherberge sind alle Arten von Sport möglich.

c. In den meisten Jugendherbergen kann man den Führerschein machen.

d. In vielen Jugendherbergen werden heute auch Kurse für verschiedene Hobbys angeboten.

Lektion 5

第五单元

Hauptthema: Praktikum und Karriere　主题：实习和工作

A　Lernziel 导学

1. Redemittel 会话句型

Wie seid ihr dazu gekommen?	Kommen Sie gut nach Hause!
Was heißt das?	Der Job schafft einen Übergang ins Berufsleben.
Ein anderer Aspekt war, dass ...	Er hat sich nicht gedacht, dass ...
Der Job hat mir sehr viel Spaß gemacht.	Decken brauchen wir keine.

2. Tipps zur Grammatik 语法提示

◇ **重点**：① 目的从句表示主句所述行为的目的和意图，连词为damit，或者用um ... zu+不定式。② 主语从句除了连词dass以外，还可由ob或疑问副词、疑问代词引导。

◇ **难点**：① um ... zu（为了）连词结构连接目的从句，主句和从句中的主语必须一致。② 主语从句置于主句之后，那么相关词es作为先行词，置于主句之前。反之，带连词dass的主语从句置于主句之前，则省略es。

3. Etwas über das Hauptthema 背景点滴

很多德国大学规定学生必须实习，为将来的工作积累经验，将书本知识转化成职业能力。你可以选择在德国实习，也可以选择在国外实习。实习期间，很多企业会给实习生支付实习费用；实习期满后，企业会为学生开具实习证明。很多德国大学生自愿参加一些学校规定外的实习，积攒工作经验，提升职业能力。甚至有些大学生在实习岗位上找到将来的发展方向，从接受大学教育转向接受职业教育。这与职业教育在德国受重视度很高密不可分。

B Gesprach 对话

1. Thema: Interview mit Zhonghua und Hongying 题目：记者采访中华和红英

(*Situation: Der Reporter macht ein Interview mit Zhonghua und Hongying. Beide haben vor kurzem ein Praktikum gemacht.*)（会话情景：记者采访不久前实习完的中华和红英。）

R: Ihr habt gerade euer Praktikum gemacht. Ich möchte euch gern mal zu eurem Praktikum befragen, wie ihr dazu gekommen seid, wie das war, und wie eure Erfahrungen aussehen.

Z: Ja, also ich war in einer Autowerkstatt hier in der Nähe meines Studentenheims. Ich habe dort ein Praktikum als Automechaniker gemacht.

H: Ich habe mein Praktikum im Zentrallabor als MTA gemacht.

R: Was heißt MTA?

H: MTA ist die Abkürzung für Medizinisch-Technischen Assistenten.

R: Habt ihr euch für dieses Praktikum schriftlich beworben?

H/Z: Ja.

R: Wie habt ihr diese Praktikumsplätze gefunden?

Z: Ich wollte etwas Praktisches machen. Das bedeutet, dass ich auch etwas lernen kann. Ein anderer Aspekt war, dass ich meinen Praktikumsplatz in der Nähe haben wollte. Ich wollte nicht, dass ich mit dem Bus oder sonstigen öffentlichen Verkehrsmitteln hinfahren musste, sondern mit Fahrrad. Wichtig war für mich auch, dass ich was mit Motoren oder Autos mache, da ich mich dafür sehr interessiere.

H: Ich wollte gern etwas im Labor machen, auch mit Menschen. Deswegen habe ich mich bei einigen Labors beworben, um zu fragen, ob sie Praktikanten aufnehmen. Da ich aber keinen Platz gefunden habe, hat meine Freundin Monika einen Arzt angerufen, den sie kannte, und darüber bin ich dann zu dem Zentrallabor gekommen.

R: Was habt ihr im Praktikum gemacht?

Z: Ich habe den ganzen Tag z.B. die Bremsen überprüft, Zündkerzen habe ich auch gewechselt. Einstellen einer Handbremse war eine weitere Tätigkeit, die ich sehr oft gemacht habe. Außerdem gehörten das Aufräumen des Büros oder das Putzen der Halle zu meinen Aufgaben.

H: Ich musste im Labor früh morgens zuerst einmal die Bogen zu den Patientenkarten sortieren. Danach musste ich die Proben darauf untersuchen, welche Bakterien sich darin befinden. Dann musste ich die Abstriche in einen Blutkasten legen, und nachher mussten sie ebenfalls darauf untersucht werden, welche Bakterien darin sind, und was gegen diese Bakterien hilft. Eine andere Tätigkeit war, unter dem Mikroskop Blutproben anzukucken, ob genug rote oder weiße Blutkörperchen darin sind oder ob irgendeine Krankheit vorliegt.

R: Zhonghua, hat dir das Praktikum Spaß gemacht?

Z: Ja. Es war eine gute Gelegenheit, viel zu sehen und zu hören.

R: Was sagst du, Hongying, zu deinem Praktikum?

H: Der Job hat mir sehr viel Spaß gemacht, vor allem weil auch die Stimmung mit den Kollegen sehr gut war, und auch die Tätigkeiten, die ich machen musste, haben mir sehr Spaß gemacht.

2. Wörter 词汇

der Reporter 记者；采访员
das Praktikum -ka 实习
die Erfahrung -en 经验
die Autowerkstatt ¨-e 汽车厂
der Automechaniker 汽车机械师
das Zentrallabor -s 中央实验室
technisch 技术的；工程的
der Assistent -en 助教，助理员
der MTA (=der Medizinisch-Technische Assistent) 医疗技术员
schriftlich 书面的
der Praktikumplatz ¨-e 实习岗位
der Aspekt -e 角度，观点
sonstig 其他的；通常的
öffentlich 公开的；公共的
das Verkehrsmittel 交通工具
hin/fahren *vi* 坐车船前往
der Praktikant -en 实习生
auf/nehmen *vt* 接受
die Bremse -n 刹车

überprüfen *vt* 检验
die Zündkerze -n 火花塞
ein/stellen *vt* 调准；规定，控制；招收
die Handbremse -n 手刹车
die Halle -n 大厅
die Patientenkarte -n 病历卡
sortieren *vt* 分类
die Bakterie -n 细菌
der Abstrich -e 涂片
der Blutkasten 血箱，血柜
das Mikroskop -e 显微镜
an/kucken *vt* 观察
das Blutkörperchen 血球
vor/liegen *vi* 在面前放着；存在，有
die Stimmung -en 情绪，心情

3. Erläuterungen 解释

（1）Satzmodelle für Anfänger 初学句型

① Wie seid ihr dazu gekommen?（你们是如何做成这件事的呢？）

动词 kommen 与代副词dazu连用，表示“取得，做到”，用于口语。例如：Wie kommen Sie dazu, das zu tun?（您怎么会想到做这件事的?）

② Was heißt das MTA?（MTA意味什么？）

用疑问代词was构成问句。例如：Du lachst, was soll das heißen?（你在笑，这是什么意思?）

③ Ein anderer Aspekt war, dass ...（另一个看法是……）

用连词 dass 引导的从句修饰或说明句子中名词Aspekt，作定语。例如：Ich bin der Ansicht, dass wir uns jetzt sofort auf den Weg machen sollten.（我认为我们现在应立即动身。）

④ Der Job hat mir sehr viel Spaß gemacht.（这份工作带给我许多乐趣。）

动词machen支配两个宾语，一个是第三格宾语（指人），一个是第四格宾语（指物）。类似的表达还有etw. macht jm. viel Freude（愉快）/ Schwierigkeiten（困难）等。

（2）Feste Kombinationen 固定搭配

① mit jm. (D) Interview machen（采访某人）

名词 Interview 和动词 machen组合表示“采访”，介词mit在这里表示对谁“采访”。例如：Der Reporter hat mit der Delegation aus Shanghai Interview gemacht.（记者对来自上海的代表团进行了采访。）

② sich schriftlich um etw. (A) bewerben （书面谋求职务）

形容词 schriftlich 作状语修饰动词。介词um后面支配第四格，在这里表示“得到某物”，例如：um einen Teilzeitjob（分时工作），um einen Studienplatz（大学就读位置）。

③ zu etw. (D) gehören （归于，适于；计于，算于）

动词gehören与介词zu（支配第三格）搭配构成固定词组，表示某事或某物属于某一类，例如：Das Aufräumen des Büros und das Putzen der Halle gehören zu meinen Aufgaben.（打扫办公室和清扫车间是我活儿中的一部分。）

（3）Idiomatische Wendungen 习惯用语

① etwas Praktisches machen （做实用的事情）

形容词 praktisch 在这里作中性名词，表示“实用的东西”，例如：Er hat mir etwas Praktisches geschenkt.（他送给我一些实用的东西。）

② Abstriche machen （涂片检查）

名词 Abstrich用于医学方面是指“抽样”，即从伤口或皮肤上抽取某物进行化验。

③ Blutproben an/kucken （观察血样测试）

名词Blutprobe（验血；血样）可以跟其他动词搭配，例如：Er muss sich einer Blutprobe unterziehen.（他必须进行验血。）/ Die Krankenschwester hat dem Labor seine Blutprobe eingesendet.（护士把他的血样送到化验室进行化验。）

4. Übungen 练习

（1）Beantworten 回答问题

① Wo hat Zhonghua sein Praktikum gemacht?

② Wo hat Hongying ihr Praktikum gemacht?

③ Wie ist Zhonghua zu seinem Praktikum gekommen?

④ Was hat der Praktikant in der Autowerkstatt gemacht?

⑤ War er mit seinen Tatigkeiten zufrieden?

⑥ Was hat Hongying über ihr Praktikum erzählt?

⑦ Wie hat Hongying zu ihrem Praktikumsplatz gelangt?

⑧ War sie damit zufrieden?

（2）**Schriftliche Übung 书面练习**

① Der Reporter machte ________ mit zwei Studenten aus Shanghai.

② Jemand, der ________ macht, ist Praktikant.

③ Um sich ________ einen Studienplatz im Ausland zu bewerben, hat er sich große Mühe gegeben.

④ Unter dem ________ der Psychologie ist er diesen Dingen nachgegangen.

⑤ Seine Aufgaben bestehen noch aus ________ des Hofes und ________ der Halle.

（3）**Zuordnen 配对**

① War das Praktikum interessant?

② Hast du dich schriftlich beworben?

③ War der Arbeitstag lang?

④ War die Stimmung mit den Kollegen gut?

⑤ Ist der Praktikumsplatz weit von zu Hause?

a. Ja, man musste nach Feierabend noch die Halle putzen.

b. Ja, sie waren mir gegenüber sehr hilfsbereit.

c. Ja, ich habe viele Bewerbungsbriefe geschrieben.

d. Ja, ich habe viel gelernt.

e. Nein, wir wollen ihn in der Nähe haben.

（4）**Vervollständigen 完整句子**

① Nur ________ eine gute Ausbildung hat, kann später im Beruf Karriere machen.

② Jemand hat die Wohnung gestern ________.

③ Herr M. beschäftigt einen Lehrling und zwei Facharbeiter in seiner ________.

④ Kannst du den ganzen Tag ________ schwimmen?

⑤ Ich musste immer die Tafel ________.

（5）**Übersetzen 翻译**

① 重要的是我必须立即找到一个实习岗位。

② 我每天坐公共交通工具去上班。

③ 他们不愿意接收新的实习生。

④ 你是怎么得到这个实习岗位的？

⑤ 这份工作带给我乐趣。

Weisheit（智慧箴言）

Wes das Herz voll ist, (des) geht der Mund über.

言为心声。

C Grammatik 语法

Lerntipps 目的表达分两种，从句不定式要分清。

学习提示 主从句主语一致时，方能使用不定式。

1. Allgemeines 语法常识

德语语法总说

damit 连接目的从句，表示主句所述行为的目的，它回答“wozu / zu welchem Zweck”（为了什么目的）的提问。从句中一般有行为的主体出现，即使有时句中没有出现表示人的主语，但还是可以推断出来的。

um ... zu+不定式表示目的和意图，其前提是主句和从句中的主语相同。

同宾语从句一样，主语从句也是由dass, ob及疑问词引导。但主语从句是说明主句中的主语，并在主句中有相关词es出现，起形式主语的作用。

2. Grammatische Tabellen 语法图表

（1）带连词damit的目的从句

主句	目的从句
Der deutsche Lektor spricht laut,	damit die Studenten ihn besser verstehen.
Ich nehme gleich zwei Tabletten,	damit ich endlich schlafen kann.

说明：用damit引导的目的从句也可以单独使用，但它是作为答句而成立的。

（2）um ... zu + 不定式结构

主 句	不定式结构
Ich habe bei einigen Labors angerufen,	um zu fragen, ob sie Praktikanten aufnehmen.
Er fährt am Wochenende nach München,	um seine Eltern zu besuchen.

（3）dass引导的主语从句

主句	主语从句
Es war sehr klug von Ihnen,	dass Sie mit dem zuständigen Beamten über Ihre Sache gesprochen haben.
Wichtig war für mich auch,	dass ich was mit Motoren oder Autos machte.

说明：口语中可省去主句中的相关词es。

（4）ob引导的主语从句

主句	主语从句
Es ist mir einerlei,	ob er zum Party kommt.
Ob er die Prüfung bestanden hat,	ist unwichtig.

（5）用疑问副词或疑问代词引导的主语从句

主句	主语从句
Es ist sehr wichtig,	wer diesen Artikel ins Deutsche übersetzen soll.
Es ist mir unverständlich,	wozu sie das tun.

3. Übungen 练习

（1）Satzverbinden 连接句子

① Er fährt mit dem Zug nach Shanghai. (am Brecht-Symposium teilnehmen)

② Er geht zum Bahnhof. (Gäste aus Deutschland abholen)

③ Er kommt. (mit mir sprechen)

④ Ich gehe in die Stadt. (Bücher in der Buchhandlung kaufen)

⑤ Die Mutter bleibt zu Hause. (sich um das Kind kümmern)

⑥ Ich beeile mich. (den Zug erreichen)

⑦ Er hat genügend Kapital. (sich selbständig machen)

（2）Zuordnen 配对

①Warum fahren viele Leute ans Meer?

②Warum machen Jugendliche ein Praktikum?

③Wozu lernen viele Menschen Deutsch?

④Wozu fahren viele Touristen im Winter in die Berge?

a. Um nicht allein zu sein.

b. Um die Sonne zu genießen.

c. Um einen Beruf kennenzulernen.

d. Um Karriere in deutschen Unternehmen zu machen.

⑤Aus welchem Grund gehen viele Leute zum Fußball?	e. Um Ski zu fahren.
⑥ Zu welchem Zweck hast du das Radio angestellt?	f. Um den Sportbericht zu hören.
⑦ Warum gehst du zu Herrn Müller?	g. Um zu seinem Geburtstag zu gratulieren.

（3）**Vervollständigen 完整句子**

① Sie geht nach der Schule zu ihrem Freund, um ________

② Viele junge Leute tragen Markenkleidung, um ________

③ Jugendliche gehen gern in die Disco, um ________

④ Petra sucht eine Brieffreundin, um ________

⑤ Die Schüler haben eine Müll-Aktion gemacht, um ________

⑥ Christine will unbedingt das Abitur machen, um ________

⑦ Er nimmt an einem Schüleraustausch teil, um ________

（4）**Satzbilden 造句**

① Sie macht Gymnastik. (gute Figur bekommen)

② Die alte Frau geht ins Solarium. (Haut eine gesunde Farbe bekommen)

③ Er lächelt immer. (sympathisch wirken)

④ Er raucht nicht mehr. (Zähne nicht gelb werden)

⑤ Ich gehe in die Uni-Bibliothek. (Bücher ausleihen)

⑥ Wir machen einen Ausflug. (ins Grüne gehen)

⑦ Er lädt alle Kommilitonen zu einer großen Party ein. (alle sein tolles Zimmer sehen können)

（5）**Schriftliche Übung 书面练习**

① Warum sind Sie nach Deutschland gekommen? – ________ Deutsch ________ lernen.

② Warum geht der Kellner in die Küche? – ________ das Essen ________ holen.

③ Warum hat sich Leon mit Inge verabredet? – ________ ins Kino ________ gehen.

④ Zu welchem Zweck geht man zum Friseur? – ________ sich die Haare schneiden ________ lassen.

⑤ Warum gehst du jetzt zum Bahnhof? – ________ eine Fahrkarte ________ lösen.

⑥ Warum fährt Herr Müller zur Tankstelle? – ________ dort ________ tanken.

⑦ Mit welcher Absicht fliegt der Ingenieur nach Afrika? - ________ dort neue Fabriken ________ (aufbauen).

（6）Umschreiben 改写

① Sie haben mich gestern zu Hause nicht angetroffen. Das tut mir sehr Leid.

Es ________.

② Wir können heute unsere Arbeit nicht mehr zum Abschluss bringen. Das ist sehr schade.

Es ________.

③ Der Zug kommt um 17.30 Uhr hier an. Das steht im Kursbuch.

Im Kursbuch ________.

④ Die Bank hat dem Geschäftsinhaber einen Kredit gewährt. Wissen Sie das?

Wissen ________?

⑤ Die Maßnahmen der Regierung haben sich vorteilhaft auf die Wirtschaftslage des Landes ausgewirkt. Das steht außer Frage.

Es ________.

⑥ Die Gemeinde lässt eine Umgehungsstraße um die Ortschaft bauen. Das ist für einen fließenden Durchgangsverkehr unbedingt erforderlich.

Es ________.

⑦ Die Firma kann die bestellten Waren rechtzeitig liefern. Ist das sicher?

Ist ________?

（7）Ergänzen 填空

es ist schön *es klappt* *es stimmt nicht* *es war das erste Mal* *es wird Zeit*

① __________, dass ich mit dem Flugzeug nach Paris geflogen bin. Sonst bin ich immer mit dem Auto gefahren.

② __________, dass du uns besuchen willst. Wir freuen uns darauf.

③ Du musst dir keine Sorgen machen, __________ ganz bestimmt.

④ Sie hat gelogen. __________, dass sie gestern zu Hause war.

⑤ Wir müssen jetzt gehen, __________. Sonst kommen wir zu spät.

（8）**Übersetzen 翻译**

① 为了去国外学习，他省吃俭用。

② 为了参加开学典礼，他父亲买了一套西服。

③ 为了我们能点菜，他把菜单译成了汉语。

④ 为了去上班，我不得不绕道。

⑤ 重要的是坚持锻炼。

D Hörverständnis 听力

1. Thema: Karriere im Eiltempo 题目：快速的职业

Angefangen hat er mit einem Nebenjob. Um sein Architekturstudium zu finanzieren, bewarb sich Andreas Freese um einen Teilzeitjob im Callcenter der Comdirectbank. Das war im Dezember 1994. Heute ist Freese Gruppenleiter im Callcenter und für die Arbeit von 20 Mitarbeitern verantwortlich. „Als 14-jähriger habe ich mal ein Praktikum bei der Commerzbank gemacht, das war so ziemlich alles, was ich an bankspezifischen Qualifikationen mitgebracht habe", erzählt der 31-jährige über seinen eher unkonventionellen Werdegang.

Das gesamte Kundengeschäft läuft bei Direktbanken über Telefon, Fax, E-Mail oder das Internet. Der Markt boomt. Denn immer mehr Kunden wickeln ihre Geldgeschäfte nicht mehr am Bankschalter ab, sondern greifen zum Telefonhörer oder geben ihre Order online an die Bank. Das Internet wird als direkter Draht zum Konto mindestens so wichtig wie das Telefon.

Eine Laufbahn wie die von Andreas Freese wäre in einem herkömmlichen Bankhaus undenkbar. Die Direktbanken bieten aber auch Berufsanfängern die Chance, sich im Job zu profilieren. So ist beispielsweise die Arbeit in einem Callcenter gerade für Wirtschaftsstudenten eine ideale Einstiegsmöglichkeit. Denn dieser Job sichert nicht nur die Finanzierung des Studiums, er schafft in vielen Fällen auch einen gleitenden Übergang ins Berufsleben – mit guten Aufstiegschancen.

2. Wörter 词汇

das Eiltempo -s 快速

das Architekturstudium 建筑专业学习

der Nebenjob -s 第二职业，兼职

finanzieren *vt* 向某人提供资金，资助

der Teilzeitjob -s 分时活
das Callcenter 电话服务中心
verantwortlich 负责的
bankspezifisch 银行专有的
die Qualifikation -en 资格
unkonventionell 非常规的，非传统的
der Werdegang 成长过程，发展过程
die Direktbank 直接银行
boomen *vi* 繁荣，昌盛，发展
ab/wickeln *vt* 进行，办理
die Order -n 工作情况；命令
direkt 直接的
der Draht ¨-e 金属丝；电话线，电报线
die Laufbahn -en （人生）历程，经历，生涯
herkömmlich 传统的
der Berufsanfänger 职业上的新手
profilieren *vr* 清楚地描绘出轮廓来
gleitend (P.I) 滑动的，弹性的
der Übergang ¨-e 过渡；过渡时期
die Aufstiegschance -n 晋升的机会

3. Erläuterungen 解释

（1）Satzmodelle für Anfänger 初学句型

① Um sein Architekturstudium zu finanzieren, ... （为了给自己建筑专业的学习提供资金，……）

动词 finanzieren 常接事物性的名词，表示“为……筹措资金”例如：Wer hat das Unternehmen finanziert?（谁向这家企业提供了资金?）常见的其他名词搭配还有Projekt（项目），der Bau（建筑），die Reise（旅行），sein Studium（学业）等。

② Das gesamte Kundengeschäft läuft. （整个待客服务业务运营顺利。）

动词laufen（跑，奔跑）转义为“运营”，用于口语。如：Das Geschäft läuft.（这家商店经营顺利。）

③ Der Job schafft einen Übergang ins Berufsleben. （这份工作使人过渡到职业生涯。）

动词 schaffen（schuf，hat geschaffen）是强变化动词，支配第四格宾语。

（2）Feste Kombinationen 固定搭配

① für jn./etw. (A) verantwortlich sein （对某人/某事负责任）

形容词verantwortlich支配介词für+第四格名词，例如：Die Eltern sind für ihre Kinder verantwortlich.（父母对孩子负有责任。）

② **(jm.) über etw. (A) erzählen （向某人讲述某事）**

动词erzählen表示“讲述”的意思，可以支配介词宾语von和über。例如：Er hat mir manches über ihn erzählt.（他向我讲了些他的情况。）

③ **jm. eine Chance geben （给某人一个机会）**

动词geben支配一个第三格宾语和一个第四格宾语，类似的表达还有：jm. eine Gelegenheit geben（给某人一个机会）。

（3）Idiomatische Wendungen 习惯用语

① **Der Mark boomt. （市场蓬勃发展。）**

动词 boomen（兴隆，兴旺）源于英语 boom。

② **Sie geben ihre Order online an die Bank. （他们将指令在线传给银行。）**

由于互联网迅速发展，德语中英语新词不断涌现，人们有时就直接用英语单词来表达，如名词Order。

③ **in vielen Fällen （在许多情况下）**

这是固定用法，介词 in支配第三格，这里是第三格复数的用法。

4. Übungen 练习

（1）Beantworten 回答问题

① Warum bewarb sich Andreas Freese um einen Teilzeitjob?

② Was ist er jetzt geworden?

③ Wo hat er Praktikum gemacht?

④ Wie läuft das gesamte Geschäft bei Direktbanken heutzutage?

⑤ Warum wäre eine Laufbahn in einem herkömmlichen Bankhaus undenkbar?

⑥ Was meinen Sie dazu?

（2）Richtig oder falsch 判断

① Andreas Freese hat angefangen mit einem Nebenjob. （ ）

② Er hatte während seines Studiums keine finanziellen Probleme. （ ）

③ Das Telefon z.B. ist heutzutage ein sehr wichtiges Mittel für das Geldgeschäft. （ ）

④ Die Arbeit in einem Callcenter bietet eine ideale Berufsmöglichkeit. （ ）

⑤ Dieser Job bringt aber keine gute Aufstiegschance mit sich. （ ）

E Lesetext 阅读课文

1. Thema: Junge Hose – alte Geschichte 题目：新奇的裤子，陈旧的故事

Heute trägt fast jeder Jeans. Viele junge und auch ältere Leute können sich gar nicht mehr vorstellen, jemals eine andere Hose anzuziehen. Diese „Superhose" ist schon mehr als 170 Jahre alt. Jeans sind aber immer noch modern.

Erfunden hat sie Levi Strauss. Als er im Jahre 1848 nach Amerika kam, hatte er sich bestimmt nicht gedacht, dass er einmal eine weltberühmte Erfindung machen würde, die „Blue Jeans". Levi Strauss, der den Beruf eines Schneiders gelernt hatte, war mit 18 Jahren aus Deutschland nach Amerika ausgewandert, um dort, wie viele andere Menschen auch, sein Glück zu suchen. Seine Familie, Vater, Mutter und acht Geschwister, musste er in der Heimat zurücklassen.

Nach einer langen und beschwerlichen Seereise war er schließlich nach San Francisco gekommen. Dort herrschte zu dieser Zeit das Goldfieber. Zu Tausenden kamen die Menschen ins Land, um in den Bergen und Flüssen nach Gold zu suchen. Aber Levi Strauss war nicht nach Amerika gekommen, um nach Gold zu graben. Er wollte einmal ein eigenes Geschäft eröffnen, und so arbeitete er in einem kleinen Laden als Verkäufer. Doch eines Tages brach in dem Laden ein Feuer aus, und Levi Strauss verlor seinen Arbeitsplatz. Da gab ihm ein Freund einen Rat: „Geh doch zu den Goldgräbern, die brauchen dich. Du bist doch Schneider, die Goldgräber können ihre Hosen nicht selber reparieren, und Frauen gibt es dort keine."

So zog Levi Strauss los und wanderte zu Fuß in die Berge. In einem kleinen Dorf bei Sacramento baute er sich ein Häuschen aus Holz und begann zu arbeiten. Sein Geschäft ging gut. Er kaufte alte Kleider, brachte sie in Ordnung und verkaufte sie wieder mit Gewinn. Eines Tages wurde ihm zu einem günstigen Preis ein großes Stück sehr fester, blauer Baumwollstoff angeboten. Er kaufte ihn und machte daraus Decken für die Pferdewagen der Goldgräber. Aber niemand wollte sie kaufen. „Decken brauchen wir keine," sagten die Goldgräber, „was wir brauchen, sind Hosen!"

Levi Strauss erkannte sofort die Gelegenheit und machte aus dem blauen, festen Deckenstoff Hosen. Das war die Erfindung der Blue Jeans! Sie wurde sofort in ganz Amerika ein Erfolg. Die Goldgräber kauften diese Hose, weil sie haltbar und praktisch war und große Taschen hatte, in die man sogar Werkzeug stecken konnte. Bald trugen auch Cowboys und Viehhändler diese idealen Hosen.

Als Levi Strauss im Jahre 1902 starb, war er Millionär, und seine Firma war zum größten Kleiderhersteller der Welt geworden. Noch heute ist seine Hose das beliebteste Kleidungsstück bei Kindern und Erwachsenen auf der ganzen Welt.

2. Wörter 词汇

die Jeans (Pl.) 牛仔裤（复数）
jemals 曾经
die Superhose -n 超级裤子
erfinden *vt* 发明
die Erfindung -en 发现，发明
aus/wandern *vi* 移居国外
die Geschwister - 兄弟姐妹（中的一个）
zurück/lassen *vt* 留下，遗留
beschwerlich 费力的，劳累的，困难的
San Francisco 旧金山（美国）
die Seereise -n 海上航行
das Goldfieber 淘金热
aus/brechen *vi* 爆发
der Rat ¨e 劝告，建议
der Goldgräber 淘金者
los/ziehen *vi* 上路，动身
Sacramento 萨克拉门托（美国）
das Holz ¨er 木，木料
der Gewinn -e 赢利
die Decke -n 毯子
der Pferdewagen 马车
der Erfolg -e 成就
haltbar 耐磨的，可保存的
der Cowboy -s （美国西部）牛仔
der Viehhändler 牲畜贩子
der Millionär -e 富豪
beliebt 令人喜爱的，喜欢的
der Erwachsene -n 成人

3. Erläuterungen 解释

（1）Satzmodelle für Anfänger 初学句型

① Er hat sich nicht gedacht, dass ... （他没想到……）

denken 要求一个第四格宾语，反身代词sich为第三格，表示“想像，设想；推想”。例如：Ich kann mir nicht denken, was Sie meinen.（我无法想象您指的是什么。）/ Ich denke mir das Leben auf dem Lande sehr erholsam.（我想象农村的生活对我很有好处。）

② Decken brauchen wir keine. （我们不需要毯子。）

kein可以独立使用，对句中某个部分进行否定。这里keine指代否定句中第四格宾语

Decken（毯子）。Kein这种用法一般出现在口语中，如果否定一个中性单数名词则用keins。例如：Geld habe ich keins.（我没有钱。）

（2）Feste Kombinationen 固定搭配

① nach etw./jm. (D) suchen （寻找某物/某事）

动词 suchen 与介词 nach连用，构成介词宾语，表示“寻找，寻觅”。例如：Er sucht nach einem Vorwand.（他在找一个借口。）

② jm. einen Rat geben （给某人出个主意）

及物动词geben在支配一个由物充任的第四格宾语的同时，还支配一个由人充任的第三格宾语。例如：Er hat uns ein gutes Beispiel gegeben.（他给我们树立了好榜样。）

（3）Idiomatische Wendungen 习惯用语

① Zu Tausenden kamen die Menschen ins Land. （成千上万的人来到这座城市。）

介词zu与数字连用，表示方式、方法，例如：Zu Hunderten strömten die Besucher durch das Tor.（参观访问的人成百成百地涌进大门。）

② Ein Feuer brach aus. （发生了一场火灾。）

不及物动词aus/brechen以物为主语，指疾病、火灾等“突然发生，爆发”，例如：Ein Vulkan bricht aus.（一座火山爆发了。）

③ mit Gewinn （获利，好处）

这是介词词组，在句中作状语，例如：Ich habe dieses Buch mit vielem Gewinn gelesen.（我读了这本书，获益匪浅。）

4. Übungen 练习

（1）Beantworten 回答问题

① Wer ist der Erfinder der „Superhose“ – Jeans?

② Warum war er nach Amerika ausgewandert?

③ Wohin war er gekommen?

④ Wie war er zu seinem Erfolg gekommen?

⑤ Wann war er gestorben?

（2）Ankreuzen 选择

① Als Levi Strauss nach Amerika kam, ________

a. wurden dort gerade die Jeans erfunden.

b. hatte er die Jeans schon erfunden.

c. wurde er zum Erfinder der Jeans.

d. wollte er dort Jeans verkaufen.

② Levi Strauss fuhr nach Amerika, ________

a. weil er dort einen Beruf lernen wollte.

b. weil er eine schöne Reise machen wollte.

c. weil er Erfolg haben wollte.

d. weil er sich von seiner Familie trennen wollte.

③ Zuerst tat Levi Strauss in Amerika folgendes: ________

a. Er arbeitete als Goldgräber.

b. Er machte einen kleinen Laden auf.

c. Er suchte sich einen Arbeitsplatz im Gebirge.

d. Er fand einen Arbeitsplatz als Verkäufer.

④ Als Levi Strauss im Goldgräberdorf war, ________

a. baute er Holzhäuser.

b. nähte er neue Kleider.

c. verkaufte er alte, reparierte Kleider.

d. reparierte er Hosen für die Frauen der Goldgräber.

⑤ Levi Strauss hatte den blauen Stoff gekauft, ________

a. um daraus Hosen zu nähen.

b. weil der Stoff nicht viel kostete.

c. weil die Goldgräber Hosen brauchten.

d. weil er eine Decke brauchte.

⑥ Jeans wurden schnell ein großer Erfolg, ________

a. weil jeder gerne wie ein Cowboy aussehen wollte.

b. weil sie bequeme Arbeitshosen waren.

c. weil sie wirklich gut aussahen.

d. weil sie den Goldgräbern gut passten.

Wiederholung 1

第一阶段复习

Teil 1 Leseverstehen 阅读理解

A. Wählen Sie die geeignete Überschrift für den jeweiligen Abschnitt. 选择合适的标题

1. Er hat sich um eine Stelle als Betriebselektriker beworben. Die Firma hat ihm aber eine Stelle als Arbeiter in der Montage am Fließband angeboten.
2. Wenn ein Chinese Ihr Geschenk erst einmal ablehnt, fühlen Sie sich daher nicht brüskiert.
3. Mit der „Freizeitgesellschaft" sind aber auch einigermaßen Gefahren verbunden, denn die Freizeit verleitet viele zu einer Zusatzbeschäftigung, die wiederum zu Lasten der notwendigen Erholung geht.
4. Diese Idee bei Blitz und Donner gilt heute als Geburtsstunde der Jugendherberge, und drei Jahre später wurde die erste Jugendherberge in Deutschland eröffnet.
5. Wir sind ein mittelständisches Unternehmen im Bereich Stromproduktion. Wir suchen für unsere 150 Mitarbeiterinnen einen Leiter oder eine Leiterin der Servicestelle Informatik.
6. Wenn man joggt, spürt man positive Auswirkungen auf den ganzen Körper. Das beginnt beim Herz-Kreislauf-System, geht über die Muskeln und die Atmung bis hin zur Stärkung des Immunsystems.
7. In Deutschland gibt es zwischen 1500 und 2500 Jugendliche, die für eine bestimmte Zeit auf der Straße leben. Sie sind häufig unauffällig und stammen aus allen Gesellschaftsschichten.
8. Im Vergleich zur Arbeitszeit ist Freizeit eine Zeit, in der man für etwas frei ist. Diese Zeitspanne ist mit einem positiven Lebensgefühl, mit Wohlbefinden und Lebensqualität verbunden.
9. Für viele Menschen ist die sinnvolle Freizeitgestaltung ein wichtiger Ausgleich für den Stress

bei der Arbeit.

10. Die Tätigkeiten langweilten Paul und er ärgerte sich über die Abhängigkeit von seinen Kollegen.

A) Eine Stellenanzeige

B) Anfang einer preisgünstigen, einfachen Herberge

C) Obdachlose Jugendliche in Deutschland

D) Laufen hat Vorteile.

E) Freizeit ist eine Zeit, in der man tut und lassen kann, was einem Spaß macht.

F) Paul war nicht mit seiner Arbeit zufrieden.

G) Ein unerwartetes Stellenangebot

H) Freizeitbeschäftigung entlastet uns von der Arbeit.

I) Die negative Seite vom Übermaß an Freizeit

J) Die chinesische Geschenke-Tradition

B. Entscheiden Sie, ob die jeweiligen Aussagen richtig, falsch oder nicht im Text erwähnt sind.

选择正确的表述

Wer in Deutschland Taxifahrer werden will, muss am Anfang viel lernen: Für einen Taxischein müssen Kandidaten eine Prüfung ihrer Ortskenntnisse bestehen. Dann müssen sie nicht nur die Straßennamen einer Region, sondern auch wichtige Institutionen kennen. Das Wort Taxi kommt vom Taximeter – ein Gerät, das den Fahrpreis berechnet. Dafür gibt es regional unterschiedliche offizielle Preisstufen. International besonders teuer ist München. Dort kostet eine Fahrt von drei Kilometer im Durchschnitt 8,90 Euro. In einem Vergleich von 18 Metropolen in verschiedenen Ländern waren nur Zürich und Amsterdam teurer.

Der Taxi-Markt ist streng geregelt. Taxifahrer müssen in einer genau definierten Region jeden Fahrgast mitnehmen. Ein Nein ist nur erlaubt, wenn der Kunde eine Gefahr für das Auto oder den Fahrer ist. Rauchen ist in Taxis verboten – für die Fahrer auch dann wenn sie alleine im Auto sitzen.

Zu bestellen sind Taxis über die Telefonnummer 19140, aber auch über andere

Telefonnummern. Praktisch sind Taxi-Apps, von denen es verschiedene gibt.

Neulich versucht auch der amerikanische Anbieter Uber auf den deutschen Markt zu bekommen. Dieser vermittelt aber keine offziellen Taxis. Deshalb versuchen Taxifahrer aber auch offizielle Stellen in verschiedenen Städten, Uber zu verbieten.

11. Ein Taxifahrer muss viel lernen.

A) Richtig.　B) Falsch.　C) Nicht erwähnt.

12. Alle Taxifahrer müssen eine Prüfung ihrer Ortskenntnisse bestehen.

A) Richtig.　B) Falsch.　C) Nicht erwähnt.

13. Ein Taximeter ist ein Gerät, dass den Abstand zwischen zwei Orten misst.

A) Richtig.　B) Falsch.　C) Nicht erwähnt.

14. Der Taxi-Preis ist regional unterschiedlich.

A) Richtig.　B) Falsch.　C) Nicht erwähnt.

15. Der Taxi-Preis in München ist am teuersten in Deutschland.

A) Richtig.　B) Falsch.　C) Nicht erwähnt.

16. In Zürich und Amsterdam fährt man teurer mit dem Taxi als in München.

A) Richtig.　B) Falsch.　C) Nicht erwähnt.

17. Der Fahrgast kann nicht mit einem Taxi überregional fahren.

A) Richtig.　B) Falsch.　C) Nicht erwähnt.

18. Der Taxi-Fahrer darf dem Kunden nicht Nein sagen.

A) Richtig.　B) Falsch.　C) Nicht erwähnt.

19. Wenn man ein Taxi bestellen möchte, muss er die Telefonnummer 19140 wählen.

A) Richtig.　B) Falsch.　C) Nicht erwähnt.

20. Uber ist in Deutschland verboten.

A) Richtig.　B) Falsch.　C) Nicht erwähnt.

C. Wählen Sie die passenden Sätze. Zu jeder Lücke passt nur ein Satz. 选择正确的句子，每空一句

Beier:　Guten Tag. Mein Name ist Beier. ____21____

Telefonist: Einen Augenblick bitte.

Grailing: ____22____, Grailing?

Beier: Guten Morgen, mein Name ist Beier. ____23____. Ich würde gerne wissen, an wen ich meine Bewerbungsunterlagen schicken soll.

Grailing: An die Personalabteilung. ____24____.

Beier: Also an Frau Grailing. ____25____

Grailing: ____26____. Und mit wem habe ich gesprochen?

Beier: ____27____. Ich möchte mich als Mitarbeiterin in der Backwarenabteilung bewerben.

Grailing: Frau Beier, ____28____.

Beier: Vielen Dank, ____29____.

Grailing: ____30____. Auf Wiederhören.

A) Ich rufe wegen Ihrer Anzeige im Abendblatt an

B) dann freue ich mich auf Ihre Bewerbung

C) Mit Lola Beier

D) Am besten zu meinen Händen

E) Personalabteilung

F) und einen schönen Nachmittag noch

G) Habe ich das richtig verstanden?

H) Könnten Sie mich bitte mit der Personalabteilung verbinden?

I) Ebenso

J) Völlig richtig

Teil 2 Grammatik und Wortschatz 语法和词汇

A. Wählen Sie für jede Lücke das richtige Wort. 选择正确的单词填空

Schon früher hatten Untersuchungen gezeigt, ____31____ Schokoladenverzehr eine blutdrucksenkende Wirkung besitzt. Nun aber haben Wissenschaftler die Ergebnisse einer ersten Langzeitstudie vorgestellt, ____32____ einen klaren Zusammenhang zwischen

Schokoladekonsum und Schlaganfall aufzeigt. Schon im Jahr 1997 hatten die Wissenschaftler rund 33000 Schwedinnen ___33___ Alter von 49 bis 83 Jahren ___34___ ihren Essgewohnheiten befragt. Sie sollten angeben, ___35___ sie im Jahr zuvor durchschnittlich Schokolade und 95 andere Lebensmittel gegessen hatten. In den anschließenden zehn Jahren registrierten die Forscher ___36___ den befragten Frauen 1600 Schlaganfälle. ___37___ alle Risikofaktoren untersucht wurden, stellten sie fest, dass die Frauen, ___38___ mit 0 bis 8 Gramm pro Woche am wenigsten Schokolade aßen, diejenigen waren, ___39___ die meisten Schlaganfälle erlitten. Die Frauen, die durchschnittlich 66 Gramm Schokolade und damit am meisten aßen, erlitten ___40___ seltensten einen Schlaganfall.

31. A) dass	B) ob	C) das	D) der
32. A) das	B) der	C) die	D) dass
33. A) im	B) am	C) mit	D) auf
34. A) über	B) zu	C) von	D) nach
35. A) wie	B) wie lange	C) wieso	D) wie oft
36. A) innerhalb	B) mit	C) in	D) unter
37. A) Bevor	B) Wenn	C) Nachdem	D) Als
38. A) die	B) der	C) das	D) denen
39. A) die	B) der	C) das	D) denen
40. A) im	B) am	C) um	D) über

B. Wählen Sie passsende Wörter und füllen Sie die Lücken. 选择合适的单词填空

A) arbeitslos	B) interessant	C) verdient	D) Geld	E) glücklich
F) Beruf	G) Vorgesetzten/Chef	H) sinnvoll	I) wichtigsten	J) entscheidet

Der Job spielt eine wichtige Rolle, wenn es darum geht, ob Menschen ___41___ sind oder nicht. Für die meisten Menschen ist die Gesundheit und Familie am ___42___, aber an dritter Stelle steht der ___43___. Am unwohlsten fühlen sich Menschen, die ___44___ sind. Bevor man sich für einen Beruf ___45___, sollte man sich sicher sein, dass man wirklich das macht, was man ___46___ findet, und den Beruf nicht aus Gründen der Sicherheit oder

Vernunft wählen. Männer wählen öfter als Frauen Berufe, in denen man viel Geld ___47___, obwohl für die Zufriedenheit das ___48___ gar nicht so wichtig ist. Wissenschaftler sind z.B. öfter zufrieden als Manager. Man braucht aber nicht nur den passenden Beruf, sondern auch den richtigen Arbeitsplatz und dort am besten einen motivierenden ___49___. Außerdem sollten die Aufgaben, die man erledigt, ___50___ sein.

Teil 3 Übersetzung der unterstrichenen Teile aus dem Deutschen ins Chinesische mit Hilfe von einem Wörterbuch 借助词典翻译划线部分

51. Freizeit

Freizeit meint im Kern eine Zeit größtmöglicher individueller Freiheit. Sie ist der Handlungsraum, über den man nach den eigenen persönlichen Wünschen verfügen kann. Diese Zeit wird von der Arbeitszeit abgegrenzt. Damit steht die Freizeit der bezahlten Berufszeit oder der Zeit gegenüber, die durch andere Personen oder Pflichten bestimmt wird. Der Begriff Freizeit gilt im engeren Sinne für Arbeitnehmer, im weiteren Sinne aber für alle Menschen.

52. Ein Stellenangebot

Für unsere Verwaltung suchen wir: Ferienvertretung Assistenz/Sekretariat (2 Monate). Wir arbeiten im Bereich Umwelt- und Unternehmensberatung. Ihre Aufgaben: Allgemeine Sekretariatsaufgaben (Telefon, Korrespondenz per Post und E-Mail), Organisation Kundenbesuche, Betreuung Englisch sprechender Gäste. Ihr Profil: Kaufmännische Ausbildung oder berufliche Erfahrung und gute Computer-Kenntnisse.

Teil 4 Schriftlicher Ausdruck 书面表达

Beantworten Sie die Frage: Würden Sie lieber zu Hause oder im Büro arbeiten? Schreiben Sie einen Aufsatz mit Begründung mit mindestens 80 Wörtern. **回答问题：“Würden Sie lieber zu Hause oder im Büro arbeiten?”以此为题，列出理由，写一篇不少于80个单词的作文。**

53. Der Aufsatz beinhaltet（作文内容）：

A) Würden Sie lieber zu Hause oder im Büro arbeiten?

B) Warum würden Sie lieber zu Hause oder im Büro arbeiten?

C) Ihre Arbeitserfahrungen.

Lektion 6

第六单元

Hauptthema：Lernen und Gedächtnis　主题：学习和记忆

A　Lernziel 导学

1. Redemittel 会话句型

Man unternimmt (eine Untersuchung).	Das hängt mit der Prüfungsangst zusammen.
So etwas ... kann man sich vorstellen.	Was soll ich tun?
Bestellen Sie Ihrer Frau von mir viele Grüße.	Er verweigert jede Antwort.
etwas kommt in Frage	Ich breche ... ab.

2. Tipps zur Grammatik 语法提示

◇ **重点**：① 带zu不定式分为简单不定式和扩展不定式两种。② 带zu不定式可作主语、宾语、定语。

◇ **难点**：① haben+zu和sein+zu结构表示必要性或可能性，前者具有主动含义，后者具有被动含义。② 遇到可分动词时，zu须放在前缀与词干中间，不需要加空格。

3. Etwas über das Hauptthema 背景点滴

德国大学里的考试采用“5分制”：1分——sehr gut（优秀）；2分——gut（良好）；3分——befriedigend（中等）；4分——ausreichend（及格）；5分——ungenügend（不及格）。各个分数段还可以细分，如1.3、2.7等。德国大学课程的考核形式，有Klausur（笔试）、Seminararbeit（研究文章）等。文科课程一般以20页左右的研究文章为考核依据。大学里主要授课形式有Vorlesung（讲座式大课）、

Seminar（研讨课）、Übung（练习课）、Tutorium（高年级向低年级提供的辅导课）、Exkusion（旅行研讨课）。

B Gespräch 对话

1. Thema: Lernen macht mir unheimlich viel Spaß 题目：学习使我乐趣无穷

(*Situation: Leon ist beauftragt, eine Untersuchung über das Lernen in Mittelschulen zu unternehmen. Vor einer Woche hat er Hongying gebeten, sich darauf vorzubereiten und über ihr Lernen in der Mittelschule zu berichten. Heute findet das Gespräch in der gemeinsamen Küche des Studentenwohnheims statt.*)

（会话情景：莱昂受人委托对中学生的学习情况进行调查。一周前，他请红英做些准备并请她讲述她在中学学习的情况。这次谈话就在大学生公寓的公用厨房里进行。）

L: Hongying, kannst du mir mal erzählen, wie du in deinem Heimatland gelernt hast?

H: Ja, gerne. Bei uns in der Schule war das Lernen zwar sehr anstrengend, aber das Lernen hat mir viel Spaß gemacht.

L: Tatsächlich? Aber wie anstrengend?

H: So etwas Anstrengendes kann man sich kaum vorstellen. Außerhalb der Schule musste man noch viele Nachhilfestunden machen, vor allem für Mathematik, Englisch, Chinesisch und Physik. Es gab viele zusätzliche Aufgaben, die man jeden Tag bis in die tiefe Nacht hinein machen musste. Trotzdem hat es mir unheimlich viel Spaß gemacht, wenn ich daran zurückdenke.

L: So hattest du dann keine Zeit für dich, weil du viele Hausaufgaben machen musstest.

H: Das stimmt. Eigentlich hat mir die Schule schon immer viel Spaß gemacht.

L: Bist du schon immer eine gute Schülerin gewesen?

H: Ja, ich hatte noch nie Probleme in der Schule. Ich hatte kein Problem, mit den anderen Schülern umzugehen. Ich hatte auch keine Probleme mit Hausaufgaben. Oft hatte ich selbst versucht, meine Hausaufgaben zu erledigen.

L: Was waren deine Lieblingsfächer?

H: Am liebsten machte ich Physik und Chemie. Wir hatten da ganz tolle Lehrer, das war richtig spannend. Ja, und Fremdsprachen lernte ich auch sehr gerne, vor allem Deutsch, weil mir Deutschland so gut gefällt. Bereits in der Mittelschule hatte ich ja den Wunsch, später in Deutschland zu studieren.

L: Na, das klingt ja sehr zufrieden. Aber was hast du nicht so gerne gemacht?

H: Musik und Kunst mache ich nicht so gerne. Also, ich habe nie ein Instrument gelernt und für Kunst bin ich zu ungeduldig. Aber ein bisschen interessiert mich das schon.

L: Weißt du schon, was du einmal werden willst?

H: Im Moment nicht. Früher wollte ich unbedingt Chemikerin werden. Vielleicht kommt auch noch etwas anderes in Frage, aber studieren möchte ich auf jeden Fall.

L: Ich bin sicher, du wirst es schaffen. Danke für das Gespräch.

2. Wörter 词汇

unheimlich [口]非常

die Mittelschule -n 中学

anstrengend (P.I) 费力的

außerhalb 除……以外

zusätzlich 补充的，附加的

trotzdem （尽管……）仍然

zurück/denken *vi* 回想，回忆

um/gehen *vi* 对待，对付，打交道

erledigen *vt* 完成，解决

das Lieblingsfach ¨er 最喜欢的专业

toll [口]极好

spannend (P.II) 紧张的；引人入胜的

die Kunst 艺术

das Instrument -e 乐器；工具

ungeduldig 不耐烦的，急躁的

die Chemikerin -nen 女化学家

3. Erläuterungen 解释

（1）Satzmodelle für Anfänger 初学句型

① Leon ist beauftragt, eine Untersuchang über das Lernen in Mittelschulen zu unternehmen.
（莱昂受人委托对中学生的学习情况进行调查。）

及物动词unternehmen（着手，从事，干）支配一个第四格宾语，多数与名词连用，如eine Reise/einen Spaziergang/einen Ausflug/einen Versuch untemehmen（旅行/散步/远足/进行一项试验）。untemehmen还可以构成带zu不定式句式，例如：Er hat es unternommen, die Sache aufzuklären.（他对这件事情作了解释。）

② **So etwas Anstrengendes kann man sich kaum vorstellen. （这紧张的程度难以想象。）**

动词vorstellen与情态动词können连用，表示“能够设想，能回忆”，反身代词为第三格。动词anstrengen第一分词anstrengend作形容词来用并名词化，so etwas Anstrengendes在句中作宾语，意为“紧张的事情”。

③ **Ich hatte noch nie Probleme in der Schule. （我在学校里还从未有过什么问题。）**

noch nie（还从未，从来没有）在句中修饰名词Probleme（还未曾有过问题）。例如：So etwas habe ich noch nie gehört.（这样的事情我还从未听说过。）

（2）Feste Kombinationen 固定搭配

① **(jm.) über etw. berichten （向某人详细报告某事）**

该词组可以省略人称代词第三格（指称某人），例如：Er hat über seine Reise berichtet.（他说了他旅行的情况。）

② **an etw. (A) zurück/denken （回想某事，追忆某事）**

zurück/denken支配介词宾语an+第四格，表示“回忆过去发生的事情”，例如：Wir haben an schöne gemeinsame Stunden zurückgedacht.（我们回想起我们在一起的美好时光。）

（3）Idiomatische Wendungen 习惯用语

① **etwas kommt in Frage （属考虑之列，可能采用或选上）**

kommen + in Frage构成功能动词结构，意思是“可以考虑”。例如：So etwas kommt gar nicht in Frage!（这种事情是不会考虑的！）

② **bis in die tiefe Nacht hinein （直到深夜）**

bis in ... hinein意思是“直至……”。bis跟一定的介词连用，表示时间。例如：Er schrieb bis in die Nacht hinein.（他一直写到夜里。）

③ **eigentlich （事实上，本来，其实；严格地说，从根本上来说）**

情态小品词 eigentlich用于陈述句，指叙述的事物与本意有所不同，例如：Eigentlich kann Frau Wang gut kochen, aber heute fehlen einige Zutaten, die sie braucht.（本来王太太很会烹饪，但今天少了几样她所需要的调料。）

④ **Das war richtig spannend. （<课堂>气氛很活跃。）**

分词 spannend有“紧张”或“吸引人”之意。根据上下文这里是指上课的气氛。形容词richtig修饰其后面的分词spannend，表示强调。

4. Übungen 练习

（1）Beantworten 回答问题

① Wo hat Hongying ihre Mittelschule besucht?

② Wie war sie in der Schule?

③ Welche Lieblingsfächer hatte sie?

④ Gab es bei ihr Probleme in der Schule?

⑤ Was wollte sie ursprünglich werden?

⑥ Was hat sie im Moment vor?

（2）Richtig oder falsch 判断

① Hongying geht nicht gern in die Schule. ( )

② Hongying interessiert sich besonders für Physik und Chemie. ( )

③ Ihr gefällt Deutschland vor allem. ( )

④ Sie zeigt kein Interesse für Musik und Kunst. ( )

⑤ Hongying wollte früher Tierärztin werden. ( )

⑥ Hongying möchte jedenfalls studieren. ( )

（3）Satzbilden 造句

________ habe ich mit ________ Jahren gelernt.

Ich habe immer wieder probiert, ________ zu ________.

Ich bin in ________ geübt.

Bei ________ hat ________ mir geholfen.

________ hat mir gezeigt / beigebracht / vorgemacht, wie ________.

Schließlich ist es mir gelungen, ________ zu ________.

Endlich konnte ich ________.

Nach ein paar Versuchen/Misserfolgen hatte ich ________.

（4）Ergänzen 填空

am besten	*erzählen*	*über*	*Wunsch*
Fremdsprachen	*beliebt*	*tatsächlich*	*stattfinden*

① Ich hoffe, dass der Kurs überhaupt ________ wird. Es müssen sich nämlich mindestens fünfzehn Teilnehmer anmelden.

② Gibt es das „rollende Klassenzimmer“ ________?

③ Die Kurse für Kinder sind sehr ________.

④ Sie hat großes Interesse an ________.

⑤ Auch viele Schüler haben den ________von einer besseren Allgemeinbildung.

⑥ Ich bin in der Lage, auf Deutsch ________ meine Hobbys zu berichten.

⑦ Sie hat uns viel von ihrer Familie ________.

⑧ Ich kaufe ________ dort ein, wo ich eine große Auswahl habe.

(5) Übersetzen 翻译

① 考试前两周他每天工作到深夜。

② 老师请我们周末去他家作客。

③ 我真不敢想象，他的汉语说得那么流利。

④ 比赛的场面很紧张，我简直不敢看下去。

⑤ 使我感兴趣的是他怎样完成这项任务。

Weisheit（智慧箴言）

Fragen macht klug.

提问使人聪明。

C Grammatik 语法

Lerntipps 带zu不定式用途广，弄清结构好理解。

学习提示 haben加zu表主动，sein加zu表被动。

1. Allgemeines 语法常识

动词如果同不定式连用并加zu，就是人们说的带zu不定式。带zu不定式分为简单不定式和扩展不定式。凡是带有宾语和状语成分的即为扩展不定式，反之则是简单不定式。

带zu不定式使用的范围较广泛，它在动词后面作宾语，在名词后面作定语，在形容词后面作主语。简单不定式中不需要逗号将其分开，而在扩展不定式中其被修饰的词，要用逗号隔开。因此在学习中要弄清楚带zu的不定式在句中所起的修饰作用。

2. Grammatische Tabellen 语法图表

（1）带zu的简单不定式

① 在动词后面作宾语

Hör auf vorzulesen!

Er beginnt zusammenzufassen.

Ich vergaß zu übersetzen.

② 在名词后面作定语

Sie hat keine Lust weiterzuarbeiten.

Er hat die Absicht zu studieren.

Ich habe die Möglichkeit umzuschulen.

③ 在形容词后面作主语

Es ist wichtig zu üben.

Es ist interessant zu tanzen.

（2）带zu的扩展不定式

① 在动词后面作宾语或介词宾语

主句	不定式结构
Ich höre auf,	den Text zu lesen.
Leon bat Hongying,	über ihre Mittelschule zu berichten.

② 在名词后面作定语

主 句	不定式结构	主句
Sein Wunsch,	im Ausland zu studieren,	wird erfüllt.
Ich habe die Möglichkeit,	nach Qingdao zu fahren.	

③ 在形容词后面作主语

主句	不定式结构
Es ist sehr schwer,	die Texte richtig zu übersetzen.
Es ist angenehm,	Sie kennenzulernen.

3. Übungen 练习

（1）Satzbilden (mit Infinitiv mit zu) 造句

① anfangen (arbeiten, schreiben, trinken, spielen)

② vergessen (aufstehen, antworten, sagen, essen)

③ beginnen (erzählen, schreiben, lesen, wiederholen)

④ Lust haben (tanzen, spazierengehen, fernsehen)

⑤ keine Zeit haben (lesen, schwimmen, fernsehen, tanzen)

⑥ Es ist wichtig (wiederholen, arbeiten, üben, lernen)

⑦ Es ist möglich (studieren, arbeiten, diskutieren, übersetzen)

（2）Satzbilden (mit dem erweiterten Infinitiv mit zu) 造句

① Er versucht es. (Er will Geld sparen.)

② Die Eltern haben abends keine Lust. (Sie spielen mit den Kindern.)

③ Ich habe keine Möglichkeiten. (Ich komme an die Leute hier nicht heran.)

④ Es ist falsch. (Man sitzt immer zu Hause.)

⑤ Ich finde es schwer. (Ich finde keinen Kontakt.)

⑥ Ich habe es versucht. (Ich will die Initiative ergreifen.)

⑦ Ich habe Angst. (Ich gehe auf Leute zu.)

⑧ Es ist moglich. (Man hilft ihm.)

（3）Beantworten 回答问题

① Wozu haben Sie wenig Zeit?

② Was macht Ihnen hier besonders Spaß?

③ Wozu haben Sie hier keine Gelegenheit?

④ Was vergessen Sie oft?

⑤ Was ist für Sie besonders schwer?

⑥ Welche Schwierigkeiten haben Sie?

⑦ Wovor haben Sie hier Angst?

⑧ Was finden Sie hier schwer?

（4）Vervollständigen 续写句子

① Ich habe vor, __________. (Deutsch lernen)

② Wir hoffen, __________. (Sie bald wiedersehen)

③ Ich bitte dich, __________ . (mich rechtzeitig informieren)

④ Ich bin bereit, __________ . (losfahren)

⑤ Du hast keinen Grund, __________ . (die Party absagen)

⑥ Sie hatte schon lange die Absicht, __________ . (ins Ausland gehen)

⑦ Ich finde es interessant, __________ . (mit dir ins Grüne gehen)

⑧ Es ist hier unmöglich, __________ . (das Projekt diesen Monat abschließen)

（5）Satzerweitern 扩展句子

Ich habe Lust	Ich habe vergessen	Ich versuche
Ich helfe dir	Es macht mir Spaß	Ich habe Angst
Ich habe Probleme	Ich habe vor	Ich habe den Wunsch
Ich habe versucht	Ich habe vergessen	Ich habe Zeit

D Hörverständnis 听力

1. Thema: Ein Leserbrief 题目：一封读者来信

Leserin: Mein Problem heißt Prüfungsangst. Dabei weiß ich gar nicht, wovor ich mich fürchte. Meine Eltern trösten mich sogar bei jeder schlechten Note (übrigens habe ich noch nie eine Fünf geschrieben). Aber eigentlich ist das nicht mein einziges Problem. Ich lerne fürchterlich viel. Das hängt natürlich hauptsächlich mit der Prüfungsangst zusammen, zu allem Unglück aber bin ich auch noch ehrgeizig. Ich will in der Schule unbedingt gut sein. Und wenn ich mal schlechter abgeschnitten habe, als ich mir erhofft hatte, dann geht es los: Depressionen und Prüfungsangst. Was soll ich nur tun, damit dies aufhört?

2. Wörter 词汇

der Leserbrief -e 读者来信

die Leserin -nen 女读者

die Prüfungsangst 畏惧考试的情绪

fürchten *vr* 害怕

trösten *vt* 安慰

die Note -n 分数，评分的成绩

übrigens 顺便说及，此外

fürchterlich 极其

zusammen/hängen *vi* 有关联

das Unglück 不幸

ehrgeizig 贪图名誉的，功名心强的

ab/schneiden *vi* [口]得到结果

erhoffen *vt* 希望，盼望
die Depression -en 沮丧，意志消沉
los/gehen *vi* 开始
auf/hören *vi* 停止

3. Erläuterungen 解释

（1）Satzmodelle für Anfänger 初学句型

① Das hängt mit der Prüfungsangst zusammen. （这和害怕考试有关。）

zusammnen/hängen 是不及物动词，支配介词宾语mit，表示“与……有关联”。例如：Sein Erfolg hängt mit seinem Fleiß zusammen.（他的成功与他的努力是分不开的。）

② Was soll ich nur tun? （我究竟该怎么办?）

这是征求别人意见、看法，想要知道如何解决自己的困难而说的话。例如：Was soll man tun?（该怎么办呢？）或用动词 machen 代替tun，例如：Was soll ich denn machen?（我该怎么办？）小品词nur在疑问句中表示对问题的关切，意为“究竟，到底”。

（2）Feste Kombinationen 固定搭配

① sich vor etw. (D) jm. fürchten （害怕某事/某人）

反身代词sich为第四格，与介词vor连用，表示“害怕某事/某人”，例如：Sie fürchtet sich vor dem Hund.（她怕狗。）

② jn. mit etw. (D) trösten （用某事安慰某人）

trösten是及物动词，可支配第四格宾语，意思是“安慰”。外加介词mit用来表示“以某种方法安慰某人”。例如：Er hat sie mit herzlichen Worten getröstet.（他用好话安慰她。）

（3）Idiomatische Wendungen 习惯用语

① Übrigens habe ich noch nie eine Fünf geschrieben. （此外我从未得过5分。）

德国学校使用的成绩评分是“5分制”，1分为优，5分不及格。

② zu allem Unglück （最大的不幸）

该习惯用语表示“此外，还有（其他不好的事情）”的意思，例如：Erst hat er die Arbeit verloren und dann ist er zu allem Unglück auch noch krank geworden!（他先是丢了工作，后来偏偏又生了病！）

③ Wenn ich mal schlechter abgeschnitten habe, als ich erhofft hatte, dann geht es los. （假如我的成绩比我所期望的更差，那问题就来了。）

wenn引导条件状语从句，als从句所述内容对应前句中形容词schlechter，表示程度上

的差异，句中形容词比较级schlechter和als构成不同级别的对比。

4. Übungen 练习

（1）Beantworten 回答问题

① Welches Problem hat die Leserin?

② Wovor hat sie sich gefürchtet?

③ Wie behandelt ihre Mutter die Leserin?

④ Welche Hauptgründe gibt es bei ihr?

⑤ An wen wendet sie sich mit ihrem Problem?

⑥ Was sagen Sie dazu?

⑦ Hatten Sie schon einmal Prüfungsangst? Was haben Sie dagegen getan?

（2）Ergänzen 填空

fürchterlich	*losgehen*	*Moment*	*Prüfung*
abschneiden	*ehrgeizig*	*Methode*	

① Ich glaube nicht, dass ein Einstellungstest die richtige ________ ist, den besten Bewerber herauszufinden.

② Ich habe letzte Woche meine ________ gemacht. – Ja? Dann erzähl doch mal. Wie ist sie denn ausgefallen?

③ Im ________ ist es wirklich sehr schwer, eine Stelle zu finden. Ich habe mich schon bei zwölf verschiedenen Firmen beworben.

④ Meine Schwester ist sehr ________. Bei Prüfungen will sie immer am besten von allen ________.

⑤ Vor einer Prüfung bin ich immer sehr nervös; aber wenn es dann ________, werde ich ganz ruhig.

⑥ Er hat ________ viel zu tun.

（3）Übersetzen 翻译

① 他考试没有通过，他的父母还是不断地说好话来安慰他。

② 这件事同他母亲的溺爱有关。

③ 她的虚荣心很重。

④ 他期待这笔生意给他带来赢利。

⑤ 她克服了自己的沮丧。

E Lesetext 阅读课文

1. Thema: Wenn der Prüfer höhnt und lästert 题目：假如考官嘲笑和辱骂的话

Dem 27-jährigen stand der Schweiß auf der Stirn. Mit flackerndem Blick saß er auf seinem Stuhl, keine einzige Antwort kam über seine Lippen. Jedesmal zuckte er nur wortlos mit den Schultern – bis dem Prüfungsvorsitzenden der Geduldsfaden riss: „Es ist jetzt", zürnte der Literaturprofessor und blickte auf seine Uhr, „genau elf Uhr und acht Minuten. Der Kandidat verweigert jede Antworten. Ich breche die Prüfung daher vorzeitig ab."

Das hätte er besser nicht getan. Denn die Verkürzung der Prüfung von zwanzig auf acht Minuten war, juristisch gesehen, eine Verletzung des Prüfungsrechts. Jeder Student hat Anspruch auf die vorgesehene Zeit, ohne dass er dabei nachhaltig gestört oder negativ beeinflusst wird. Schwieriger wird es vor Gericht allerdings dann, wenn es um konkrete Notenwerte geht. „Der Pädagogische Bewertungsspielraum der Prüfer ist groß und kann auch von einem Richter schlecht überprüft werden", sagt Michael Mende. So lehnte es das Bundesverwaltungsgericht in den 70er Jahren ab, eine schlechte Klausurnote zu korrigieren, die ein Jurist nicht wegen schwacher Leistungen, sondern wegen seiner unleserlichen Schrift erhalten hatte. Chancenreicher sind Klagen gegen Formfehler – egal, ob es dabei um Prüfungen oder die Zulassung zum Studium geht.

Doch nicht nur Studierende, auch Hochschulen ziehen vor Gericht – vor allem, um Absolventen nachträglich den erworbenen Titel entziehen zu lassen. Mal fliegt Monate später ein Betrug während der Prüfung auf, mal lagen gar nicht die Voraussetzungen für den Abschluss vor.

Dass dagegen Studierende, die beim Pfuschen erwischt wurden, vor Gericht gehen, findet der Wuppertaler Uni-Justitiar Klaus-Dieter Lutz „höchst kurios“. Trotzdem: Für seine Hausarbeit hatte ein Student 60 Seiten Fremdtext mit ein paar eigenen Anmerkungen ergänzt und dann abgegeben. Der Betrug flog auf, als Folge gab es eine Fünf.

„Da ist der Prüfling tatsächlich vor Gericht gegangen, weil er sich ungerecht bewertet fühlte“, grinst Klaus-Dieter Lutz. Erst als der Verwaltungsrichter jede Erfolgschance für die Klage verneinte, gab der Plagiator auf.

2. Wörter 词汇

höhnen *vi* 嘲讽
lästern *vi* 背后说三道四，背后说人坏话
der Schweiß 汗，汗水
die Stirn -en 额
flackernd (P.I) 闪烁的，跳动的
die Lippe -n 嘴唇
zucken *vi* 抽动
der Geduldsfaden 耐心
reißen *vi* 扯破
zürnen *vi* 生气，发怒
der Kandidat -en 候选人；考生
verweigern *vt* 拒绝
ab/brechen *vt* 中断
vorzeitig 过早的；提前的
juristisch 法学的，法律的
vorgesehen (P.II) 规定的
nachhaltig 持续的，经久的
das Gericht -e 法院，法庭
der Notenwert -e 分数值
pädagogisch 教育的，教育学的
der Richter 法官
die Klausurnote -n 考试分数
unleserlich 笔迹不清楚的，不易辨认的
die Klage -n 控告，抱怨
die Zulassung -en （入学等）许可
nachträglich 事后的，补充的
entziehen *vt* 收回，夺去
auf/fliegen *vi* 告吹，失败；飞起；突然打开
das Pfuschen 马虎干活
erwischen *vt* 抓住，捉住
der Justitiar 法官，陪审官
kurios 少有的，稀奇的
verneinen *vt* 否定
der Plagiator 剽窃者

3. Erläuterungen 解释

（1）Satzmodelle für Anfänger 初学句型

① Er verweigert jede Antwort. （他拒绝任何回答。）

动词verweigern（拒绝，不给予）在支配第四格宾语的同时还支配第三格宾语。例如：Man hat ihm das Einreisevisum verweigert.（有人拒绝给他入境签证。）

② Das Bundesverwaltungsgericht lehnte es ab, ... （联邦行政法院拒绝……）

动词 ab/lehnen 支配第四格宾语，句中人称代词es用作带zu不定式的关联词。

③ Er fühlte sich ungerecht bewertet. （他感到打分不公正。）

反身动词 sich fühlen（觉得，感到）与形容词或第二分词连用作补语，如句中ungerecht bewertet（不公正地评价）具有被动意义，例如：Er fühlte sich beleidigt.（他感到受了侮辱。）

④ Ich breche die Prüfung vorzeitig ab.（我宣布提前结束考试。）

动词ab/brechen有及物和不及物之分，意思是“中止，中断”。

（2）Feste Kombinationen 固定搭配

auf etw. (A) blicken （朝某物望去）

blicken 是不及物动词，与介间连用，例如：auf die Tür blicken（朝门望去），auf die Uhr blicken（抬手看表），in Ferne blicken（朝远处望去），zu jm. blicken（朝某人看去）等。

（3）Idiomatische Wendungen 习惯用语

① juristisch gesehen （从法律方面看）

这是短语句，可插在句中，前后用逗号隔开。类似的表达还有：Menschlich gesehen, ist seine Verfehlung verständlich.（从人性方面来看，他的过失是可以理解的。）再比如：Auf die Dauer gesehen, ist das keine Lösung.（长期来看，这不是解决问题的办法。）

② etw. (A) / jn. vor Gericht ziehen （对某事/某人提起诉讼）

或者说：eine Sache vor Gericht bringen（就一事提起诉讼。）中性名词Gericht是“法庭，法院”的意思，该词组表示将某事或某人带到法庭前，对其发起诉讼。

③ Der Geduldsfaden reißt ihm. （他失去了耐心/他再也忍耐不住了。）

阳性名词Faden本意为“丝，线”，reißen在句中为不及物用法，可以理解为他的耐心之线断裂了，也就是他耐心耗尽。

④ **Das hätte er besser nicht getan.** （他最好别干出这样的事情来。）

这是非现实虚拟式句，后面将作详细解释。

4. Übungen 练习

（1）Beantworten 回答问题

① Warum zürnte der Literaturprofessor und bricht die Prüfung vorzeitig ab?

② War diese vorzeitige Abbrechung der Prüfungszeit gerechtfertigt?

③ Was kann der Student in solcher Situation tun?

④ Warum ziehen nicht nur Studierende, sondern auch Hochschulen vor Gericht?

⑤ Was findet der Wuppertaler Uni-Justitiar Klaus-Dieter Lutz „höchst kurios"?

（2）Ergänzen 填空

da	*bald*	*danach*	*dann*
im nächsten Moment	*zuerst*	*später*	*am Anfang*

Eines Tages sollten wir in Englisch mündlich geprüft werden. Die meisten von unserer Klasse waren aber nicht gut vorbereitet. ________ hatte Dieter eine Idee. Er brachte sein Tonbandgerät mit in die Schule und nahm beim Unterrichtsbeginn die Pausenklingel auf. Vor der Englischstunde versteckte er den Lautsprecher hinter der Wandtafel. ________ kam Wegmann, unser besten Schüler. Aber ________ wollte er auch mich prüfen.

________ gab ich Dieter ein Zeichen; der schaltete sein Tonbandgerät ein, und ________ klingelte es. Wegmann war sehr überrascht. Er schaute ungläubig auf seine Uhr. Aber ________ glaubte er es doch und beendete die Prüfung. ________ gingen wir alle nach Hause, weil es die letzte Stunde war. ________ merkte Wegmann natürlich, dass alles nur ein Trick war, und er wiederholte die Prüfung.

（3）Übersetzen 翻译

① 从表面上看，他的言行就不一致。

② 他一时谈这，一时谈那。真不知道他在说些什么。

③ 他拒绝回答老师的问题。

④ 我已经在这里待了一个月了，可我总觉得还很陌生。

⑤ 我不打算再待下去了。明天就坐火车回家。

Lektion 7

第七单元

Hauptthema: Wissen und Technologie　主题：知识和科技

A　Lernziel 导学

1. Redemittel 会话句型

Welche Veränderungen interessieren Sie?	Ihr hattet nur ... besprochen.
Mit ... meine ich ...	Wie lange dauert ...?
Danke, das werde ich tun.	Allerdings muss man sich vor Augen halten...
Vielleicht hast du Recht.	Es ist sinnvoll, dass ...

2. Tipps zur Grammatik 语法提示

◇ **重点**：① 在结果从句中，从句是主句行为或状态的结果。② 结果从句的连接词可以是 ... so dass ... 或者是so ..., dass ...。

◇ **难点**：① 当so在主句中时，后面可以加形容词、副词或名词。② 结果从句只能放在主句后，主从句位置不能对换。

3. Etwas über das Hauptthema 背景点滴

在欧美国家中，德国人对于知识的热爱与执着是众所周知的。朋友、家人、同事间茶余饭后的谈资始终离不开知识与科学。在享受新知识带来的舒适与便捷的同时，他们不满足于“知其然”，渴望能“知其所以然”。因此，很多参加过德式派对的人会觉得“无聊”，对一个大家都习以为常的事物，德国人能聊很久。细细想来，正是对新知识的兴趣造就了德国这一欧洲工业强国，也正是对所有新科技的谨慎造就了德国产品的可靠和耐久。

B Gespräch 对话

1. Thema: Wohin führt die Wissenschaft? 题目：科学走向何方？

(*Situation: Leonie Schmidt spricht mit einem Philosophieprofessor, Gerd Wagner, über die Frage, wohin die Wissenschaft führt.*)（会话情景：莱昂妮·施密特和哲学教授盖德·瓦格纳谈论科学走向何方的问题。）

S: Neulich fand hier in Deutschland der Kongress mit der Frage „Wohin führt die Wisserschaft“ statt. Profssor Wagner, ist das im Moment ein großes Thema in der Philosophie?

W: Die Wissenschaft wird das menschliche Wissen noch weiter durchdringen. Es wird beispielsweise in der Nahrungsmittelchemie versucht, etwas gegen den Welthunger zu tun. Kriege gehen heute ja hauptsächlich um Lebensgrundlagen wie Wasser und Nahrungsmittel. Negative Folgen der Wissenschaft kann es natürlich in vielen Bereichen geben, beispielsweise in der Reproduktionstechnik.

S: Was hat sich im Wissen bisher verändert und welche Rolle spielen Medien wie das Internet dabei?

W: Wenn Galilei gesagt hat, dass sich die Erde um die Sonne dreht, hatte das keine Auswirkungen auf das Leben an sich. Doch heute wird die Wissenschaft immer praxisbedeutender, und die Medien verstärken dies. Die Bevölkerung wird zum kritischen Resonanzboden.

S: Welche Veränderungen interessieren Sie als Philosophen besonders?

W: Die Veränderungen in den bio-medizinischen Wissenschaften, da sie ethisch problematisch sind. Beispielsweise die Pränatal-Diagnostik. Heute können Eltern schon vorher sehen: Ist mein Kind gesund oder krank? Das Problem der möglichen

Eugenik muss gelöst werden. Das ist eine Herausforderung der althergebrachten Moral durch die Wissenschaftsentwicklung. Interessant ist auch die Langzeitverantwortung, beispielsweise bei der Klimaveränderung. Welche Verantwortung haben wir schon heute? Das gleiche gilt für die Keimbahnintervention. Möchte man Krankheiten ausschließen oder auch Begabungen fördern? In drei bis fünf Jahren ist die Wissenschaft so weit, dass dies möglich ist, und wir sind nicht darauf vorbereitet.

S: Welche Entwicklungen könnten zu kurz kommen, wenn man sich allein aufs Wissen versteift?

W: Die deutsche Philosophie hatte immer eine hohe Wissenschaftsaffinität. Dabei könnte Alltagswissen zu kurz kommen. Mit Alltagswissen meine ich Fragen des Glaubens, nicht nur in religiöser Hinsicht, sondern was die Verlässlichkeit der Menschen untereinander angeht.

S: Was wird in der Zukunft neben Wissen noch zählen?

W: Ethos. Die Fähigkeit des Menschen, mit den Optionen des Wissens fertig zu werden.

S: Ich bedanke mich bei Ihnen für das Gespräch, Herr Wagner.

2. Wörter 词汇

der Kongress -e 代表大会
der Titel 标题；头衔
die Philosophie -n 哲学
durchdringen *vt* 透过，穿越；使充满
die Nahrungsmittelchemie 食品化学
die Lebensgrundlage -n 生活基础
negativ 反面的，不利的，消极的
die Folge -n 结果，后果；顺序
der Bereich -e 范围，领域；地区，区域
die Reproduktionstechnik -en 再生产技术
verändern *vr* 变化，改变
praxisbedeutend (P.I) 具有实践意义的
kritsich 批判性的
der Resonanzboden 共鸣板
bio-medizinisch 生物医学的
ethisch 伦理学的，道德上的
problematisch 有问题的；难处理的
pränatal 产前的，分娩前的
die Diagnostik 诊断学，诊断术
die Eugenik 优生学
die Herausforderung -en 挑战
althergebracht (P.II) 长久习惯的
die Moral 道德，品行
aus/schließen *vt* 排除；开除；使不可能
fördern *vt* 要求；促进
versteifen *vr* 僵硬，变硬

die Wissenschaftsaffinität -en 科学亲合力，科学亲合性

religiös 宗教的，信教的；虔诚的

die Hinsicht 考虑，关系

die Verlässlichkeit 可靠，可信

das Ethos 伦理，道德，德性

die Option -en 选择；选择权

3. Erläuterungen 解释

（1）Satzmodelle für Anfänger 初学句型

① Welche Veränderungen interessieren Sie? （您对哪些变化感兴趣？）

句中主语是 welche Veränderungen（哪些变化），人称代词Sie（您）在句中做宾语，请注意德语和汉语主宾不同的位置。例如：Der Fall interessiert ihn.（这件事引起了他的兴趣。）这种表达还可以用主语从句的形式，例如：Es interessiert mich, dass er ein neues Konzept hat.（他的新思路令我感兴趣。）

② Mit Alltagswissen meine ich Fragen des Glaubens. （我说的日常知识是指信仰问题。）

动词 meinen须跟直接宾语，句中Fragen des Glaubens是meinen的宾语，而介词 mit在这里表示“针对……而言，对于”。如：Was meinen Sie damit?（您这么说是什么意思？）

③ Was wird in der Zukunft neben Wissen noch zählen? （未来除了知识外还有什么呢？）

句中zählen（算作，算在内，属于）是不及物动词，通常跟介词zu搭配，如：Er zählt zu den fleißigsten Studenten. (他是最用功的大学生之一。)

（2）Feste Kombinationen 固定搭配

① Auswirkungen auf etw. (A) haben （对某事有影响/作用/结果）

句中介词 auf 支配第四格名词，例如：Die Auswirkungen des Stresses auf die Menschen sind längst bekannt geworden.（身心紧张对人的影响早已尽人皆知。）

② auf etw. (A) vorbereitet sein （对某事有准备）

从动词 vorbereiten派生出的第二分词vorbereitet（有准备的）在这里作形容词，跟介词 auf（支配第四格名词）连用，构成常用搭配，例如：Ich bin darauf gar nicht vorbereitet.（我对这件事完全没有准备。）

③ sich auf etw. (A) versteifen （坚持做某事，硬要做某事）

这个固定词组含有贬义，表示某人顽固地坚持某一事情，例如：Er versteift sich auf seine Vorurteile.（他坚持他的偏见。）再如：Sie versteift sich darauf, Medizin zu studieren.

（她硬要学医。）

④ mit etw. (D) fertig werden （能胜任、完成某事）

这个搭配用于口语，表示完成某件事情，例如：Mit Hilfe seiner Freundin ist er mit seiner schwierigen Aufgabe fertig geworden.（在他女朋友的帮助下他完成了这个艰巨的任务。）

（3）Idiomatische Wendungen 习惯用语

① zu kurz kommen （吃亏，比别人得到的少）

例如：Er ist immer zu kurz gekommen. Deshalb ist er nie zufrieden.（他得到的总是比别人少，所以他不满意。）

② in religiöser Hinsicht （在宗教方面）

这里介词in支配第三格名词，不带冠词，如：in jeder Hinsicht（从各方面看），in mancher Hinsicht（在有些方面）。

4. Übungen 练习

（1）Beantworten 回答问题

① Mit wem spricht Leon über die Frage, wohin die Wissenschaft führt?

② Welches Thema ist im Moment in der Philosophie aktuell?

③ Wie sieht die Wissenschaft heute aus?

④ Welche Veränderungen ergeben sich, für die sich Philosophen interessieren?

⑤ Welches Problem ist entstanden?

⑥ Was denken Sie an die Zukunft des Wissens?

（2）Suchen 寻找

Suchen Sie technische Begriffe in der Wissenschaft heraus, und schlagen Sie weiter im Fachwörterbuch nach, was sie bedeuten. Z.B.: Nahrungsmittelchemie ...

（3）Ergänzen (Präpositionen) 填空

① Die Diskussion ________ das Thema war schrecklich langweilig.

② Insulin ist ein Medikament ________ Blutzucker.

③ Weißt du vielleicht, was das Gegenteil ________ Kernspaltung ist?

④ Die Lehrer sollten auch die Schüler ________ ihrer Meinung fragen.

⑤ Sie hat sich ________ die Geschenke überhaupt nicht bedankt.

⑥ Die Presse hat ________ den Unfall fast gar nicht berichtet.

⑦ Um ________ der Umweltverschmutzung fertig zu werden, muss die Regierung alle Maßnahmen ergreifen.

⑧ Er hat sich ________ die frühzeitige Pension versteift.

⑨ Die Erde dreht sich ________ die Sonne.

⑩ Er ist ________ den Text noch nicht vorbereitet.

（4）Ergänzen 填空

Weltkrieg	*Bevölkerung*	*Internet*	*Philosophie*
Hinsicht	*Nahrungsmittel*	*Veränderungen*	*Thema*

① Die Zahl der ________ nimmt jedes Jahr zu.

② Ich brauche ________, um mich auf die Fernreise vorzubereiten.

③ Was? Du studierst ________? Das ist bestimmt sehr schwer.

④ Unser heutiges ________ ist die Zukunft des Wissens.

⑤ In dieser ________ hast du recht.

⑥ Über die großen ________ der Stadt bin ich sehr überraschend.

⑦ Das Wort ________ ist heutzutage ein aktuelles Wort.

⑧ Heute wollte der Lehrer von mir wissen, wann der ________ angefangen hat, aber ich konnte mich nicht an die Jahreszahl erinnern.

（5）Übersetzen 翻译

① 对明天的数学考试我已经做好准备。

② 为了完成老师交给我们的这项任务， 我们做了详细的市场调查。

③ 知识的未来是人们讨论的话题之一。

④ 我说的改革是指考试制度的改革。

⑤ 知识经济这个课题向当今社会提出了挑战。

Weisheit（智慧箴言）

Gesagt, getan.

说到做到。

C Grammatik 语法

Lerntipps	结果从句不复杂，so dass分合都可以。
学习提示	主句放在从句前，强调成分在so后。

1. Allgemeines 语法常识

结果从句是情况状语从句的一种，它说明从句是主句行为或状态的结果。连词可以用so dass或so ... dass引导。它回答的是welche Folge（怎样的结果）的问题。关联词so如果处于主句中，在其后面可以加形容词、副词或名词，表示一种特别的程度。结果从句只能放在它所从属的句子之后。

2. Grammatische Tabellen 语法图表

用so dass/so ... dass 做连词的结果从句

主句	结果从句
Sie war lange Zeit krank,	so dass sie sehr blass aussah.
Die Straßen waren schlecht,	so dass wir nur Schritt fahren konnten.
Der Krimi war so spannend,	dass ich die ganze Nacht nicht schlafen konnte.
Ich habe so viel Arbeit,	dass ich jeden Tag bis spät in die Nacht hinter dem Schreibtisch sitzen muss.

3. Übungen 练习

（1）Satzverbinden 连接句子

① Er spricht leise. (Ich kann ihn nicht gut verstehen.)

② Wir mussten gestern zu Hause bleiben. (So hat es geregnet.)

③ Die jungen Eheleute konnten die ganze Nacht nicht schlafen. (So hat ihr Baby geschrien.)

④ Wir konnten den Mann nicht verstehen. (So schnell hat er gesprochen.)

⑤ Viele Leute können sich jetzt nur noch das Nötigste kaufen. (So sehr sind in den letzten Monaten die Preise gestiegen.)

⑥ Ihm fehlten die Worte. (So überrascht war er.)

⑦ Wir möchten dieses Land nicht mehr verlassen. (So sehr haben wir uns hier eingewöhnt.)

（2）Ergänzen 填空

① Der Fahrer fuhr bei Rot über die Kreuzung, so dass __________.

② Zhonghua ist spät angekommen, so dass __________.

③ Es war in der Halle so dunkel, dass __________.

④ Die Studenten lernen so fleißig, dass __________.

⑤ Er studiert so fleißig, dass __________.

⑥ Es regnete plötzlich so stark, dass __________.

⑦ Er spricht so, dass __________.

⑧ Das Büro ist sehr hell, so dass __________.

（3）Satzverbinden 连接句子

① Die Mutter ist schwer krank. – Sie sieht blass aus.

② Der Weg zum Rathaus ist weit. – Sie fährt mit dem Taxi dorthin.

③ Der Lehrer spricht laut und deutlich. – Wir alle können ihn gut verstehen.

④ Täglich treibt sie Sport. – Sie wird immer gesünder und jünger.

⑤ Die Stimmung in der Firma war gut. – Er fühlt sich dort sehr angenehm.

⑥ Er arbeitete intensiv. – Er hat das Mittagessen vergessen.

⑦ Er ist so dick. – Der Platz ist für ihn nicht groß genug.

⑧ Ich war so aufmerksam auf die Aufführung. – Ich konnte ihr Zeichen kaum merken.

⑨ Es war schon so lange her. – Ich kann mich an ihren Namen nicht mehr erinnern.

（4）Übersetzen 翻译

① 这本小说如此有趣，以致他看到深夜。

② 我们来迟了，结果没赶上那班火车。

③ 他准备得很好，因此考试及格了。

④ 天这样黑，我什么也看不见。

⑤ 他车子开得很快，结果出事了。

D Hörverständnis 听力

1. Thema: Der langweilige Unterricht 题目：乏味的一课

Wolfgang: Mumm, ist das wieder langweilig heute. Immer nur die Grammatik.

Irene: Was heißt hier nur Grammatik! Die muss man doch lernen, um richtig Deutsch zu können.

Wolfgang: Vielleicht hast du ja recht. Aber trotzdem ist es zuviel, den ganzen Unterricht hindurch nur Übungen zu machen.

Irene: Woher weißt du eigentlich, dass wir heute nur Langweiliges gemacht haben? Du bist doch erst um zwanzig nach acht gekommen. Somit bist du auch nur eine Viertelstunde hier. Wenn du immer so spät kommst, kannst du auch nur die Hälfte der Stunde mitbekommen.

Wolfgang: Was heißt hier so spät? Heute bin ich doch nur ein paar Minuten zu spät gekommen. Ihr habt gerade erst die Hausaufgaben besprochen. Und die hatte ich sowieso nicht gemacht, da ich erst heute morgen daran gedacht habe.

Lehrer: Wolfgang, warum sind Sie denn heute erst um zwanzig nach acht in die Schule gekommen?

Wolfgang: Herr Hinke, Sie wissen doch, dass ich außerhalb wohne. Und da fährt alle halbe Stunde ein Bus. Normalerweise nehme ich den um Viertel nach sieben. Heute hat jedoch mein Wecker erst um sieben Uhr geläutet. Da ich so nur noch fünf Minuten Zeit hatte, sprang ich aus dem Bett in die Kleider, trank noch schnell eine Tasse Kaffee, und schon war ich auf der Straße. Ich lief im Hundert-Meter-Sprint zur Haltestelle. Trotzdem sah ich vom Bus nur noch die Rücklichter. Darum konnte ich nur mit dem Bus um sieben Uhr fünfundvierzig fahren.

Lehrer: Eigenartig, Wolfgang, dass Sie immer nur montags dieses Pech haben. Aber machen wir weiter!

Wolfgang: Du Irene, wie lange dauert der Unterricht denn noch?

Irene: Eine Dreiviertelstunde!

2. Wörter 词汇

langweilig　无聊的，单调的，令人厌倦的
hindurch　通过，经过
die Viertelstunde -n　一刻钟
die Hälfte -n　一半，中间
besprechen *vt*　谈论，讨论，商议
sowieso　无论怎样，反正
normalerweise　通常，一般情况下
der Wecker　闹钟
läuten *vi*　发响，鸣
die Haltestelle -n　汽车站
das Rücklicht -er　尾灯
eigenartig　特殊的，独特的

3. Erläuterungen 解释

（1）Satzmodelle für Anfänger 初学句型

① Vielleicht hast du ja recht.（也许你说得有道理。）

这是口语句型，句中情态小品词ja用来加强语气，表示说话人的口气较肯定。

② Ihr habt gerade erst die Hausaufgaben besprochen.（你们只不过讲到家庭作业而已。）

动词 besprechen（谈论）有“一起详细讨论某件事”的意思，是及物动词，例如：Wir haben vor kurzem die neuesten Ereignisse besprochen.（不久前我们讨论过最近发生的事情。）

③ Wie lange dauert ...?（……持续多久？）

句中动词 dauern为不及物动词，表示某种行为的时间延续，例如：Die Verhandlung zwischen dem Arbeitgeber und der Gewerkschaft dauerte einige Stunden.（厂主和工会之间的谈判持续了好几个小时。）常用的问句是：Wie lange dauert die Sitzung?（会议开多久？）

（2）Feste Kombinationen 固定搭配

① aus etw. (D) springen（从某物里面跳出来/流出来）

动词 springen（跳，流，喷）是个具体的动作，如运动员跳高等。它和介词 aus 连用，同样也表示一个具体的动作，如课文中的aus dem Bett springen（从床上一跃而起）。再如：Funken sind aus dem Kamin gesprungen.（火星从壁炉里向外飞窜。）

② auf der Straße sein（来到街上）

这个词组在课文中表示某人很快来到大街上。

（3）Idiomatische Wendungen 习惯用语

① außerhalb wohnen （住在郊外）

副词außerhalb表示“在城外，在外面”，例如：Er wohnt außerhalb.（他住在城外。）außerhalb也可以作介词用，支配第二格名词，例如：außerhalb der Stadt（在城外）。

② im Hundert-Meter-Sprint （以百米赛跑的速度）

Sprint来自英语的sprint（短距离赛跑）。

③ Pech haben （倒霉，不走运）

例如：Gestern habe ich Pech gehabt. Meine Brieftasche ist verloren gegangen.（昨天我倒了霉，皮夹子丢了。）

4. Übungen 练习

（1）Beantworten 回答问题

① Wann ist Wolfgang in die Schule gekommen?

② Warum ist er heute wieder spät in die Schule gekommen?

③ Wie hat er dies begründet?

④ Was findet er langweilig?

⑤ Was haben die Schüler im Unterricht gemacht?

⑥ Was versteht der Lehrer nicht?

⑦ Glauben Sie, dass Wolfgang recht hat?

（2）Richtig oder falsch 判断

① Wolfgang war heute sehr schlecht gelaunt. ( )

② Er ist sehr spät in die Schule angekommen. ( )

③ Er fand den Grammatikunterricht langweilig. ( )

④ Zu Hause hat Wolfgang die Hausaufgabe schon gemacht. ( )

⑤ Sein Wecker hat nicht geläutet. ( )

⑥ Er lief zur Haltestelle, ohne eine Tasse Kaffee zu trinken. ( )

⑦ Wolfgang ist das erste Mal so spat gekommen. ( )

（3）Ergänzen 填空

Pech	*normalerweise*	*langweilig*	*besprechen*
Wecker	*sowieso*	*dauern*	

① ________ bleibe ich am Wochenende immer auf dem Land. Dort habe ich eine Wohnung.

② Gestern hatte ich wirklich ________, ich habe meine neue Uhr in der Stadt verloren.

③ Ich finde die Grammatikstunde sehr ________.

④ ________ habe ich keine Zeit. Ich brauche mich doch nicht zu beeilen.

⑤ Wie lange ________ die Diskussion noch? Ich habe keine Geduld mehr, weiter zu sitzen.

⑥ Mein ________ ist zu Boden gefallen und ist kaputt. Ich bringe ihn zur Reparatur.

⑦ Wollen wir noch mal den Unterrichtsablauf ________?

（4）Übersetzen 翻译

① 你是知道的，我每天早上六点半起床。

② 你能告诉我你今天为什么迟到吗?

③ 我没想到你对语法课如此反感。

④ 你父母住在哪里?—他们住在郊外。

⑤ 在百米赛跑中我跑了第二名。

E Lesetext 阅读课文

1. Thema: Toptechnologie in China 题目：中国的顶尖技术

Chinas Erfindungsreichtum ist nicht zu Ende. China erholt sich und nimmt wieder seinen rechtmäßigen Platz in der Welt ein und macht dort weiter, wo es vor 200 Jahren aufgehört hat. Chinesische Unternehmen gehen zu den nachfolgenden Phasen über. Ausländische Patente haben Innovation und Entwicklung nicht verhindert.

Wenn wir die Bereiche untersuchen, in denen China heute in Bezug auf Patente und geistiges Eigentum hinterherhinkt, dann haben wir vor allem in den Bereichen der Wissenschaft, die in dieser kurzen Zeit, in der China nicht teilnehmen konnte, Fortschritte gemacht haben. Sobald China Fuß gefasst hatte, setzte sich die Innovation unvermindert fort, wie sie es seit Tausenden von Jahren getan hatte. China verpasste zwar die Computer- und Smartphone-Patente, war aber genau zum richtigen Zeitpunkt für die Solarpanel-Revolution und entwickelte sich schnell zur Weltspitze – zu diesem Zeitpunkt verhängten die USA Zölle von 300% auf chinesische Solarpanels, um Chinas Exportumsätze und weitere Forschung und Entwicklung zu verhindern. In allen Bereichen, die nicht durch die Beschränkung des geistigen Eigentums verhindert wurden, ist Chinas Innovationskraft in die Höhe geschnellt – in der Regel an die Weltspitze.

Trotz der Anschuldigungen der USA, dass China ausländische Technologie kopiert, waren Chinas hochtechnologische Errungenschaften völlig hausgemacht. Die USA behindert Chinas Aufstieg und drängt andere westliche Nationen dazu, das Gleiche zu tun. In den westlichen Medien wird viel darüber berichtet, dass China Technologietransfers als Bedingung für einen Firmensitz in China fordert, aber das ist meistens Propaganda. Zweifellos gibt es Erwartungen an den Technologie- und Know-how-Transfer, da China nicht den Rest seines Lebens damit verbringen will, Toaster und Laufschuhe herzustellen, aber da der Eintritt in den chinesischen Markt ein Geschenk mit Milliardengewinnen ist, ist es durchaus sinnvoll, einen Preis dafür zu verlangen. Allerdings muss man sich vor Augen halten, dass kein ausländisches Unternehmen in China modernste kommerzielle oder militärische Forschung betreibt. Jede Technologie, die tatsächlich für den Transfer zur Verfügung steht, wäre fast ausschließlich in Konsumgütern enthalten und würde kaum einen großen Wert oder eine Bedrohung für die „nationale Sicherheit“. Und in vielen Spitzenbereichen und -industrien wie Quantencomputer, 5G-Telekommunikation oder Solarenergie hat China die USA bereits überholt.

2. Wörter 词汇

das Erfindungsreichtum ¨-er 创造财富
ein/nehmen *vt* 占据；收入；吃；装载
nachfolgend (P.I) 跟随的；紧接着的，后来的
das Patent -e 专利；委任
verhindern *vt* 阻碍，阻挡
hinterherhinken *vi* 落后；滞留
der Fortschritt -e 进步
fort/setzen *vt* 继续；延续
das Solarpanel 太阳能板
die Revolution -en 革命；变革
verhängen *vt* 实施（惩罚）；宣布；遮蔽
der Exportumsatz ¨-e 出口额
die Beschränkung -en 限制
das Eigentum 财产，所有物
die Anschuldigung -en 指控，控告
die Errungenschaft -en 成就，成绩
drängen *vi* 挤压；催促；紧迫
der Technologietransfer 技术转让
die Propaganda 宣传；煽动；广告
zweifellos 毫无疑问
der Toaster 烤面包机
der Laufschuh -e 跑步鞋
der Eintritt 进入；加入；开始
der Milliardengewinn -e 数十亿盈利
militärisch 军事的
ausschließlich 唯独，仅仅
das Konsumgut ¨-er 消费品
die Bedrohung -en 威胁
der Quantencomputer 量子计算机
überholen *vt* 超过，胜过；检修

3. Erläuterungen 解释

（1）Satzmodelle für Anfänger 初学句型

① China entwickelte sich schnell zur Weltspitze.（中国迅速发展成世界翘楚。）

此句中的词组sich entwickeln是“发展”的意思，常常与介词zu连用，表示发展的结果。例如：Die kleine Firma hat sich zu einem großen Betrieb entwickelt.（这家小公司发展成了大企业。）如果要表达“由……发展而来”则使用介词aus。例如：Aus dem Chaos heraus entwickelte sich der Kosmos.（宇宙是从一片混沌中产生的。）

② Chinas Innovationskraft ist in die Höhe geschnellt.（中国的创新力一跃而起。）

句中动词schnellen由形容词schnell变化而来，意思是“快速地、迅猛地发展”。词组in die Höhe 表达了向上的方向。例如：Vor Schreck fährt sie in die Höhe.（她害怕得跳了起来。）in die Höhe常和schnellen搭配使用。

③ **Allerdings muss man sich vor Augen halten, dass ...（然而，人们必须要注意的是……）**

副词allerdings表示转折，语气中有肯定的含义。词组sich etw. (A.) vor Augen halten直译的话，是指“将某事放在眼前”，也就是“要注意某事，不能忘记某事”。例如：Man muss sich vor Augen halten, dass heute in Deutschland mehr als 30% der Bevölkerung Rentner sind.（必须注意的是，如今在德国30%以上的人口是退休老人。）

（2）Feste Kombinationen 固定搭配

① **in Bezug auf etw. (A)（关系到某事，在某个方面）**

名词Bezug作为不可数名词使用时，有“联系，涉及”的含义。固定搭配in Bezug auf后面加第四格名词，例如：in Bezug auf Gebühren/Ihren Vorschlag/den Brief（有关费用/您的建议/邮件）。也可以用副词bezüglich, hinsichtlich 加第二格名词或bezugnehmend auf 加第四格名词来表达同样的含义。

② **vor allem （主要是；首先）**

这个词组强调之后内容的特殊地位。例如：Chinesen lesen mehr Bücher – vor allem in digitaler Form.（中国人读更多的书，尤其是电子书。）

③ **Fuß fassen （站稳脚跟）**

例如：Hier ist die Liste der Städte Europas, in denen der Veganismus längst Fuß gefasst hat.（这是素食主义早已盛行的欧洲城市清单。）

④ **zur Verfügung stehen （提供）**

使用这一搭配时，主语是被提供的事物；如果要表达为某人提供，那么这里的某人要使用第三格。例如：Der Wagen steht ihm zur Verfügung.（这辆车可供他使用。）Ich stehe Ihnen jederzeit zur Verfügung.（我随时听候您吩咐。）

（3）Idiomatische Wendungen 习惯用语

① **Es wird viel darüber berichtet, dass ...（经常有报道称……）**

动词berichten经常用作无人称被动，意思是“据报道 ……”。例如：In den Medien wird viel über die Folgen des Klimawandels berichtet.（媒体里一直在报道气候变迁的后果。）

② **Es ist sinnvoll, dass ... （……是有道理的。）**

例如：Es ist daher sinn voll, dass wir mit Ihrem Unternehmen zusammenarbeiten.（因此，我们和贵公司的合作是有意义的。）

4. Übungen 练习

（1）Beantworten 回答

① Wann fing die Innovation in China an?

② Was verpasste China?

③ Mit welcher Technologie entwickelt sich China zur Weltspitze?

④ Wer möchte die Entwicklung Chinas verhindern?

⑤ Worüber wird in westlichen Medien viel berichtet?

⑥ Was betreiben die ausländischen Unternehmen in China?

（2）Richtig oder falsch 判断

① China hatte vor 200 Jahren keine Entwicklung und Innovation. （ ）

② Computer und Smartphone wurden nicht von China erfunden. （ ）

③ Die chinesischen Solarpanels sind an der Weltspitze. （ ）

④ Die USA machen den Export von China schwieriger. （ ）

⑤ China fordert Technologietransfers als Bedingung für einen Firmensitz in China. （ ）

（3）Ergänzen (Präpositionen) 填空

① ________ des schlechten Wetters gehen wir spazieren.

② In Bezug ________ Ihre Anfrage haben wir Ihnen eine Email geschrieben.

③ Er wohnt ________ der Nähe von meiner Wohnung.

④ ________ der Raupe（毛毛虫）entwickelte sich der Schmetterling（蝴蝶）.

⑤ ________ mich ist dies unverständlich.

Lektion 8

第八单元

Hauptthema：Forschung und Technik　主题：研究和技术

A　Lernziel 导学

1. Redemittel 会话句型

Haben Sie Verständnis für ...	Gott sei Dank!
Es besteht nicht die Gefahr, dass ...	Ich sehe nicht, dass ...
Wie kommst du denn darauf? ...	Ich bin dagegen ...
Ich habe bemerken können, dass ... achten	Wenn du ein bisschen mehr auf mich würdest, ...

2. Tipps zur Grammatik 语法提示

◇ **重点：**① ohne ... zu不定式结构表示所述内容并未发生。② zumal连接原因从句，表示主句行为进一步的原因。③ 分词分为第一分词和第二分词两种，分别表示主动和被动的含义。

◇ **难点：**① 使用ohne ... zu不定式结构时，不定式的逻辑主语必须与主句的主语一致。② 带连词zumal的从句只能出现在主句之后。③ 第一分词和第二分词作定语、表语和状语。

3. Etwas über das Hauptthema 背景点滴

德国人看待问题大多比较理智，往往会从正、反两面分析，对于科学研究、技术革新也是如此。因此，任何一项新科技在德国的推广都是谨慎而缓慢的。比如时下普遍使用的网络支付平台，由于安全性问题，在德国仍受很多人的排斥和质疑。尽管如此，德国始终在科研上投入巨资，坚持不懈地探索新科技，以理性、缜密的逻辑思维，打造“德国技术”品牌。这点值得我们借鉴与学习。

B Gespräch 对话

1. Thema: Es gibt keine Technik ohne Risiko 题目：不存在无风险的技术

(Situation: Im Auftrag der Uni-Zeitung haben Zhonghua und Leon die forschungspolitische Sprecherin, Christiane Lenzer, interviewt. Es geht um die Frage, wie man sich heutzutage das Engagement von Staat und Wirtschaft in der Forschungsförderung vorstellt.)（会话情景：受大学学报的委托，中华和莱昂采访科研政策发言人克里斯蒂安娜·伦策尔。他们采访的题目是，如何看待当今国家和经济促进科研的问题。）

L: Welche Möglichkeiten sehen Sie, die weitverbreitete Angst in der Bevölkerung vor den Folgen der Forschung zu überwinden?

C: Wir können sie nur dann überwinden, wenn die Ergebnisse der Forschung einen klaren Beitrag zur Lösung der Probleme unserer Gesellschaft leisten. Dies gilt selbstverständlich nicht für die Grundlagenforschung, die auch in Zukunft in erster Linie der Erkenntniserweiterung dient.

Z: Haben Sie Verständnis für den anhaltenden Widerstand gegen Kernkraftwerke und die Endlagerung des radioaktiven Abfalls, der ja zum Teil auf Tausende und mehr Jahre gesichert werden muss?

C: Ja. Aber es gibt keine Technik ohne Risiko. Die jahrzehntelangen Erfahrungen mit der friedlichen Nutzung der Kernenergie zeigen jedoch, dass bei verantwortungsbewusstem Umgang auch diese Technik sicher beherrscht werden kann.

Z: Auch gegenüber der Biotechnologie, insbesondere der Genforschung, besteht eine tiefsitzende Furcht. Trägt der Staat dieser Angst genügend Rechnung?

C: Leider werden diese Ängste von interessierter Seite geschürt. Wir können aber die

Bedenken der Menschen dann überwinden, wenn wir immer wieder auf das ungeheure Potential, beispielsweise der medizinischen Therapie, hinweisen, welches etwa in der Molekularbiologie steckt.

L: Nach wie vor begegnet ein großer Teil der erwachsenen Bevölkerung dem Computer mit Skepsis. Besteht nicht die Gefahr, dass die Deutschen auf diesem Gebiet gegenüber anderen Ländern in einen Rückstand geraten?

C: Das ist durchaus richtig. Aber das Problem ist vor allem auch im Hinblick auf die Multimediatechnik erkannt. Der Staat muss sich nur, ohne sich allzu sehr in einem Regulierungssumpf zu verstricken, jetzt an die Umsetzung machen. Er sollte sich auf eine Rechts- und Missbrauchsaufsicht beschränken, aber nicht versuchen, Ratschläge am Markt zu erteilen. Dann können wir die bestehenden Gefahren abwehren.

Z: Stichwort Forschungsfinanzierung: Muss sich hierbei die Wirtschaft nicht insgesamt mehr als bisher engagieren, zumal der Staat die Wissenschaftsausgaben in den zurückliegenden Jahren weiter gekürzt hat ...

C: ... was ein falsches Signal ist und auch schon zu einigen Engpässen geführt hat. Um so wichtiger ist es, dass es in kommenden Jahren wieder ein leichtes Ansteigen geben wird. Diese Trendumkehr gilt es zu unterstützen.

L: Sollte sich Deutschland nicht angesichts der weltweiten Konkurrenz in Forschung und Entwicklung auf einige Bereiche konzentrieren?

C: Bereits heute konzentrieren wir uns in der angewandten Forschung auf einige wichtige Bereiche, zum Beispiel Biotechnologie, Informations- und Kommunikationstechnik, Multimedia, Mikrosystemtechnik. Wir sollten unser Engagement in der Luft- und Raumfahrt und auch in der Energieforschung inklusive Kernenergie intensivieren, da es sich hier um wichtige Systemtechniken handelt, die die volle Bandbreite anderer Technologien beinhaltet.

2. Wörter 词汇

das Ergebnis -se 结果；成果

der Beitrag ¨-e 贡献

selbstverständlich 当然，无疑地，不假思索地

die Erkenntniserweiterung -en 拓宽认识
das Verständnis 理解，理解力
anhaltend (P.I) 持续的
der Widerstand ¨e 反抗，抵抗
das Kernkraftwerk -e 核电站
die Endlagerung -en 最终储藏
radioaktiv 放射性的，放射引起的
der Abfall ¨e 废物，垃圾
das Risiko -ken 冒险，危险，风险
jahrzehntelang 数十年地
die Kernenergie -n 核能源
verantwortungsbewusst 有责任意识的
gegenüber 面对，与……相对，相比
die Biotechnologie -n 生物技术
die Genforschung -en 遗传研究，基因研究
tiefsitzend (P.I) 很深的
die Furcht 害怕，畏惧
schüren *vt* 煽动，挑拨
überwinden *vt* 克服，战胜
ungeheuer 巨大的，大得惊人的
das Potential -e 潜力，潜势
die Therapie -n 治疗，治疗法
die Molekularbiologie 分子生物学
die Skepsis 怀疑
der Rückstand ¨e 落后状况
die Multimediatechnik -en 多媒体技术
der Regulierungssumpf ¨e 调控的沼泽
verstricken *vr* 缠住，卷入
die Umsetzung -en 移植，使变为
erteilen *vt* 给予
das Stichwort -e 提示语
zumal 特别是因为
kürzen *vt* 缩短；减少
das Signal -e 信号
der Engpass 狭道，隘口
das Ansteigen 上升，增加
die Trendumkehr 发展趋势转向
angesichts 面对，鉴于
die Konkurrenz 竞争
angewandt (P.II) 应用的
die Informnations- und Kommunikationstechnik 信息技术和通信技术
die Mikrosystemtechnik 微观系统技术
das Engagement -s 责任，义务；投入
die Luft- und Raumfahrt 航空航天
inklusive 包括……在内（支配第二格）
intensivieren *vt* 加强，提高

3. Erläuterungen 解释

（1）Satzmodelle für Anfänger 初学句型

① Haben Sie Verständnis für ...?（您理解……吗？）

für jn. / etw. Verständnis haben意为“理解某人/某事”，名词Verständnis前不用冠词，介词für表示对象、用途，例如：Er hat kein Verständnis für die Jugend.（他不理解青年人。）

② Besteht nicht die Gefahr, dass ... ?（难道不存在……的危险吗？）

这里bestehen表示“存在”的意思，不及物动词，构成一个不带疑问词的疑问句，物做主语；从句修饰名词die Gefahr（危险），做定语。

（2）Feste Kombinationen 固定搭配

① einen Beitrag zu etw. (D) leisten （对某事做出贡献）

这是由动词leisten与名词Beitrag组成的固定词组，leisten作功能动词。例如：Der Wissenschaftler hat einen bedeutenden Beitrag zur Entwicklung des Landes geleistet.（这位科学家为国家的发展做出了重要贡献。）

② etw. (D) / jm. dienen （为某事/某人服务）

动词 dienen支配第三格宾语，例如：Womit kann ich Ihnen dienen?（您有什么吩咐吗？）再如：Er hat sein ganzes Leben der Wissenschaft gedient.（他把毕生贡献给科学事业。）

③ etw. (D) Rechnung tragen （恰当地考虑到某事）

动词tragen与名词Rechnung（计算；账目）连用，表示“考虑，注意”，带出第三格宾语，例如：Trägt der Staat dieser Angst genügend Rechnung?（国家是否充分考虑到这种恐惧性存在？）

④ auf etw. (A) hinweisen （指出某事）

动词hinweisen支配介词宾语，auf在句中支配第四格名词，例如：Der Redner hat in seinem Vortrag auf die Wichtigkeit der Schulreform hingewiesen.（演讲者在报告里指出教育改革的重要性。）

⑤ sich auf etw. (A) beschränken （局限于某事，满足于某事）

反身动词sich beschränken支配介词宾语，即介词auf（第四格），例如：Wir müssen uns auf das Wesentliche beschränken.（我们必须局限于本质的东西。）

（3）Idiomatische Wendungen 习惯用语

① im Hinblick auf etw. (A) （考虑到某事）

im Hinblick auf etw. (A) 是个固定词组。例如：Im Hinblick auf die wirtschaftliche Entwicklung hat er zunächst eine umfassende Marktuntersuchung gemacht.（在经济发展方面，他首先对市场做了全面调查。）

② um so wichtiger （更重要）

这种表达来自于比较从句连词je ... , um so ...，这里独立使用，例如：je schneller, um

so besser（越快越好）。

4. Übungen 练习

（1）Beantworten 回答问题

① Worüber sprechen Zhonghua und Leon mit Lenzer?

② Welche Meinung vertritt Lenzer in Bezug auf die Technik?

③ Wie kann man die Bedenken der Menschen überwinden?

④ Wie verhält sich man in Deutschland zur Anwendung des Computers?

⑤ Was sollte der Staat nach Meinung von Lenzer tun im Blick auf die Multimediatechnik?

⑥ Welche Meinung hatte Lenzer, als sie nach Forschungsfinanzierung gefragt wurde?

⑦ Auf welche Bereiche sollte sich der Staat konzentrieren?

（2）Suchen 寻找

Suchen Sie die Fachbegriffe, die sich aus dem Dialog oder aus Ihrem Wortschatz ergeben haben, wie z.B.: Biotechnologie, Informations- und Kommunikationstechnik. Versuchen Sie sie zu erläutern.

（3）Ergänzen 填空

bestehen	*führen*	*intensivieren*	*geraten*
konzentrieren	*handeln*	*überwinden*	*hinweisen*

① Es ________ sich hier um ein schwieriges Problem.

② Diese Auffassung hat man heute schon längst ________.

③ Im Unterricht konnte er sich nicht ________.

④ ________ für mich die Möglichkeit, einen Studienplatz zu bekommen?

⑤ Ich bedanke mich bei Ihnen dafür, die Bemühungen zu ________.

⑥ Was ________ Sie zu mir?

⑦ Seit gestern ________ er in Schwierigkeiten.

⑧ Seine Eltern haben ihn auf eine Gefahr ________.

（4）Diskutieren 讨论

Glauben Sie, dass es in Zukunft solche Techniken geben wird, wie Lenzer geschildert hat? Sollte man Ihrer Meinung nach lieber andere Dinge entwickeln? Welche? Diskutieren Sie zu dritt oder zu viert. Machen Sie Notizen. Berichten Sie dann über Ihre Diskussion.

（5）Übersetzen 翻译

① 这份报告包含几个重要的问题。

② 他为城市的发展做出了重要贡献。

③ 在不到一年时间里他被人遗忘。

④ 考虑到未来发展，我们必须对当前情况作一番思考。

⑤ 他没向我告别，就一走了事。

Weisheit（智慧箴言）

Guter Nachbar ist besser als Bruder in der Ferne.

远亲不如近邻。

C Grammatik 语法

Lerntipps 带zu不定式用法多，ohne ... zu意为“不……就……”。

学习提示 分词分为第一和第二，主动与被动很明显。

1. Allgemeines 语法常识

ohne ... zu不定式结构表示所述内容未能发生。结构中主语与主句中的主语须一致。zumal引导原因从句，表示对主句行为的原因作补充说明，且这个原因特别重要，可解释为“尤其，特别是”。与其他引导原因从句的连词不同，zumal 置于主句之后。

分词分为第一分词和第二分词两种。第一分词作定语，有主动的意义，表示行为正在进行中或同时存在的状态；第一分词可像副词和形容词一样作状语用。第二分词可以作定语用，通常具有被动意义，表示行为的结束。

2. Grammatische Tabellen 语法图表

（1）ohne ... zu

主句	不定式结构
Der Staat muss sich an die Umsetzung machen,	ohne sich allzusehr in einem Regulierungssumpf zu verstricken.
Leon ist eingeschlafen,	ohne das Licht auszumachen.

（2）zumal

主句	不定式结构
Ich muss jetzt lernen,	zumal ich in letzter Zeit viel versäumt habe.
Der Dieb muss streng bestraft werden,	zumal er schon eimal wegen Diebstahls im Gefängnis war.

（3）Bildung und Gebrauch des Partizips

Er hat Verständnis für den ***anhaltenden*** Widerstand gegen neue Kernkraftwerke.

Ein großer Teil der ***erwachsenen*** Bevölkerung begegnet dem Computer mit Skepsis.

Dann können wir der ***bestehenden*** Gefahr wehren.

In den ***zurückliegenden*** Jahren hat der Staat die Wissenschaftsausgaben immer weiter gekürzt.

Diese Ängste werden leider von ***interessierter*** Seite geschürt.

Man hat den ***verletzten*** Passanten sofort ins Krankenhaus gebracht.

3. Übungen 练习

（1）Ergänzen (Partizip I und Partizip II) 填空

Beispiel: Preise / steigen: die steigenden Preise, die gestiegenen Preise

① Lebensmittel / kaufen:

② Milch / kochen:

③ Radio / reparieren:

④ Auto / parken:

⑤ Kleid / umtauschen:

⑥ Zähne / putzen:

⑦ Ware / einpacken:

⑧ Kinder / rufen:

⑨ Verkäuferin / suchen:

（2）**Umschreiben 改写**

Beispiel: Der Mann kam ins Zimmer, grüßte aber nicht.

Der Mann kam ins Zimmer, ohne zu grüßen.

① Der alte Mann ging über die Straße, achtete dabei aber nicht auf den Verkehr.

② Der Autofahrer hat hier eine halbe Stunde geparkt, hat aber seinen Motor nicht abgestellt.

③ Du hast den Brief in den Kasten gesteckt, hattest ihn aber vorher nicht frankiert.

④ Der junge Mann ist abgereist. Er hatte sich aber vorher nicht von uns verabschiedet.

⑤ Er ist gegangen. Er hat das Bier nicht bezahlt.

⑥ Sie hören nur zu. Sie schreiben aber nicht.

（3）**Ergänzen (ohne ... zu) 填空**

① Sie geht zur Arbeit, ________ ________ frühstücken.

② Er geht krank zur Arbeit, ________ zum Arzt ________ gehen.

③ Sie ging zum Direktor, ________ Termin ________ vereinbaren.

④ Sie geht ins Café, ________ die Vorlesung ________ besuchen.

⑤ Er kommt jeden Morgen ins Büro, ________ ________ grüßen.

⑥ Sie machte eine gute Prüfung, ________ vorher viel gearbeitet ________ haben.

⑦ Sie geht zur Arbeit, ________ ________ frühstücken.

（4）**Satzbilden 造句**

Beispiel: Ein Vogel sitzt vor meinem Fenster. Er zwitschert.

Ein zwitschernder Vogel sitzt vor meinem Fenster.

① Weltbekannt ist das Bild von der Mona Lisa. Darauf lächelt sie.

② In letzter Minute läuft ein Zuschauer die Treppe hinauf. Er keucht vor Anstrengung.

③ Das Liebespaar saß am Bach. Der Bach rauschte.

④ Im Urlaub habe ich fünf Fotos von der Sonne gemacht, als sie gerade unterging.

⑤ Das Baby weint. Die Mutter läuft zu ihm.

⑥ Das Kind hat sich mit Wasser verbrüht, das gerade am Kochen war.

⑦ Der Verfasser wendet sich gegen die moderne Kunst mit einer Ironie, die beißt.

⑧ Wenn die nächste Woche kommt, fahre ich nach Bremen.

⑨ Vor einem Gewitter herrscht eine Schwüle, die drückt.

⑩ Das Fließband läuft ohne Pause. Die Arbeiter stehen an ihm.

（5）Umschreiben 改写

Beispiel: Leipzig war die Stadt, die Goethe Klein-Paris genannt hatte.

Leipzig war die von Goethe Klein-Paris genannte Stadt.

① Er führte ein Werk der Barockmusik auf, das man hundert Jahre nicht mehr gehört hatte.

Ein hundert Jahre ______________ Werk der Barockmusik führte er auf.

② Mendelssohn setzte Werke von Beethoven auf das Programm, die bisher noch nie aufgeführt worden waren.

____.

③ Er spielte nur selten Stücke, die er selbst geschrieben hatte.

____.

④ Schon als Kind trug er Goethes Stücke vor, die er selbst komponiert hatte.

____.

⑤ Die Uraufführung der großen C-Dur Symphonie, die Mendelssohn veranstaltete, war ein überraschender Erfolg.

____.

⑥ Bachkonzerte, die jahrelang vernachlässigt worden waren, wurden von Mendelssohn wieder aufgeführt.

____.

（6）Umformulieren 改写

In einer Universitätsordnung steht:

Beispiel: Der durch die Immatrikulation in die Universität aufgenommene Student ist verpflichtet, sich auf Weisung ärztlich untersuchen zu lassen.

Der Student, der durch die Immatrikulation in die Universität aufgenommen wird, ist verpflichtet, sich auf Weisung ärztlich untersuchen zu lassen.

① Die Studenten müssen die von ihnen gewählten Veranstaltungen belegen.

② Jeder an der Universität immatrikulierte Student muss sich innerhalb einer bestimmten Zeit zurückmelden.

③ Die Höhe der nach der Ordnung über die Erhebung von Wohlfahrtsgebüren und -beiträgen festgesezten und vom Senator bestätigten Wohlfahrtsgebühren wird durch den Kanzler bekanntgegeben.

④ Nicht ordnungsgemäß belegte und testierte Lehrveranstaltungen werden bei der Exmatrikulation gestrichen.

⑤ Die Zulassung erfolgt im Rahmen der den Fachbereichen zur Verfügung stehenden Studienplätze.

⑥ Voraussetzung für die Zulassung eines Ausländers ist der Nachweis einer der deutschen Hochschulreife entsprechenden Vorbildung.

⑦ Die zur Ablegung akademischer Abschlussprüfung geforderten Führungszeugnisse können im Immatrikulationsbüro beantragt werden.

（7）Ergänzen (Partizip I) 填空

① Warten Sie, bis der Zug wirklich steht! Springen Sie nie vom ________ Zug ab!

② Bitte stellen Sie den Motor ab. Sie dürfen nicht bei ________ Motor tanken.

③ Du sprichst ja schon ________ Deutsch. Toller Erfolg!

④ Er warf das Streichholz ins Gas, ohne es auszublasen. Das ________ Streichholz verursachte einen Waldbrand.

⑤ Die Sonne schien den ganzen Tag. So ein Spaziergang bei ________ Sonne ist etwas Herrliches.

⑥ Der immer ________ Lehrer ist bei den Studenten sehr beliebt.

⑦ Ich sah ein ________ Kind, das vom Spielen ermüdet war.

⑧ Der Vortrag war erfolgreich. So erhielt der Redner den nicht ________ Beifall.

（8）Ergänzen (Partizip II) 填空

Beispiel: Leider habe ich die Adresse vergessen. Ist das hier die vergessene Adresse?

① Ich muss die Reise verschieben. Wann willst du denn ____________________?

② Der Intercity hat zehn Minuten Verspätung. Und wo komnt ____________________?

③ Ich habe die Bücher vor vier Tagen bestellt. Hier sind ____________________.

④ Bitte setzen Sie noch Ihre Unterschrift unter den Vertrag. Schon fertig. Hier ist der ____________________.

⑤ Ein nettes Pärchen. Sind die neu angekommen? – Ja, das ________________ hat Zimmer 702.

⑥ Und wo ist das Waschbecken? - In Ihrem Zimmer gibt es kein ________________. Hier ist das Badezimmer.

（10）Übersetzen 翻译

① 我不跟你们去了，况且我还感冒着呢。

② 他一到上海就立即给她打了电话。

③ 我不能拒绝她，尤其是因为她总是帮助我。

④ 她没问我们一声就拿走了书桌上的钱包。

⑤ 他没买火车票上了火车，结果被罚了款。

⑥ 他没接到自己的父母，他把火车到站的时间搞错了。

D Hörverständnis 听力

1. Thema: Fernsehabend 题目：看电视的晚上

Ein Ehepaar sitzt vor dem Fernsehgerät. Der Bildschirm ist ausgefallen und die Mattscheibe bleibt dunkel. Das Ehepaar starrt dennoch zur gewohnten Stunde in die gewohnte Richtung.

SIE: Wieso geht der Fernseher denn grade heute kaputt?

ER: Die bauen die Geräte absichtlich so, dass sie schnell kaputtgehen.

SIE: Ich muss nicht unbedingt fernsehen.

ER: Ich auch nicht ... nicht nur, weil heute der Apparat kaputt ist. Ich meine sowieso ... Ich sehe sowieso nicht gern fern.

SIE: Es gibt ja auch wirklich nichts im Fernsehen, was man gern sehen möchte.

ER: Heute brauchen wir Gott sei Dank überhaupt nicht erst in den blöden Kasten zu gucken.

SIE: Nee. Es sieht aber so aus, als ob du hinguckst.

ER: Ich?

SIE: Ja.

ER: Nein, ich sehe nur ganz allgemein in diese Richtung. Aber du guckst hin ... du guckst da immer hin!

SIE: Ich? Ich gucke da hin? Wie kommst du denn darauf?

ER: Es sieht so aus.

SIE: Das kann gar nicht so aussehen. Ich gucke nämlich vorbei, ich gucke absichtlich vorbei. Wenn du ein kleines bisschen mehr auf mich achten würdest, hättest du bemerken können, dass ich absichtlich vorbeigucke, aber du interessierst dich ja überhaupt nicht für mich.

2. Wörter 词汇

die Mattscheibe -n 荧光屏

absichtlich 故意的

der Apparat -e 仪器，设备；电话机；收音机

blöde 愚笨的，傻的

der Kasten ¨ 箱，柜（这里指电视机）

hin/gucken *vi* 朝一方向张望

vorbei/gucken *vi* 看过去

3. Erläuterungen 解释

（1）Satzmodelle für Anfänger 初学句型

① Wie kommnst du denn darauf? （你怎么会想到这点呢？）

这是口语表达，表示说话人对某人所说或所做的事情感到意外，例如：Wie kommt er dann darauf?（他怎么会想到这点呢？）或者直接说出具体的事情，例如：auf einen Gedanken kommen（产生一个念头）；Ich komme nicht auf seinen Namen.（我想不起他的名字。）

② ..., hättest du bemerken können, dass ... （……你应该能注意到……）

这是情态动词虚拟式用法，情态动词放在句末，以动词原形出现，及物动词bemerken引导一个带连词dass宾语从句。

（2）Feste Kombinationen 固定搭配

auf jn. / etw. (A) achten （注意某人/某物）

动词 achten作为不及物动词，与介词 auf 连用，表示“重视，注意；照管”，例如：Die Großmutter achtet allein auf das Kind.（祖母一个人照看孩子。）

（3）Idiomatische Wendungen 习惯用语

① **Gott sei Dank!（谢天谢地！）**

这是习惯用语，常用于口语，表示某事如释重负。

② **in den blöden Kasten gucken（两眼盯着那该死的箱子看）**

句中名词Kasten（箱；柜）在这里表示电视机，动词 gucken用于口语。

③ **Wenn du ... würdest, hättest du ... können.（假如你……，你就会……）**

这是虚拟式中的非现实条件句，表示所述内容与现实实际情况不一样。

4. Übungen 练习

（1）Beantworten 回答问题

① Wer sitzt vor dem Fernsehgerät?

② Was ist kaputt?

③ Warum sitzen sie immer noch da?

④ Was gibt es im Fernsehen?

⑤ Worüber streiten sie?

（2）Ergänzen (Präpositionen) 填空

① Er hatte sehr oft Krach ________ seinen Kollegen.

② Ein Pädagoge sollte großes Interesse ________ die Welt der Kinder haben.

③ Es gibt auf der Welt fast 10000 Datenbanken ________ Informationen aus allen Bereichen von Wirtschaft, Politik, Wissenschaft, Kultur und Technik.

④ Er ist Vertreter einer deutschen Firma ________ Ausland.

⑤ Er hatte ein sehr schlechtes Verhältnis ________ seiner Chefin.

⑥ Der Film ________ Dienstagabend war ziemlich langweilig.

⑦ Die Gewerkschaft verlangt genaue Informationen ________ die wirtschaftliche Situation der Firma.

⑧ Hast du schon ein Geburtstagsgeschenk ________ Konrad gekauft?

⑨ Die Fahrt ________ dem Zug dauert etwa drei Stunden.

（3）Übersetzen 翻译

① 我对电视节目不感兴趣。因此我几乎不看电视。

② 他必须待在家里照看他年老的母亲。

③ 电视剧已经有一个星期不能看了，因为屏幕坏了。

④ 我有意将会晤安排在周末，这样可以不受干扰地交谈。

⑤ 你在看什么？过来帮个忙。

E Lesetext 阅读课文

1. Thema: 5G-Netz ohne Huawei kurzfristig kaum machbar 题目：缺少华为的5G网络短期内无法实现

Bundesinnenminister Horst Seehofer ist gegen einen Ausschluss des chinesischen Telekomanbieters Huawei beim 5G-Ausbau in Deutschland.

„Ich bin dagegen, ein Produkt aus dem Markt zu nehmen, nur weil die Möglichkeit besteht, dass etwas passieren könnte“, sagte der CSU-Politiker. „Ich bin gegen globale und pauschale Handelsbeschränkungen.“ Würden chinesische Anbieter ausgeschlossen, würde sich der Netzausbau um mehrere Jahre verschieben, meint Seehofer. „Ich sehe nicht, dass wir ein 5G-Netz in Deutschland ohne Beteiligung von Huawei kurzfristig errichten können.“ Bei dem Thema sei er sich „ganz einig mit der Bundeskanzlerin“, so Seehofer.

In Anbetracht der von Union und SPD diskutierten Gesetzesentwürfe hat Bundeswirtschaftsminister Peter Altmaier davor gewarnt, den chinesischen Huawei-Konzern vom Aufbau des neuen deutschen 5G-Datennetzes auszuschließen. „Wir sollten uns nicht gegen einzelne Unternehmen richten, sondern darauf bestehen, dass alles, was in Deutschland an elektronischen und hoch technologischen Bauteilen verbaut wird, höchsten Sicherheitsanforderungen genügt“, sagte Altmaier.

Huawei ist einer der führenden Anbieter von Mobilfunk-Netzen. Bereits seit Monaten wird aber darüber diskutiert, ob der Konzern vom 5G-Ausbau in Deutschland ausgeschlossen werden sollte. Besonders Kanzlerin Angela Merkel hatte sich gegen eine Sonderregelung nur für Huawei eingesetzt.

2. Wörter 词汇

der Bundesinnenminister （德国）联邦内务部部长

der Ausschluss ¨-e 排除，除外，不准参与

der Telekomanbieter - 电信供应商

der Ausbau 扩建；改建；拆除

pauschal 总共的；总括的；笼统的

verschieben *vt* 移动；延期；倒卖

die Beteiligung -en 加入；参与；入股

kurzfristig 短期的，短时间的

errichten *vt* 立起；建起；设立

einig 团结的；统一的；意见一致的

der Anbetracht 涉及（只用于短语in Anbetracht）

der Gesetzentwurf ¨-e 法律草案

der Bundeswirtschaftsminister （德国）联邦经济部部长

warnen *vt* 警告

der Konzern -e 企业集团

der Aufbau 搭建；重建；建设

verbauen *vt* 阻断；耗费；在……上建造

die Sicherheitsanforderung -en 安全要求

genügen *vi* 足够；满足，符合

die Sonderregelung 特别规定

einsetzen *vt* 投入；任命；把……放入

3. Erläuterungen 解释

（1）Satzmodelle für Anfänger 初学句型

① Ich bin dagegen, dass ... （我反对……）

Ich bin dagegen后可以跟带zu不定式或dass从句。主从句中主语一致时，使用带zu不定式；不一致时，则使用dass从句。表示赞成时可用ich bin dafür。

② Ich sehe nicht, dass ... （我不认为……）

这是表达个人看法、想法或观点的句型。也可这样说：Ich sehe schon, so ist das nicht zu machen.（我已经意识到，这件事不应该这样做。）

③ Würden chinesische Anbieter ausgeschlossen, würde sich der Netzausbau um mehrere Jahre verschieben. （若将中国供应商排除在外，网络改建将会延迟很多年。）

这是省略连词wenn的条件从句，从句置于主句之前。上述主从句使用非现实的假设，故为第二虚拟式语态。

（2）Feste Kombinationen 固定搭配

① sich mit jm. einig sein （与某人意见一致）

该词组中反身代词sich为第四格。若要表达在某事情上达成一致，则使用介词über，例如：Wir sind uns über die Zusammenarbeit einig.（我们就合作一事达成一致。）

② **vor etw. (D) / jm. warnen （就某事/某人提出警告）**

动词warnen支配第四格宾语和介词宾语vor（按第三格），例如：Der Polizist warnt uns vor Diebstahl.（警察警告我们小心盗窃。）

③ **sich gegen etw. (A) / jn. richten （针对某事/某人）**

反身动词sich richten（对准，指向）可与不同的介词连用，支配介词宾语。带gegen加第四格宾语表示“某事针对某事/某人”。例如：Die Maßnahme richtet sich ohne jeden Zweifel gegen die Nachbarländer.（毫无疑问，这一措施针对的是邻国。）

④ **sich für etw. (A) / jn. einsetzen （为某事/某人说话，为某事/某人出力）**

反身动词einsetzen与介词搭配，构成固定词组。例如：Er setzt sich mit voller Energie für die Entwicklung der Firma ein.（他全身心投入公司的发展。）

4. Übungen 练习

（1）Beantworten 回答问题

① Warum ist Bundesinnenminister gegen einen Ausschluss von Huawei in Deutschland?

② Was würde passieren, wenn chinesische Anbieter ausgeschlossen würden?

③ Was meint die Bundeskanzlerin dazu?

④ Nach Meinung von Altmaier, worauf sollen Deutsche bestehen?

⑤ Wie finden Sie den Eintritt von Huawei in den deutschen Markt?

（2）Richtig oder falsch 判断

① Horst Seehofer ist für einen Ausschluss des chinesischen Telekomanbieters Huawei beim 5G-Ausbau in Deutschland. ( )

② Pauschale Handelsbeschränkung bedeutet: ein Produkt aus dem Markt zu nehmen, nur weil die Möglichkeit besteht, dass etwas passieren könnte. ( )

③ Peter Altmaier hat vor dem chinesischen Huawei-Konzern gewarnt. ( )

④ Angela Merkel ist gegen den Ausschluss von Huawei. ( )

（3）**Ergänzen 填空**

genügen *verschieben* *errichten* *einsetzen*

① In den Vororten wurden viele neue Bauten ____________.

② ____________ dir eine Stunde zum Einkaufen / für den Einkauf?

③ Was du heute besorgen kannst, das ____________ nicht auf morgen.

④ Der Fall lag insofern günstiger, als die Planung rechtzeitig ____________ hatte.

Lektion 9

第九单元

Hauptthema：Wissenschaft und Fantasie　主题：科学和科幻

A　Lernziel 导学

1. Redemittel 会话句型

Ich freue mich, euch zu sehen.	Darf ich mich vorstellen: ...
Schön, Sie zu treffen.	(Mir) wurde gesagt, dass ...

2. Tipps zur Grammatik 语法提示

◇ **重点**：助动词haben/sein加带zu不定式。

◇ **难点**：① haben与动词的不定式加zu连用表示主动意义，sein与动词的不定式加zu连用表示被动意义，要区分清楚。② sein+zu+动词不定式具有情态动词müssen，können和sollen的含义。应根据上下文语境判断语义。

3. Etwas über das Hauptthema 背景点滴

随着人工智能技术的快速发展，无人驾驶汽车、机器人工厂等应用逐步从概念到落地，虽然人工智能技术尚未得到全面的应用，但已经表现出了巨大的市场潜力。2018年，德国政府发布了人工智能国家战略，力求使“德国制造”在这一领域也保持世界领先地位。中国政府也格外重视推动这一领域的创新发展，一方面为高校和科研机构提供大量资金，培养相关人才，另一方面从政策层面上，为相关企业大开“绿灯”。一场高科技领域的良性竞争正在世界舞台上如火如荼地展开！

B Gespräch 对话

1. Thema: Was kann ich in München noch alles besichtigen? 题目：我在慕尼黑还可以参观什么呢？

(Situation: Hongying hat großes Interesse für die Stadt München und ist deshalb mit Leon zusammen nach München gefahren. Hier ist ein Gespräch zwischen den beiden, das in dem Hotel stattfindet, in dem sie übernachten.)

（会话情景：红英对慕尼黑这座城市很感兴趣，于是她同莱昂一起去了慕尼黑。以下这个对话发生在红英下榻的旅馆里。）

H: Guten Morgen, Leon. Freut mich, dich hier wiederzusehen. Wie geht es deinen Eltern?

L: Ihnen geht es gut, danke. Ich bin gekommen, um dich zu fragen, was du dir in München noch anzusehen wünschst.

H: Ich bin seit drei Tagen in München. Ich habe schon das alte und das neue Rathaus gesehen. Die schönen Kirchen in der Innenstadt habe ich auch besichtigt. Ich war auch im Schloss Nymphenburg und im Olympiastadion. Was kann ich in München noch alles besichtigen?

L: Interessierst du dich für Wissenschaft und Technik? Wenn ja, dann geh doch mal ins Deutsche Museum, wo du alte Flugzeuge besichtigen kannst. Es gibt zum Beispiel das Gleitflugzeug von Otto Lilienthal, aber auch die modernsten Düsentriebwerke.

H: Für Wissenschaft und Technik habe ich immer großes Interesse. Mir wurde gesagt, dass das Deutsche Museum nicht nur groß, sondern auch reich an Ausstellungsartikeln ist. Was hat das Deutsche Museum noch zu zeigen?

L: Es hat noch eine Automobil-Abteilung, in der das älteste Auto der Welt, nämlich der berühmte Benz-Motorwagen von 1886 zu besichtigen ist. Es gibt dort aber auch die neuesten Modelle mit Wankelmotor.

H: Tatsächlich?

L: Ja. Wenn du dich aber nicht für Autos interessierst, kannst du dir natürlich auch die alten Eisenbahnen ansehen.

H: Aha, das ist sehr interessant. Aber gibt es im Deutschen Museum eigentlich nur Fahrzeuge?

L: Nein, es gibt dort sehr viele Abteilungen. Zum Beispiel findest du da auch eine Abteilung mit alten Musikinstrumenten. Gitarren aus dem 17. Jahrhundert, Geigen aus dem 15. Jahrhundert und Klaviere aus der Zeit von Ludwig van Beethoven. Die musst du dir unbedingt ansehen. Es lohnt sich ja, mal hinzugehen.

H: Ja, das mache ich. Wenn es heute Nachmittag immer noch regnet, gehe ich ins Deutsche Museum. Ist das Deutsche Museum schwer zu finden?

L: Nein. Aber ich kann dich ja heute begleiten, wenn du willst.

2. Wörter 词汇

übernachten 投宿，过夜
wünschen *vr* 想要
das Rathaus ¨-er 市政府，市政厅
die Innenstadt ¨-e 市中心
das Schloss ¨-er 皇宫，宫殿
das Olympiastadion -dien 奥林匹克体育场
das Deutsche Museum 德意志博物馆
das Gleitflugzeug -e 滑翔式飞机
Otto Lilienthal 奥托·利林塔尔 (1848—1896)，德国工程师，航空先驱
das Düsentriebwerk -e 推进装置
der Ausstellungsartikel 展品
der Benz-Motorwagen 奔驰内燃机汽车
der Wankelmotor 晃动马达
an/sehen *vt* 观看
das Musikinstrument -e 乐器
die Gitarre -n 吉他
die Geige -n 小提琴
begleiten *vt* 陪伴，陪同
Ludwig van Beethoven 路德维希·凡·贝多芬 (1770—1827)，德国音乐家

3. Erläuterungen 解释

（1）Satzmodelle für Anfänger 初学句型

① Freut mich, dich hier wiederzusehen.（在这儿重新见到你，我很高兴。）

动词freuen（使高兴，使愉快）+jn.（某人），此句的人称代词mich是宾语，例如：Es freut mich, dich hier zu sehen.（在这儿见到你，我很高兴。）在口语中，es可以省略。

② **Mir wurde gesagt, dass ....（有人对我说……）**

这是被动态用法，句中的人称代词mir为第三格，始终不变，这里用被动态过去式表示行为已经发生，用于口语，例如：Mir wurde gesagt, dass die Vorlesung von Professor Schneider heute ausgefallen ist.（听别人说，施奈德教授的讲座今天取消了。）

（2）Feste Kombinationen 固定搭配

① **reich an etw. (D) sein（富有某物）**

形容词reich（富有的）和介词an组合，介词an支配第三格名词，例如：Er ist reich an praktischen Erfahrungen.（他富有实践经验。）

② **Interesse für etw. (A) / jn. / an etw. (D) / jm. haben（对某事/某人感兴趣）**

名词Interesse（兴趣）不用冠词，和介词für（支配第四格）或介词an（支配第三格）连用，构成固定用法，例如：Sie hat großes Interesse für Technik.（她对技术有很大的兴趣。）

4. Übungen 练习

（1）Beantworten 回答问题

① Seit wieviel Tagen ist Hongying schon in München?

② Was hat Hongying zuerst in München gesehen?

③ Übernachtet Hongying bei den Eltern von Leon?

④ Was hat Leon ihr vorgeschlagen?

⑤ Was gibt es im Deutschen Museum zu sehen?

⑥ Gibt es im Deutschen Museum nur Fahrzeuge?

（2）Satzbilden 造句

Ich denke, dass ________.

Ich nehme an, dass ________.

Ich hoffe, dass ________.

Ich fürchte, dass ________.

Ich kann mir vorstellen, dass ________.

Es könnte sein, dass ________.

Es könnte passieren, dass ________.

Wir könnten _________. Wie findest du das?

Wir sollten _________. Was meinst du?

Ich schlage vor _________.

Ich fände es besser, wenn wir _________.

Ich möchte lieber _________.

Dann können wir _________.

Dann müssen wir _________.

Dann brauchen wir nicht _________ zu _________.

（3）Ergänzen 填空（选择合适的动词前缀）

durch	*hinauf / rauf*	*aus*	*zusammen*
vor	*hinunter / runter*	*weg*	*heraus / raus*

① Das Auto ist total kaputt. Es ist _________ gerostet.

② Die Bürste ist dreckig. Du musst den Schmutz _________ spülen.

③ Du hast deinen Schlüssel verloren. Er ist aus deiner Tasche _________ gefallen.

④ Das Licht brennt noch. Du musst es _________ schalten.

⑤ Der Winter in Nordschweden ist so kalt, dass man die Automotoren _________ wärmen muss.

⑥ Wenn du die Kleider _________ drückst, kannst du den Koffer schließen.

⑦ Ihr Büro ist im 2. Stock. Sie müssen hier die Treppe _________ gehen.

⑧ Die Treppe ist sehr gefährlich. Passen Sie auf, wenn Sie _________ gehen.

（4）Wortbilden 组词

① Die *Maschine*, die *Geschirr spült*, nennt man _________.

② Die *Maschine*, mit der man *Wäsche trocknet*, nennt man _________.

③ Das *Gerät*, das manche Leute im Ohr haben, um besser *hören* zu können, nennt man _________.

④ Die *Taste*, mit der man die Kassette *stoppt*, nennt man _________.

⑤ Ein *Gerät*, mit dem man etwas (z. B. die Stromstäke) *misst*, nennt man _________.

⑥ Das *Gerät*, mit dem man etwas *kopiert*, nennt man _________.

⑦ Das *Gerät*, mit dem man die Ursache vieler Krankheiten *erkennen* kann, nennt man __________.

（5）Diskutieren 讨论

Thema: Welche Vorteile und welche Nachteile hat die Entwicklung der Technik?

(*Arbeitsplätze Gift Wald Wasser Produkte Information Wetter Rohstoffe Lärm Reisen Arbeit Sicherheit Gesundheit Wissen Müll Energie Gestank Kommunikation*)

– Zuerst findet man neue Erfindungen meistens gut, aber später merkt man zum Beispiel, dass dadurch die Natur zerstört wird.

– Das Auto verschmutzt die Luft, aber ich glaube, wir können trotzdem nicht darauf verzichten.

– Die Sprays mit FCKW waren sehr praktisch, aber wir haben damit die Ozonschicht kaputtgemacht.

____

（6）Übersetzen 翻译

① 昨天我去参观了德意志博物馆。它给我留下了很深的印象。

② 德国的工业技术堪称世界一流。

③ 下个周末我想带孩子去参观德意志博物馆。

④ 他知识渊博，我们应该多找他聊聊，通过交谈增长我们的见识。

⑤ 有人告诉我，小李下个月要去德国了。

Weisheit（智慧箴言）

Absicht ist die Seele der Tat.

意图是行动的灵魂。

C Grammatik 语法

Lerntipps	haben加zu不定式，主语主动做某事。
学习提示	若用sein来替haben，主动就要变被动。

1. Allgemeines 语法常识

haben/sein同动词的不定式加zu连用时，便构成复合谓语。它表示一种必要性（或可能性），说明必须要做（或可以做）的事情。

haben与带zu不定式连用表示“可以，必须”，含主动意义，一般相当于情态动词müssen, sollen, können或dürfen加不定式。因此在使用时必须根据上下文来确定其确切含义。

sein与带zu不定式连用，相当于带有情态动词müssen，sollen或können的被动态。构成这样句子的动词一般为及物动词。

2. Grammatische Tabellen 语法图表

（1）haben + zu + Infinitiv

haben + zu + Infinitiv	Modalverb + Infinitiv
Ich habe noch Briefe zu schreiben.	Ich muss noch Briefe schreiben.
Jeder hat seine Arbeit zu machen.	Jeder soll seine Arbeit machen.

说明：此外，haben还可以同少数动词不定式连用不加zu，如stehen，liegen，hängen, sitzen等，这些动词不定式说明句中宾语的情况或状态，所以haben并不表示必要性，而是它原来的含义，例如：Ich habe auf meinem Schreibtisch viele Bücher liegen.（我的写字台上有许多平放着的书。）

（2）sein + zu + Infinitiv

sein + zu + Infinitiv	Modalverb + Infinitiv
Die Aufgabe ist heute zu erledigen.	Die Aufgabe muss heute erledigt werden
Diese Frage ist nicht so leicht zu beantworten.	Diese Frage kann nicht so leicht beantwortet werden.

3. Übungen 练习

（1）Umschreiben 改写

Beispiel: Auf dem Bild kann man einen Jungen sehen.

Auf dem Bild ist ein Junge zu sehen.

① Der Motor kann nicht repariert werden. Er ist total kaputt.

Der Motor ist ________________________________.

② Diesen Fernseher kann man nicht mehr reparieren.

Dieser Fernseher ist ______________________________.

③ Hier kann man kein Wort verstehen. Es ist viel zu laut.

Hier ist ______________________________.

④ Draußen hört man kein Geräusch. Es ist völlig ruhig.

Draußen ist ______________________________.

⑤ Solche Brillen kann man in diesem Geschäft nicht kaufen.

Solche Brillen sind ______________________________.

⑥ Der Vertrag kann nicht gekündigt werden.

Der Vertrag ist ______________________________.

（2）Umschreiben 改写

Beispiel: Der Student soll noch eine Seminararbeit schreiben.

Der Student hat noch eine Seminararbeit zu schreiben.

① Die Arbeiter mussten noch die Werkstatt aufräumen.

② Die mündliche Prüfung soll drei Wochen nach der schriftlichen stattfinden.

③ Die Tür darf während der Fahrt nicht geöffnet werden.

④ Die Zeitschriften müssen nur im Lesesaal gelesen werden.

⑤ Die Vorlesung sollte von allen besucht werden.

⑥ Der Arzt musste noch viele Patienten untersuchen.

⑦ Er kann viel erzählen.

（3）Umschreiben 改写

Beispiel: Die Reiselust der Deutschen ist nicht zu bremsen.

Die Reiselust der Deutschen kann nicht gebremst werden.

① Dieses Hotel ist nicht zu empfehlen, es liegt direkt an der Hauptstraße.

② Das Visum ist spätestens acht Wochen vor Reiseantritt zu beantragen.

③ Bei Buchung einer Reise sind 10% des Reisepreises zu beantragen.

④ Hunde sind an der Leine zu führen.

⑤ Die Zollbestimmungen sind unbedingt zu beachten.

⑥ Den Anweisungen des Personals ist Folge zu leisten.

⑦ Ihr Pass ist leider nicht mehr zu verlängern.

⑧ Ihr Auto ist leider nicht mehr zu reparieren.

（4）Ergänzen 填空

① Wir alle ________ die Werke Lu Xus intensiv ________. (studieren)

② Mein Freund ________ eine Menge Bücher auf dem Tisch ________. (liegen)

③ Ich ________ heute Abend meine Aufgaben ________. (machen)

④ Du ________ genau ________, was du deinem Freund ________. (wissen, sagen)

⑤ Er schreibt in dem Brief an seinen Bruder, was zuerst ________, und wen er ________, ihm dabei zu helfen. (machen, bitten)

（5）Ergänzen („haben zu" oder „sein zu") 填空

Frau Hesse erklärt ihrer neuen Haushaltshilfe, was es alles zu tun gibt.

Frau Hesse: Also, zuerst, um 7.00 Uhr, ________ das Frühstück ________ machen.

Mädchen: Und was ________ ich da ________ tun?

F.H.: Da ________ Sie den Tisch ________ decken.

M: Und was ________ ich nach dem Frühstück ________ tun?

F.H.: Dann ________ Sie noch die Kinder zur Schule ________ bringen, das Fenster ________ putzen und die Wäsche ________ waschen.

M: Und das soll ich alles an einem Tag schaffen?

F.H.: Ja, was denken Sie! Diese Arbeit ________ doch leicht ________ schaffen. Das ________ bis zum Mittag ________ erledigen, am Nachmittag haben Sie noch genug Zeit.

M: Ach wissen Sie, Frau Hesse, ich glaube, das ist doch nichts für mich. Schließlich habe ich auch noch andere Interessen. Ich muss mich um meine Eltern kümmern, ich ________ meinen Spanischkurs ________ lernen, und ich möchte abends auch ausgehen. Dafür habe ich ja dann gar keine Zeit mehr. Da suchen Sie sich nur jemand anders, ich will ja auch leben.

F.H.: Ist denn das zu glauben? Das ________ doch wirklich nicht ________ fassen! So etwas habe ich noch nicht erlebt!

（6）Übersetzen 翻译

① 如果我们要看足球比赛，必须预购入场券。

② 明天我们还须去医院看望一个生病的朋友。

③ 我现在很忙。

④ 这幢房子可以出售。

⑤ 字典可以在书店里买到。

D Hörverständnis 听力

1. Thema: UFO nimmt Freund mit 题目：不明飞行物带走了朋友

Ende Oktober 1979 berichten die Zeitungen von drei jungen Franzosen, die eine Begegnung mit einem UFO hatten.

Es war in einem kleinen Ort bei Paris gegen vier Uhr früh. Die drei jungen Männer waren gerade dabei, Sachen in ihr Auto zu laden, die sie auf dem Markt verkaufen wollten. Plötzlich – so berichten zwei von ihnen später der Polizei – kam etwas Helles auf sie zu. Zuerst erschraken sie natürlich, aber dann beschlossen sie, dass einer von ihnen mit dem Auto auf das Phänomen zufahren sollte. Die beiden anderen liefen nach Haus und holten eine Kamera. Als sie mit der Kamera zurückkamen, stand das Auto 200 Meter weiter entfernt. Um das Auto herum gab es einen leuchtenden Ring und drei oder vier helle Punkte. Kurz darauf verschwand das Licht – und der Freund war auch weg. Leider hatten die beiden jungen Männer vergessen, einen Film in die Kamera einzulegen. Die Polizei untersuchte den Fall: es ist aber nicht bekannt, was sie herausfand.

2. Wörter 词汇

das UFO (das Unbekannte Flugobjekt) 不明飞行物
die Begegnung -en 相遇，相会
laden *vt* 装载
zu/kommen *vi* 走去，走进
erschrecken *vt / vi* 吃惊，惊恐
das Phänomen 现象，奇特的现象
zu/fahren *vi* 驶向，开向
die Kamera -s 照相机，摄影机
der Ring -e 环，圈；环状物
verschwinden *vi* 消失
ein/legen *vt* 放入
der Fall ¨-e 事件
heraus/finden *vt* 找出，发现

3. Erläuterungen 解释

（1）Satzmodelle für Anfänger 初学句型

① Es war ...（有一次，某一时候，故事发生在……）

这是叙述故事的开头，常用在童话故事里，通常也会后接einmal。本文中出现的这一句型也属于这一类。例如：Es war einmal ein König.（从前有一个国王。）

② Die drei jungen Männer waren gerade dabei, ... zu tun.（三个年轻人正要/正准备……）

副词dabei和动词sein连用，表示“正要做某事”的意思，并引导出不定式谓语句，例如：Sie waren gerade dabei, Sachen in ihr Auto zu laden.（当时他们正要把东西装进汽车里。）

③ Das Licht verschwand.（灯光消失了。）

动词verschwinden是不及物动词，表示“某人或某物消失或不见”。例如：Das Kind ist seit gestern spurlos verschwunden.（从昨天起孩子失踪了。）Die Sonne war hinter den Wolken verschwunden.（太阳消失在云层里。）

（2）Feste Kombinationen 固定搭配

① eine Begegnung mit jm.（与某人相遇）

名词Begegnung从动词派生，和介词mit连用，在使用中可以作主语也可以作介词短语，例如：Bei der Begegnung mit ihm hat sie sich an die gemeinsame Schulzeit erinnert.（在同他相遇的时候她想起共同学习的日子。）

② auf jn. zu/kommen（向某人走去）

可分动词zu/kommen含有“走近”的意思，它跟介词auf连用表示“朝某人走近”。本课中出现的另一个动词zu/fahren也同属此类。例如：Er fährt mit dem Auto auf das Phänomen zu.（他驾驶汽车朝那个奇特的现象开去。）

③ etw. (A) in etw. (A) ein/legen（把某物放进某物之中）

例如：Er hat eine große Summe Geld in die Sparkasse eingelegt.（他把一大笔钱存入储蓄所。）

（3）Idiomatische Wendungen 习惯用语

① kurz darauf（立即）

这个短语说明时间，指某一行为在另一个行为完成后随即开始。

② um das Auto herum（围绕着汽车）

herum是副词，表示“围在……四周”，例如：um den ganzen Garten herum（整个花

园四周）。也可以指某人，例如：Er ist immer um diese Frau herum.（他总是围着这个女人转。）

4. Übungen 练习

（1）Beantworten 回答问题

① Wann ist die Geschichte passiert?

② Zu welcher Tageszeit ist die Geschichte passiert?

③ Wohin wollten die jungen Männer fahren?

④ Was wollten sie mit den Sachen tun?

⑤ Wie sah das UFO aus?

⑥ Warum liefen die zwei jungen Männer weg?

⑦ Was machte der dritte Mann?

⑧ Kamen die beiden anderen zurück?

⑨ Wo war der Freund?

⑩ Konnten die Männer Fotos machen?

⑪ Was tat die Polizei?

（2）Ergänzen 填空

von *für* *auf* *in* *mit* *zu*

① ________ dem Markt gibt es sonntags immer viele Leute.

② Als ich meine Sachen ________ mein Auto einpackte，kam plötzlich ein Unbekanntes ________ mich zu.

③ Sabine lernt jeden Tag mindestens acht Stunden ________ Prüfung.

④ In dieser Straße darf man nur ________ Schrittgeschwindigkeit fahren.

⑤ In solchen Straßen ist besonders ________ spielende Kinder zu achten.

⑥ In Deutschland lädt man alle Gäste ________ einer Hochzeit persönlich ein.

⑦ Das ist Schnee ________ gestern.

（3）**Ergänzen (zeitliche Ordnung) 填空**

jetzt	*dabei*	*gestern Abend*	*zuerst*
da	*dann*	*heute Morgen*	*danach*

Es wird erzählt:

Also, das war so: ________ wollte ich eine neue Glühbirne einsetzen und stand also oben auf der Leiter. Ich weiß nicht mehr wie, aber ich bin runtergefallen und habe mir ________ am Fuß weh getan. ________ sah es nicht so schlimm aus, aber ________ wurde der Fuß immer dicker. Na ja, ________ war der Fuß ganz geschwollen. ________ bin ich doch lieber zum Arzt gegangen. ________ bin ich sofort mit einem Taxi zur Arbeit gefahren. ________ muss ich mit einem Stock herumlaufen, aber zum Glück ist der Fuß nicht gebrochen.

E Lesetext 阅读课文

1. Thema: Künstliche Intelligenz – ein Schlüssel zur Welt von morgen 题目：人工智能——通往明日世界的钥匙

Wenn von künstlicher Intelligenz die Rede ist, geht es nicht nur um individuelle Freiheitsrechte, Autonomie, die Entscheidungsfreiheit des Einzelnen, sondern auch um neue Märkte für Unternehmen, den weltweiten Wettbewerb und die Zukunft eines Landes als Industriestandort. Vor diesem Hintergrund wurde 2018 die KI-Strategie von der Bundesregierung ins Leben gerufen. Seitdem forciert die Bundesregierung den Weg von Künstlicher Intelligenz Made in Germany an die Weltspitze. Viele Experten nahmen sich mit Mut und Gestaltungswillen an diesem Prozess teil und immer mit dem Fokus auf eine Künstliche Intelligenz im Dienste und zum Wohle der Menschen.

Denkt man an KI im Alltag, ist autonomes Fahren wahrscheinlich eines der Themen, die einem als Erstes in den Sinn kommen. Beim selbstfahrenden Auto kommt es weder zu Müdigkeit noch zu Unkonzentriertheit, wodurch die Verkehrssicherheit erhöht wird und die Zahl der Verkehrsunfälle deutlich kleiner wird. Fachleute rechnen damit, dass 2025 die ersten fahrerlosen Autos auf deutschen Straßen unterwegs sein werden.

Auch China hält KI für entscheidend für die Zukunft. Die Forschung und Entwicklung der KI-Technologien innerhalb Chinas wird mit beachtlichen finanziellen Ressourcen gefördert. Dabei wird KI in diversen Bereichen wie industrieller Fertigung und öffentlicher Sicherheit eingeführt. Ein gutes Beispiel ist der Umbau von Haidian-Park in Peking, Chinas ersten Park für Künstliche Intelligenz, der seit November 2018 für Touristen zugänglich ist. Schon beim Eintritt können Besucher autonom-fahrende Shuttle-Bussen besteigen, die kein Lenkrad im Innenraum haben. 14 Passagiere passen hier rein. Entlang der Busstrecke steht noch ein intelligenter Bildschirm, mit dem Besucher in einem virtuellen Raum mit dem berühmten Tai Chi Professor von der Pekinger Sport-Universität Tai Chi trainieren können. Außerdem lassen sich Jogger auf intelligenten Laufwegen ihre Trainingsdaten dokumentieren: Schnelligkeit, Kalorien-Verbrauch, Zeit pro Runde.

Auch Chinas führende Technologiefirmen setzen ganz auf eine Zukunft mit KI – darunter die drei Internetriesen Baidu, Tencent und Alibaba. Baidu richtete 2017 sein zweites Forschungsinstitut im Silicon Valley ein, während Tencent ein neues KI-Zentrum in Seattle ankündigte. Bemerkenswert ist auch, dass Google ein KI-Zentrum in Peking eröffnete, um dort Talente für sich zu gewinnen.

2. Wörter 词汇

künstlich 人工的，人造的
die Intelligenz 智力，才智
die Autonomie -n 自主，独立
der Wettbewerb -e 比赛，竞赛
die Strategie -n 战略
autonom 自主的
die Müdigkeit 疲乏，困倦
die Unkonzentriertheit 注意力不集中
der Verkehrsunfall ¨-e 交通事故
beachtlich 可观的
divers 不同的，各种各样的
die Fertigung -en 制造
einführen *vt* 引入
das Lenkrad 方向盘
virtuell 虚拟的
die Kalorie -n 卡路里
die Internetriese -n 网络巨头
bemerkenswert 值得注意的

3. Erläuterungen 解释

（1）Satzmodelle für Anfänger 初学句型

① Vor diesem Hintergrund ... （在这一背景下……/有鉴于此……）

Vor diesem Hintergrund常用来连接前文所介绍的事件背景与事件本身。例如：Vor diesem Hintergrund äußert sich das Wirtschaftsministerium derzeit nur zurückhaltend zu diesem Thema.（在这一背景下，经济部门目前只是谨慎地对这一话题发表评论。）

② Es kommt zu ... （导致……发生）

这一句型常用来表示某事导致某种结果或某事物发生、产生，例如：Es kommt zu Preiserhöhungen.（这导致价格上涨。）

（2）Feste Kombinationen 固定搭配

① mit etw. (D) rechnen （估计到某事）

rechnen作为不及物动词时，与介词mit连用，表示预计某事可能发生，例如：Mit so vielen Besuchern am ersten Tag haben wir nicht gerechnet.（我们没想到第一天会来这么多访客。）

② auf jn. / etw. (A) setzen （在某人/某物上下赌注，相信某人/某事能获得成功）

setzen与auf搭配使用时，动词setzen可加或不加第四格名词，但意义有所区别。etw. (A) auf etw. (A) setzen，表示在某事或某物上下赌注，例如：Er hat 30 Euro auf das Pferd Nummer 5 gesetzt.（他下了30欧元的注在5号马上）。不加第四格名词时，auf jn. / etw. (A) setzen意为相信某人或某事能获得成功，例如：Viele Pädagogen und Politiker setzen auf interkulturelle Bildung.（许多教育家和政治家寄希望于跨文化教育。）

（3）Idiomatische Wendungen 习惯用语

① von etw. (D) die Rede sein （谈到某事）

这个短语表示提及某事，例如：Wenn von München die Rede ist, denkt man sofort an das Oktoberfest.（说到慕尼黑时，人们立刻就会想到十月啤酒节。）也常用否定用法von etw. (D) kann keine Rede sein，表示“某事根本不可能，完全谈不上”，例如：Von Traurigkeit kann keine Rede sein – das Design ist farbenfroh.（悲伤是完全谈不上的——这设计色彩斑斓。）

② etw. (A) ins Leben rufen （建立某物，创立某物）

这个短语表示事物的诞生，例如：Sie haben das Projekt ins Leben gerufen, um junge Wissenschaftler zu fördern.（他们开创了这一项目，以便为年轻科学家提供资助。）

③ **in den Sinn kommen （想到）**

这个短语表示某人想到某事物，其中，物做主语，人是第三格，例如：In den Sinn kommen mir bei diesen Namen vor allem Baumaterialien wie Holz und Stein.（看到这一名称，我首先想到的是建筑材料，例如木材和石头。）

4. Übungen 练习

（1）Beantworten 回答问题

① Worum geht es bei künstlicher Intelligenz?

② In welchem Jahr wurde die KI-Strategie von der Bundesregierung ins Leben gerufen?

③ Was versteht man unter dem autonomen Fahren?

④ Was sind die Vorteile von autonomen Autos?

⑤ Wann fahren die ersten autonomen Autos auf die deutschen Straßen?

⑥ In welcher Stadt liegt der erste KI-Park in China?

⑦ Wie kann man im Haidian-Park von den KI-Technologien profitieren?

⑧ Was halten die chinesischen Internetriesen von der künstlichen Intelligenz?

（2）Satzbilden (weder ... noch ...) 造句

Beispiel: ich – schlafen wollen – müde sein

Ich will weder schlafen, noch bin ich müde.

① sie – Tee – Alkohol – trinken

② meine Familie – ans Meer fahren – in die Berge fahren

③ Buch – interessant – spannend

④ mit 14 – man – dürfen – rauchen – Alkohol trinken

⑤ ich – Haus – Auto – haben

（3）Ergänzen (Präpositionen) 填空

① ________ diesem Hintergrund war es sicherlich ein guter Erfolg.

② Wegen der Achtlosigkeit des Fahrers ist es ________ einem Unfall gekommen.

③ Wir rechnen ________ einer besseren Luftqualität in einigen Jahren.

④ Bei uns zu Hause ist oft ________ Politik die Rede.

⑤ Die Bundesregierung möchte ein Förderprogramm für KI ________ Leben rufen.

Lektion 10

第十单元

Hauptthema：Gesundheit　主题：健康

A　Lernziel 导学

1. Redemittel 会话句型

Wo fehlt’s denn?	Unsinn!
Haben Sie denn Schmerzen?	Was kann man gegen ... (A) tun?
Woher kommt wohl dieser Durst?	Das kann schlimm sein.

2. Tipps zur Grammatik 语法提示

◇ **重点**：anstatt ... zu不定式结构。

◇ **难点**：anstatt ... zu不定式结构的逻辑主语应与主句的主语保持一致。

3. Etwas über das Hauptthema 背景点滴

在德国有过就医经历的人都知道，在德国看病的流程和中国有较大的区别。首先，德国人不会一生病就往医院跑，而是到家庭医生处看诊。而家庭医生也不是随时都有空给你看病，需要先打电话预约。另外，德国的“医”和“药”是分家的。医生只负责开药方，而不能配药。病人走出诊所后，拿着医生开的药方到药店配药。没有药方的话，有的药房也不会卖药给你。药房除了售卖药物以外，还出售营养品、化妆品等。那么医院做什么用呢？这里主要提供住院和急诊服务。

B Gespräch 对话

1. Thema: Der eingebildete Kranke 题目：自以为是的病人

(*Situation: Ein Kranker geht zum Arzt, um herauszufinden, was mit ihm los ist.*)（会话情景：一位病人来看医生，他想知道自己哪里出了问题。）

Der Kranke: Frau Doktor, ich bin nicht gesund.

Die Ärztin: So? Wo fehlt's denn?

Der Kranke: Das weiß ich auch nicht.

Die Ärztin: Sie wissen es nicht ... aber Sie sind krank?

Der Kranke: Krank? Glauben Sie, ich bin krank?

Die Ärztin: Ich frage Sie! Ich weiß das nicht.

Der Kranke: Aber – Sie sind doch die Ärztin!

Die Ärztin: Haben Sie denn Schmerzen?

Der Kranke: Bis jetzt nicht. Aber vielleicht kommt das noch.

Die Ärztin: Unsinn! Essen Sie normal?

Der Kranke: Wenig, Frau Doktor, sehr wenig.

Die Ärztin: Das heißt, Sie haben keinen Appetit?

Der Kranke: Oh doch! Ich esse zwar wenig, aber das mit viel Appetit.

Die Ärztin: Aha! Trinken Sie auch sehr wenig?

Der Kranke: Nein, Frau Doktor, ich trinke sehr viel. Bier, Limonade, und vor allem Wasser. Ich habe immer einen furchtbaren Durst.

Die Ärztin: Interessant. Woher kommt wohl dieser Durst?

Der Kranke: Na ja, ich schwitze sehr viel.

Die Ärztin: So? Und warum schwitzen Sie so viel?

Der Kranke: Ich ... wissen Sie ... ich laufe ständig zum Arzt.

Die Ärztin: Ich verstehe. – Wo sind Sie versichert?

Der Kranke: Versichert? Ich ... ich bin nicht versichert.

Die Ärztin: Aha! Gut. Ich schicke Ihnen dann die Rechnung.

Der Kranke: Die Rechnung, ach so ... Sehen Sie, Frau Doktor, jetzt schwitze ich schon wieder ...

2. Wörter 词汇

eingebildet 自以为是的，自负的，骄傲自大的

der Kranke -n 病人

der Doktor -en 医生，大夫；博士，博士学位

der Unsinn 无意义的话，废话；胡闹，愚蠢的举动

normal 正常的；一般的，通常的；智力正常的

der Appetit 食欲，胃口

die Limonade -n 柠檬汽水

furchtbar 可怕的；特大的，非常

der Durst 渴；渴望

schwitzen *vi/vr* 出汗

versichert 保了险的；得到保证的

die Rechnung -en 账单；账目

3. Erläuterungen 解释

（1）Satzmodelle für Anfänger 初学句型

① Wo fehlt's denn?（哪儿不舒服？）

这是医生问病人的句型，句中动词fehlen（缺少，缺乏）在这里表示“身体不舒服”的意思。除此以外还可以说：Was fehlt Ihnen denn?（您有什么不舒服？）或者：Was ist los mit dir?（你哪里不舒服？）

② Haben Sie denn Schmerzen?（您感到痛吗？）

这是看病就医时医生常说的话。它还可以改写成另一种问句：Was haben Sie für Schmerzen?（您哪儿痛?）名词Schmerzen可派生出许多疾病相关名词，例如：Magenschmerzen（胃疼）、Bauchschmerzen（肚子疼）、Kopfschmerzen（头疼）、Zahnschmerzen（牙疼）等。

③ Woher kommt wohl dieser Durst?（这种口渴是怎么来的呢？）

这个句子通过动词kommen（来）把“口渴”表达了出来。句中出现的情态小品词wohl起加强语气的作用，意思是“怎么可能呢”。这个句型同“Woher kommen Sie?”（您从哪里来？）相似。

（2）Feste Kombinationen 固定搭配

jm. (D) die Rechnung schicken （把账单寄给某人）

动词schicken可以带出“人三物四”两个宾语。

（3）Idiomatische Wendungen 习惯用语

① Unsinn!（废话/胡闹！）

这是口语表达，表示某人的言行“毫无意义”。例如：Was du hier tust，ist reiner Unsinn.（你做的这些事情简直是胡闹。）其他用法有：Unsinn reden （胡说），Unsinn machen（胡闹）。

② Ich bin nicht versichert.（我没有保险。）

动词versichern的第二分词versichert和谓语动词sein连用，表示“有保险，加入了保险”。它是状态被动态表达形式，例如：Sie sind doch versichert.（您有保险了呀。）

4. Übungen 练习

（1）Beantworten 回答问题

① Was bedeutet das Wort „der eingebildete Kranke“?

② Wo hat der Kranke Schmerzen?

③ Hat er Appetit?

④ Was fehlt ihm?

⑤ Warum schwitzt er ständig?

⑥ Wie verhält sich die Ärztin gegenüber dem Kranken?

（2）Ergänzen 填空

Tropfen	*wohl*	*Krankenkassen*	*Rechnung*	*Appetit*
Kopfschmerzen	*versichert*	*Fieber*	*Apotheke*	

① Nicht nur die Beiträge der ________ sind in Deutschland sehr hoch.

② Fast alle Bürger sind in Deutschland ________.

③ Gegen das Fieber verschreibt der Arzt der Patientin ________.

④ Die Tabletten sind gegen die ________.

⑤ Am Abend fühlte er sich nicht ________ und hatte noch ein hohes ________.

⑥ Der Arzt hat ihm die ________ geschickt.

⑦ Frau Müller kann schlecht schlafen und hat wenig ________.

⑧ Dürfte ich Sie fragen, wo hier die nächste ________ ist?

（3）**Ankreuzen 选择**

① Ihr Kollege muss plötzlich niesen. Was sagen Sie, um nicht unhöflich zu sein?

a) Gesundheit!

b) Hoffentlich bekommen Sie keine Erkältung!

c) Hals- und Beinbruch!

② Die Mutter ihres Chefs ist gestorben. Was sagen Sie zu ihm, wenn Sie ihn treffen?

a) Gute Besserung!

b) Herzliches Beileid!

c) Es tut mir sehr Leid, dass Ihre Mutter gestorben ist.

③ Sie haben Ihre Freunde eingeladen. Was sagen Sie, bevor alle anfangen zu essen?

a) Guten Appetit!

b) Lasst es euch schmecken!

c) Viel Spaß!

④ Sie besuchen einen Bekannten im Krankenhaus. Was sagen Sie, bevor Sie wieder gehen?

a) Herzlichen Glückwunsch!

b) Gute Besserung!

c) Werden Sie schnell wieder gesund!

⑤ Ihre Schwester will ins Bett gehen und sagt Ihnen „Gute Nacht". Was antworten Sie?

a) Schlaf gut!

b) Träume etwas Schönes!

c) Auf Wiedersehen.

（4）**Übersetzen翻译**

① 我有个问题。今天我该付钱吗？—不需要，您有保险，所有费用都由保险公司自动支付。

② 您哪儿不舒服？—我头疼，发烧，全身无力。

③ 我需要一些治流感的药。

④ 账单我会寄给您的。

⑤ 我给您开一个药方，可以到药房去买药。

Weisheit（智慧箴言）

Gut Gespräch kürzt den Weg.

听君一席话，胜读十年书。

C Grammatik 语法

Lerntipps 不定式结构用法多，语法要点却相通。

学习提示 逻辑主语应一致，前置后置都无妨。

1. Allgemeines 语法常识

用anstatt ... zu作情况状语句的不定式结构表示预期的事件未发生，却为主句中的行为所代替，意为“不……而；以……而代之以……”。和ohne ... zu不定式结构一样，这种不定式结构的逻辑主语必须与主句的主语相同。这种不定式结构既可前置也可后置。anstatt 也可写成statt。

2. Grammatische Tabellen 语法图表

（1）anstatt ... zu

不定式	主句
Anstatt Schlaf mit Ruhe zu verbringen,	fürchten Betroffene den Kontrollverlust.

（2）statt ... zu

主句	不定式
Er sprach viel über die Schwierigkeiten,	statt zu sagen, wie der Plan erfüllt werden kann.
Sie geht zu Fuß zum Bahnhof,	statt mit dem Auto zu fahren.

3. Übungen 练习

（1）Satzverbinden 连接句子

Beispiel: Er bringt den Brief zu Post. Er wirft ihn nicht in den nächsten Briefkasten.

Er bringt den Brief zu Post, anstatt/statt ihn in den nächsten Briefkasten zu werfen.

① Ich nehme ein Taxi. Ich fahre nicht mit dem Bus.

② Hans wartete zu Hause. Er holte den Freund nicht ab.

③ Der Arzt schickt ihm die Rechnung. Er gibt sie ihm nicht.

④ Er ruft mich nicht an. Er kommt direkt zu mir.

⑤ Er geht einfach vorbei. Er grüßt mich nicht.

⑥ Er treibt sich herum. Er arbeitet nicht.

⑦ Das Kind geht Fußball spielen. Es macht die Hausaufgaben nicht.

（2）Ergänzen 填空

① Anstatt mit dem Fahrrad zu fahren, ______________________________.

② Anstatt Pause zu machen, ______________________________.

③ Anstatt zu essen, ______________________________.

④ Anstatt seine Aufgaben zu machen, ______________________________.

⑤ Anstatt zur Sache zu kommen, ______________________________.

⑥ Statt gleich nach Hause zu gehen, ______________________________.

⑦ Statt selbst zu schreiben, ______________________________.

⑧ Statt ihr zu helfen, ______________________________.

（3）Umschreiben 改写

Beispiel: Manche Lehrer gehen nicht auf die Fragen der Schüler ein, sondern lesen den ganzen Unterrichtsstoff vom Blatt ab.

Anstatt/Statt auf die Fragen der Schüler einzugehen, lesen manche Lehrer den ganzen Unterrichtsstoff vom Blatt ab.

① Manche junge Leute erlernen keinen Beruf, sondern wollen als Hilfsarbeiter sofort Geld verdienen.

② Politiker sollten nicht so viel reden, sondern lieber handeln.

③ Kinder sollen nicht zuerst spielen, sondern lernen.

④ Er macht nach dem Abendessen keinen Spaziergang, sondern bleibt zu Hause.

⑤ Der Schriftsteller schreibt keine Gedichte, sondern Kurzgeschichten.

（4）Übersetzen 翻译

① 他昨天一句话不说就走出了房间。

② 我们不理解的是，他为什么不向我们告别就离开了上海。

③ 他不去准备考试，而是去逛商店。

④ 我以沉默代替回答。

⑤ 她不帮她妈妈的忙却整天闲荡。

D Hörverständnis 听力

1. Thema: Sprechstunde 题目：医生接诊

Dr. Med. C. Braun beantwortet Leserfragen zum Thema Gesundheit und Krankheit. Schreiben Sie an das Gesundheitsmagazin. Ihre Frage kann auch für andere Leser wichtig sein.

Der 1. Leser: Sehr geehrter Herr Dr. Braun, mein Magen tut immer so weh. Ich bin auch sehr nervös und kann nicht schlafen. Mein Arzt weiß auch keinen Rat. Er sagt nur, ich soll nicht so viel arbeiten. Aber das ist unmöglich.

Herr Braun: Ihr Arzt hat recht. Magenschmerzen, das bedeutet Stress! Vielleicht haben Sie ein Magengeschwür. Das kann schlimm sein! Sie müssen viel spazieren gehen. Trinken Sie keinen Kaffee und keinen Wein. Sie dürfen auch nicht fett essen.

Der 2. Leser: Lieber Doktor Braun, ich habe oft Schmerzen in der Brust, besonders morgens. Ich rauche nicht, ich trinke nicht, ich treibe viel Sport und bin sonst ganz gesund. Was kann ich gegen die Schmerzen tun?

Herr Braun: Ihre Schmerzen können sehr gefährlich sein. Da kann ich leider keinen Rat geben. Sie müssen unbedingt zum Arzt gehen. Warten Sie nicht zu lange!

2. Wörter 词汇

die Sprechstunde -n 门诊时间

beantworten *vt* 答复，回答

das Gesundheitsmagazin -e 健康杂志

nervös 神经质的，易激动的，神经过敏的

das Magengeschwür -e 胃溃疡

fett 肥的，胖的

die Brust 胸，胸脯，胸膛；乳房

3. Erläuterungen 解释

（1）Satzmodelle für Anfänger 初学句型

① Schreiben Sie an das Gesundheitsmagazin. （请您写信给健康杂志。）

an jn. (A) schreiben（给某人写信）和jm. einen Brief schreiben（给某人写信）意思相同。也可以省略介词an，写成jm. schreiben（给某人写信）。

② Mein Arzt weiß auch keinen Rat. （我的医生也不知所措。）

动词 wissen可以直接跟一个名词作宾语，例如：Ich weiß den Weg nicht.（我不认识那条路。）再比如：Das weiß ich nicht mehr.（这我已经记不得了。）

③ Was kann ich gegen die Schmerzen tun? （针对疼痛我能做什么呢？）

句中介词gegen（反对，对着）支配第四格名词。

（2）Feste Kombinationen 固定搭配

für jn. (A) wichtig sein （对某人很重要）

句中介词für在这里表示“对谁来说”，它和谓语动词sein连用构成固定句型，例如：Für mich ist der Spaziergang sehr wichtig.（对我来说散步很重要。）

（3）Idiomatische Wendungen 习惯用语

① Das kann schlimm sein! （有可能会严重起来！）

这是口语表达。句中情态动词können 表示“一种可能”。本课中类似表达还有：Ihre Schmerzen können gefährlich sein.（您的疼痛有可能很危险。）

② Sport treiben （体育锻炼）

固定短语，也可用动词machen替代treiben。例如：Wer abnehmen möchte, sollte mehr Sport treiben.（想减肥的人应该做更多运动。）

4. Übungen 练习

（1）Beantworten 回答问题

① Welche Schmerzen hat der erste Leser?

② Welche Probleme hat der zweite Leser?

③ Was kann er tun?

④ Welche Lösung finden Sie?

⑤ Wie wirkt der Leserbrief auf Sie?

（2）**Partnerarbeit 结伴练习**

Erzählen Sie über ein Problem in Ihrem Alltag und machen Sie mit Ihrem Nachbarn einen Dialog. Folgende Redemittel können für Sie eine Hilfe sein:

Deine Sorgen möchte ich haben!

Ich kann dein Problem gut verstehen, denn ...

Du solltest unbedingt herausfinden, warum ...

Du solltest unbedingt mit ... sprechen.

An deiner Stelle würde ich ...

Ich bin sicher, dass ...

Ich bin überzeugt, dass ...

Hoffentlich ...

（3）**Ergänzen 填空**

wohl	*schwach*	*erkältet*	*Fieber*
Grippe	*Schnupfen*	*Kopfschmerzen*	*Arzt*
Apotheke	*Rezept*	*Medikamente*	*untersuchen*
Sprechzimmer			

Gestern war ich in der Stadt bei einem Freund. Als ich nach Hause fuhr, begann es plötzlich zu regnen. Ich hatte keinen Regenschirm dabei, also wurde ich nass. Am Abend fühlte ich mich nicht ________ und hatte ________, dazu leichtes ________: 39 Grad. Ich war also ________. Heute Morgen war ich ganz ________ und hatte auch noch ________. Als es nach 2 Aspirin nicht besser wurde, ging ich zum ________, um mich ________ zu lassen. Ich musste 15 Minuten warten, dann wurde ich ins ________ gerufen. Der Arzt untersuchte mich und stellte eine ________ fest. Ich nahm das ________ und holte mir in einer ________ die ________.

E Lesetext 阅读课文

1. Thema: Besser schlafen, mehr leisten 题目：休息得好工作更有劲

Hierzulande bleiben Wünsche offen. „Kann sein, dass das Thema bei uns einmal aufgegriffen wird", sagt Pressesprecherin Silke Bartke-Zeh vom Otto Versand. „Persönlich kann ich mir nicht vorstellen, unter all den Kollegen einfach den Kopf auf die Schreibtischplatte fallen zu lassen." Klaus Petri, Leiter der Pressestelle von Philips Consumer Eletronics resümiert: „Über Berufsschlaf haben wir noch nicht einmal nachgedacht. Sicherlich wird unser Körper durch die gesellschaftlichen Rahmenbedingungen vergewaltigt. Aber das ertragen wir seit 30 Jahren und es funktioniert. Entscheidender finde ich, dass Licht und Ergonomie am Arbeitsplatz stimmen."

Schlaf ist für den Menschen lebenswichtig. Knapp 5 Prozent des gesamten Pensums macht die Einschlaf- oder Wachphase aus. Bei Schlafstörungen sinkt die Produktivität immerhin um satte 40 Prozent, berichtete eine Ärztezeitung. Etwa ein Viertel aller Deutschen leidet unter ernstzunehmenden Schlafstörungen oder Insomnie-Schlaflosigkeit. Häufige Ursachen sind Stress, Überreizung, berufliche sowie private Belastungen und ein Hang zum Grübeln. Das alles führt zu einem erhöhten kognitiven Erregungsniveau und hindert am Schlafen. Anstatt Schlaf mit Ruhe zu verbinden, fürchten Betroffene den Kontrollverlust. Neben verminderter Leistungsfähigkeit klagen die übermüdeten Zeitgenossen über depressive Verstimmungen und über zunehmende Gereiztheit gegenüber den Kollegen und der Familie. Ein offiziell genehmigtes Schläfchen am Arbeitsplatz kommt Betriebsklima und Leistungsfähigkeit also durchaus zugute. Bedingung: Mehr als 15 Minuten sollten es nicht sein, da man sonst nicht mehr richtig auf Touren kommt.

Einhellig warnen alle Experten vor der Einnahme von Schlaftabletten und beruhigenden Medikamenten. Ist nach 4 bis 6 Wochen konsequenter Schlafhygiene keine Besserung eingetreten, sollte die professionelle Hilfe eines medizinischen Schlaflabors in Anspruch genommen werden. Dort messen Mediziner mit Hilfe spezieller Geräte die Atmung, die elektrische Aktivität des Gehirns und die Augenbewegung. Auch die physiologischen Ursachen von Schlafstörungen können so erkannt und behandelt werden.

Wer seine Leistungsfähigkeit erhalten und Schlafstörungen in den Griff bekommen will, sollte jedoch zunächst überprüfen, ob „Schlafhygiene“, das Einhalten bestimmter Regeln für einen erholsamen Schlaf, zu besserer Nachtruhe verhilft.

2. Wörter 词汇

hierzulande 在此国内，在这个国家里；在我们这儿

auf/greifen *vt* 抓住；捡起；采纳；开始研究

Otto Versand 奥托生活用品邮递公司

die Schreibtischplatte -n 写字台台面

die Pressestelle -n 新闻处（司）

Philips Consumer Electronics 飞利浦消费电子公司

resümieren *vi* 总结，概括

vergewaltigen *vt* 压制，（严重地）侵犯，侵害

ertragen *vt* 忍受

die Ergonomie 工效学，人类工程学

das Pensum -sen/-sa （一定时期内要完成的）课业，作业

die Einschlafphase -n 入睡阶段

die Wachphase -n 觉醒阶段

die Produktivität 生产率，生产能力

satt 饱的，饱足的；厌倦的

die Insomnie 失眠

die Überreizung -en 过度兴奋

der Hang 嗜好，爱好

das Grübeln 长久考虑

depressiv 忧郁的

die Verstimmung -en 不和谐，失调；恼怒，不高兴

die Gereiztheit 受到刺激

einhellig 一致的，同意的，无异议的

konsequent 一贯的；坚持的，坚定的

die Schlafhygiene -n 睡眠卫生

verhelfen *vi* 帮助，协助

3. Erläuterungen 解释

（1）Satzmodelle für Anfänger 初学句型

① Kann sein, dass das Thema bei uns einmal aufgegriffen wird.（我们可能要开始研究这个问题。）

man greift ... auf意为“人们开始研究、考虑……”，可分动词auf/greifen直接跟宾语，例如：ein Thema aufgreifen（研究一个题目），einen Gedanken aufgreifen（研究一个

思想），eine These aufgreifen（研究一个理论）等。

② **Klaus Petri, Leiter der Pressestelle von Philips Consumer Eletronics resümiert.（飞利浦消费电子公司新闻处负责人克劳斯·佩特里总结道。）**

动词resümieren为不及物的外来词，表示“总结”的意思。

（2）Feste Kombinationen 固定搭配

① **über etw. (A) nach/denken （思考某事）**

动词nach/denken为不及物动词，它可以单独使用，例如：Denk mal nach!（考虑一下吧！）还可以加介词über（关于），表示“思考某事”，常用于口语，例如：Ich habe lange über dieses Problem nachgedacht.（对这个问题我考虑了很久。）

② **unter etw. (D) leiden （忍受某事）**

动词leiden可以支配介词an或unter，都表示“忍受”的意思。leiden和介词an连用，一般表示“患某种病”，例如：Sie leidet an Schizophrenie.（她患有精神分裂症。）动词leiden和介词unter连用，一般涉及抽象意义的事物，例如：Er leidet unter Hitze.（他忍受炎热的煎熬。）

③ **zu etw. (D) führen （导向某处，通向某处，导致某事）**

这里führen为不及物动词用法，和介词zu连用，表示“导致”，例如：Das alles führt zu einem erhöhten kognitiven Erregungsniveau.（这一切导致感知性方面兴奋水平的提高。）

④ **jn. an etw. (D) hindern （妨碍某人做某事）**

动词hindern和介词an（支配第三格）连用，构成表示“妨碍”意思的词组，例如：Er hinderte mich am Schreiben.（他妨碍我写东西。）

⑤ **jm. zu etw. (D) verhelfen （协助某人获得某物）**

动词verhelfen（帮助，协助，促使）和动词helfen不同的地方是，verhelfen后面跟介词zu。例如：Wir haben ihm zu einem Erfolg der Aufführung verholfen.（我们协助他获得演出的成功。）

（3）Idiomatische Wendungen 习惯用语

① **zugute/kommen （于……有利）**

zugute与动词kommen连用，表示“于……有利”，人称代词为第三格，例如：Seine langjährigen Erfahrungen kommen ihm nun zugute.（他多年的经验现在对他有好处了。）

② **auf Touren kommen （旋转起来，活跃起来；发起脾气来）**

介词auf后面跟第三格，例如：Der Motor kommt auf (hohen) Touren.（马达发动起来了。）

③ **mit Hilfe （借助于）**

mit Hilfe后接第二格，表示借助于某种手段，例如：Mit Hilfe des Wörterbuchs hat er den wissenschaftlichen Text ins Chinesische übersetzt.（他借助词典把这篇科学文章译成了汉语。）

4. Übungen 练习

（1）Beantworten 回答问题

① Welche Wünsche sind hier gemeint?

② Welche Meinung vertritt die Pressesprecherin?

③ Welches Resümee hat Klaus Petri gegeben?

④ Wieviel Prozent der Deutschen leidet unter Schlafstörungen oder Schlaflosigkeit?

⑤ Was sind häufige Ursachen für Schlaflosigkeit?

⑥ Worüber beklagen die übermüdeten Zeitgenossen?

⑦ Was kommt Betriebsklima und Leistungsfähigkeit zugute?

⑧ Wovor warnen alle Experten einhellig?

（2）Ergänzen 填空

über　zu　in　zwischen　auf　unter　mit　zu　über

① Er hat gründlich ________ das Thema seiner Magisterarbeit nachgedacht.

② Seine Gesundheit leidet ________ den Strapazen.

③ Sein Freund hat ihm ________ einer guten Stellung verholfen.

④ Das muss ich mir ________ Ruhe überlegen.

⑤ Das führt ________ nichts.

⑥ Dein Lehrer hat sehr ________ dich geklagt.

⑦ Er kann so gut Deutsch, dass er Gespräche ________ unseren Kunden führen kann.

⑧ An unserer Schule gibt es zur Zeit große Konflikte ________ Lehrern und Schülern.

⑨ Warum hast du ________ meine Frage nicht geantwortet?

Wiederholung 2

第二阶段复习

Teil 1 Leseverstehen 阅读理解

A. Wählen Sie die geeignete Überschrift für den jeweiligen Abschnitt. 选择合适的标题

1. Die Wissenschaft wird das menschliche Wissen noch weiter durchdringen. Es wird in der Nahrungsmittelchemie versucht, etwas gegen den Welthunger zu tun. Kriege gehen heute hauptsächlich um Lebensgrundlagen.
2. Chinas Erfindungsreichtum ist nicht zu Ende. China erholt sich und nimmt wieder seinen rechtmäßigen Platz in der Welt ein und macht dort weiter, wo es vor 200 Jahren aufgehört hat.
3. Ich bin dagegen, ein Produkt aus dem Markt zu nehmen, nur weil die Möglichkeit besteht, dass etwas passieren könnte
4. Wenn von künstlicher Intelligenz die Rede ist, geht es nicht nur um individuelle Freiheitsrechte, Autonomie, die Entscheidungsfreiheit des Einzelnen, sondern auch um neue Märkte für Unternehmen, den weltweiten Wettbewerb und die Zukunft eines Landes als Industriestandort.
5. Einhellig warnen alle Experten vor der Einnahme von Schlaftabletten und beruhigenden Medikamenten.
6. Künstliche Intelligenz ist keine revolutionierende Technologie, sie ist vielmehr eine transformierende. Man muss zugeben, dass der Ruf von künstlicher Intelligenz als „Allheilmittel" ihr weit vorauseilt.
7. Wir alle kennen die Vorzüge, die Technik mit sich bringt. Doch mit dem steigenden Grad an Technisierung sind auch zahlreiche Risiken und Nachteile unterschiedlichster Art verbunden.
8. Man könnte nie von vorneherein wissen, welchen Nutzen bestimmte Forschungsergebnisse haben werden, daher sollte die Wissenschaft möglichst frei forschen.

9. Künstliche Intelligenz ist mit Navigationssystemen, Spannfiltern und Wettervorhersagen bereits in unser alltägliches Leben vorgedrungen.

10. Was technisch schon alles möglich ist und bald sein wird, macht vielen von uns Angst.

A) Gegen den Ausschluss eines Produktes

B) Warnung der Experten

C) Die Bedeutung der künstlichen Intelligenz ist übertrieben.

D) Die Rolle der Wissenschaft in unserem Wissen

E) Vor- und Nachteile der Technik

F) Anwendungsgebiet der künstlichen Intelligenz

G) Freiheit bei der wissenschaftlichen Forschung

H) Die Furcht vor der Technik

I) Wissenschaftliche Fortschritte in China

J) Die Rolle der künstlichen Intelligenz

B. Entscheiden Sie, ob die jeweiligen Aussagen richtig, falsch oder nicht im Text erwähnt sind. 选择正确的表述

Zu Beginn des 19. Jahrhunderts gingen die Menschen zu Fuß und sie transportierten Waren in Schubkarren oder mit Pferden. Wenn sie reisten, nutzten sie Pferdekutschen. Dann passierte 1815 eine schreckliche Naturkatastrophe: Der Vulkan Tambora in Indonesien brach aus und auf der Nordhalbkugel verdunkelte sich der Himmel. Es wurde so kalt, dass im folgenden Jahr, im Sommer 1816, kein Korn für Brot auf den Feldern wuchs. Die Menschen hungerten und natürlich gab es auch kein Fressen mehr für die Pferde, sie starben an Hunger. Was tun ohne Pferde? Der Erfinder Freiherr Karl von Drais erfand eine Maschine, mit der man sich ohne Pferde fortbewegen konnte: eine Laufmaschine. Auf seiner Testfahrt fuhr er mit ihr 14 Kilometer und erreichte eine Geschwindigkeit von 15 km/h: Die Erfindung war eine Sensation! In den nächsten Jahren entwickelte sich das Laufrad zum Fahrrad, es kamen Pedale dazu und schon 1869 konnte man mit einem Fahrrad bis zu 40 km/h schnell fahren. In den folgenden Jahrzehnten begann das Fahrrad so auszusehen, wie wir es heute kennen. Das Fahrrad entwickelte sich zum Massentransportmittel. Heute nutzen in deutschen Großstädten 30% der Bevölkerung ein Fahrrad.

11. Am Anfang des 19. Jahrhunderts müssen alle zu Fuß laufen.

A) Richtig. B) Falsch. C) Nicht erwähnt.

12. Vor der Erfindung eines Fahrrades reiste man auf dem Pferd.

A) Richtig. B) Falsch. C) Nicht erwähnt.

13. Der Vulkan Tambora hat schwere Folgen verursacht.

A) Richtig. B) Falsch. C) Nicht erwähnt.

14. Im Jahr 1816 litten nur Menschen unter Hungersnot.

A) Richtig. B) Falsch. C) Nicht erwähnt.

15. Alle Pferde starben nach der Katastrophe.

A) Richtig. B) Falsch. C) Nicht erwähnt.

16. Karl von Drais hat das erste Fahrrad erfunden.

A) Richtig. B) Falsch. C) Nicht erwähnt.

17. Auf der Testfahrt hat Karl von Drais Pferdekutschen überholt.

A) Richtig. B) Falsch. C) Nicht erwähnt.

18. 1869 konnte man mit einem Fahrrad schneller fahren.

A) Richtig. B) Falsch. C) Nicht erwähnt.

19. Ein Drittel der deutschen Bevölkerung fährt ein Fahrrad.

A) Richtig. B) Falsch. C) Nicht erwähnt.

20. Die Städter fahren lieber Fahrrad als die auf dem Land Lebenden in Deutschland.

A) Richtig. B) Falsch. C) Nicht erwähnt.

C. Wählen Sie die passenden Sätze. Zu jeder Lücke passt nur ein Satz. 选择正确的句子，每空一句

Hotline: Hier Kabel Perfekt. Mein Name ist Nicole Reimer, ___21___

Sinn: Ja, hier Sinn. Ich habe bei Ihnen das Angebot „Kabel Perfekt 3", also Kabel-TV, Internet und Telefon gebucht. ___22___ Meine Kundennummer ist 3000458.

Hotline:	Okay. ___23___, Grüner Weg 6, in 96465 Neustadt?
Sinn:	Ja, ja, der bin ich. Also, ich habe ein Problem. ___24___, aber sie ist nicht komplett.
Hotline:	Das tut mir leid. ___25___
Sinn:	___26___. Ähm. Der Router, das Netzteil und die Antenne sind da – ja, ___27___
Hotline:	Einen Moment bitte, ___28___. Herr Sinn?
Sinn:	Ja.
Hotline:	Es tut mir leid, ___29___ Dort sind alle Mitarbeiter im Gespräch und hier ist die Technikhotline. ___30___, auch unter 0800 3356678 und wählen Sie dann die 3.
Sinn:	Danke, ich versuche es.

A) Sie sind David Sinn

B) ich verbinde Sie mit der Produkt- und Kaufberatung

C) Die Sendung mit der Hardware ist gekommen

D) was kann ich für Sie tun?

E) Es fehlt die CD-ROM mit der Software.

F) Bitte rufen Sie die Produkt- und Kaufberatung an

G) ich kann leider nichts tun.

H) Und ich habe ein Problem.

I) und das Ethernet-Kabel ist auch nicht im Paket.

J) Was fehlt denn?

Teil 2 Grammatik und Wortschatz 语法和词汇

A. Wählen Sie für jede Lücke das richtige Wort. 选择正确的单词填空

Angst ___31___ der Prüfung? Strategien für den Notfall. Nicht nur der Stoff für die Prüfung lässt sich pauken, ___32___ Strategien für den Ernstfall. Psychologen raten zu langfristigen Maßnahmen wie Entspannungstechniken. Die muss man eine Weile üben, aber dann sind sie sehr wirksam. Schülern, die oft ___33___ Hektik geraten und in Tests ___34___ ihrem Niveau bleiben, wird das „Mentale Training“ empfohlen. ___35___ kann man sich geistig auf die Situation einstimmen und ihr den Schrecken nehmen. Bei der „Erfolgsfantasie“ stellt man sich vor, ___36___ man die Prüfung ohne Schwierigkeiten besteht und macht sich dadurch Mut. In der „Bewältigungsfantasie“ spielt man durch, ___37___ in der Prüfung schiefgehen könnte – und wie man mit diesen Pannen am besten umgeht. Diese Methode eignet sich vor allem für Schüler, die Angst haben, völlig ___38___ versagen. Als SOS-Maßnahme in der Prüfung rät der Psychologe ___39___ einer einfachen Atemübung: Eine Hand auf den Bauch legen und bewusst langsam und tief ein- und ausatmen. Auch eine Möglichkeit: Akupunkturpunkte aktivieren. Unter der Nase oder unter der Unterlippe sanft klopfen oder reiben, das beruhigt. Oder ___40___ beiden Seiten der Nase unter den Augen reiben. Das beruhigt und wirkt nachdenklich.

31. A) vor	B) wegen	C) mit	D) von
32. A) aber	B) sondern auch	C) sondern	D) auch
33. A) auf	B) mit	C) unter	D) in
34. A) über	B) unter	C) von	D) nach
35. A) Davon	B) Damit	C) Darüber	D) Darin
36. A) wie	B) wieso	C) warum	D) wie lange
37. A) wo	B) was	C) wie	D) dass
38. A) wird	B) es	C) zu	D) /
39. A) zu	B) mit	C) in	D) von
40. A) auf	B) innerhalb	C) in	D) über

B. Wählen Sie passsende Normen und füllen Sie die Lücken. 选择合适的名词填空

A) Telefonieren	B) Rechner	C) Tastatur	D) Beweis
E) Angehörige	F) Texte	G) Daumen	H) Prozent
I) Besten	J) Superfinger		

Mehr als achtzig ___41___ der japanischen Teenager nutzen ihr Handy nicht zum

___42___, sondern nur noch für Kurznachrichten, wie kürzlich eine Umfrage eines Telefonkonzerns ergab. Die Tokioter Soziologin Mimi Ito hatte festgestellt, dass die Jugendlichen selbst dann lieber kleine ___43___ mit dem Mobiltelefon verschicken, wenn sie zu Hause vor dem ___44___ sitzen und eigentlich mailen könnten. Ihre Erklärung: „Die sind mit dem ___45___ einfach schneller, als auf der ___46___." TV-Sender veranstalten sogar schon Wettbewerbe; die ___47___ schaffen hundert Wörter pro Minute. In der Fachwelt heißen die jungen Leute „oya yubi sedai" – frei übersetzt „Generation Daumen". Man fand heraus, dass ___48___ dieser Gruppe wesentlich dickere Daumen besitzen als Heranwachsende ohne Handy. Sie benutzen den ersten Finger der Hand sogar, um an der Tür zu klingeln, sich an der Nase zu reiben – oder als Zeigefinger. Einige Forscher sehen darin sogar den ___49___, dass die technische Entwicklung beim Menschen Entwicklungen bewirkt, für die früher viele Generationen nötig gewesen wären. Eine Übertreibung? Oder ist der Daumen tatsächlich der „___50___" des Informationszeitalters, wie die Londoner Tageszeitung Observer schwärmte?

Teil 3 Übersetzung der unterstrichenen Teile aus dem Deutschen ins Chinesische mit Hilfe von einem Wörterbuch 借助词典翻译画线部分

51. Künstliche Intelligenz

Seit den 1950er-Jahren arbeiten Computerwissenschaftler an Programmen, die der menschlichen Intelligenz so ähnlich sind, dass sie diese in bestimmten Anwendungen ersetzen können – die Rede ist von Künstlicher Intelligenz (KI). <u>Nach einem Hype in den 1980er-Jahren und dem darauffolgenden „Winter der KI", in denen die Prognosen sich nicht erfüllten, haben letztlich die spektakulären Erfolge in jüngster Zeit die KI-Forschergemeinde davon überzeugt, dass intelligente Maschinen nicht nur die Aufgaben von Menschen übernehmen können, sondern auch ganz neue Technologien entstehen werden.</u>

52. Coronavirus: Merkels Rede

Es kommt auf jeden an. Wir sind nicht verdammt, die Ausbreitung des Virus passiv hinzunehmen. Wir haben ein Mittel dagegen: wir müssen aus Rücksicht voneinander Abstand halten. Der Rat der Virologen ist ja eindeutig: Kein Handschlag mehr, gründlich und oft die Hände waschen, mindestens eineinhalb Meter Abstand zum Nächsten und am besten kaum noch Kontakte zu den ganz Alten, weil sie eben besonders gefährdet sind.

Ich weiß, wie schwer das ist, was da von uns verlangt wird. Wir möchten, gerade in Zeiten der Not, einander nah sein. Wir kennen Zuwendung als körperliche Nähe oder Berührung. Doch im Augenblick ist leider das Gegenteil richtig. Und das müssen wirklich alle begreifen: Im Moment ist nur Abstand Ausdruck von Fürsorge.

Teil 4 Schriftlicher Ausdruck 书面表达

Beantworten Sie die Frage: Wie stellen Sie sich in 10 Jahren die Entwicklung der künstlichen Intelligenz vor? Schreiben Sie einen Aufsatz zu Ihrer Vision mit mindestens 80 Wörtern. **回答问题“Wie stellen Sie sich in 10 Jahren die Entwicklung der künstlichen Intelligenz vor?”，并以此为题写一篇不少于80个单词的作文。**

53. Der Aufsatz beinhaltet（作文内容）：

A) Wie sieht es mit der künstlichen Intelligenz heute aus?

B) Wie stellen Sie sich in 10 Jahren die Entwicklung der künstlichen Intelligenz vor?

Lektion 11

第十一单元

Hauptthema：Berlin von heute　主题：今日柏林

A　Lernziel 导学

1. Redemittel 会话句型

Mir kann so schnell wohl nichts passieren.	Ich weiß nicht einmal, ob wir welche mitgenommen haben.
Also so kannst du das nicht sagen.	Der hat sowieso zu, um diese Zeit.
Das ist nicht ohne.	Ich habe davon gar keine Ahnung. / Keine Ahnung.

2. Tipps zur Grammatik 语法提示

◇ **重点**：① 由关系代词wer引导的定语从句。② 由obwohl引导的让步从句。

◇ **难点**：① wer引导定语从句时用于泛指和不确定的人，修饰确定的人时不应用wer引导定语从句。② obwohl引导的从句和trotzdem的用法应区分清楚，不要混淆。

3. Etwas über das Hauptthema 背景点滴

1990年，两德统一后，柏林再次成为德国的首都。这里是德国政治与文化的中心，有着世界闻名的博物馆群，独具魅力的文化活动能从年头排至年尾。它更是历史与现代的交汇之地：柏林墙遗址讲述着这城市跌宕起伏的历史故事，而爬满建筑的绚丽涂鸦又让人心惊于青年一代强烈的表达欲望。它是复杂的，也是包容的。来自欧洲其他国家的移民渴望在这里找到新的就业机会，却并不都能如愿，但是这并不会阻挡更多人来到这里的脚步。

B Gespräch 对话

1. Thema: Die Drei von der Baustelle in Berlin 题目：三个来自柏林建筑工地的人

(*Situation: Joao Rafael erscheint im roten Pullover und mit farbbespritzten Hosen. Daniel Monteiro trägt einen dicken Anorak. Peter Kessler hat den Treffpunkt ausgesucht: die Vereinsgaststätte eines Berliner Sportvereins – und bestellt dreimal Hühnerbrühe und drei Bier. Schließlich ist Feierabend, und die Bauarbeiter wollen essen, bevor sie reden: ein Portugiese, ein Afrikaner und ihr deutscher Kollege, die in Berlin ihr Geld verdienen.*)（会话情景：拉斐尔身穿红色毛衣和涂满各种颜色的裤子出现在人们的眼前。蒙太罗上身穿件带帽子的上衣。凯斯勒选定了见面的地方：柏林一家运动协会办的酒店。凯斯勒要了三份鸡汤和三杯啤酒。下班了，这三位建筑工人想吃点东西后再说话。他们一个是葡萄牙人，一个是非洲人，最后一个是德国人，都在柏林干活挣钱。）

K: Ich persönlich habe ja einen tollen Job, und ich verstehe mich prima mit meinem Chef. Mir kann so schnell wohl nichts passieren. Aber ich kenne mindestens zehn Kollegen, die wegen der Billigarbeit keine Stelle mehr finden.

M: Die Portugiesen sagen auch, dass die Afrikaner ihnen die Arbeitsplätze wegnehmen. Aber mal ehrlich: Welcher Portugiese geht denn noch auf den Bau? Die Dreckarbeit in Portugal machen doch längst wir Afrikaner aus den ehemaligen Kolonien.

R: Wir Portugiesen kosten in Deutschland weniger, und das alles rechnet sich für die Bauunternehmen. Denn wenn die große Baufirma mehr verdient, verdient auch der Subunternehmer besser. Und darum kann er uns auf einer deutschen Baustelle mehr zahlen als in Portugal.

M: Weil wir die Dreckarbeit machen, die sonst niemand mehr machen will. Wer will denn am Bau noch zwölf Stunden als Eisenflechter arbeiten? Portugiesen bestimmt nicht.

R: Also so kannst du das nicht sagen. Ich arbeite in Deutschland auch zehn, manchmal zwölf Stunden täglich. Ist doch logisch: Ich will möglichst viel in möglichst kurzer Zeit verdienen. Und selbst wenn ich am Monatsende weniger in der Tasche habe als die

Deutschen, ist es auch immer noch mehr, als ich in Portugal habe.

K: Das ist uns alles klar. Aber wir können es trotzdem nicht so richtig begreifen. Ist denn die wirtschaftliche Lage in aller Welt so schlecht, dass es denn nur in Deutschland Arbeit gibt? Das kann aber doch so nicht weitergehen. Sonst kommen alle arbeitslosen Polen, Vietnamesen, Spanier und Portugiesen munter weiter nach Deutschland, und für uns Deutsche bleibt am Schluss nichts mehr übrig. Wenn ich eine Baustelle leite, und manchmal habe ich drei Baustellen gleichzeitig zu betreuen, dann entscheidet natürlich nur die Leistung. Also die Freiheit nehme ich mir. Auf meinen Baustellen arbeiten deutsche Studenten für fünfzehn oder achtzehn Euro, Kroaten bekommen sieben und zwölf Euro die Stunde, eben je nach Leistung.

M: Aber da siehst du es doch selbst. Du bezahlst jeden anders.

K: Die Kasse muss doch stimmen. Wenn ich drei, vier Männer habe und die mit siebzig Euro die Stunde bei meinem Arbeitgeber abrechne, obwohl sie weniger kosten, dann bleibt das doch mein Gewinn. Selbst wenn ich dann ab und zu mal Strafe zahlen muss, rechnet es sich immer noch.

R: Also ich weiß gar nicht, was diese Diskussion soll. Ich beklage mich doch gar nicht über meine zehn Euro pro Stunde, auch wenn ich dafür hart arbeiten muss. Von mir aus kann der Deutsche neben mir sogar ruhig mehr verdienen, anders wär's zwar noch besser, aber was soll man machen, man ist ja in einem fremden Land. Was wirklich nervt: im Ausland zu arbeiten und gleichzeitig Probleme zu Hause zu haben. Seit zwei Monaten habe ich meine Freundin in Portugal nicht mehr gesehen, telefonieren tun wir alle vierzehn Tage. Wer weiß, ob sie noch was von mir wissen will, wenn ich nach Hause komme.

K: Na ja, für uns ist das aber auch nicht ohne, wenn da plötzlich so viele Ausländer kommen. Deutsche werden arbeitslos oder bleiben auf die Dauer ohne Stelle, und so werden Familien zerstört, gehen Ehen auseinander. Das muss man ja auch mal sehen.

M: Manchmal habe ich die Schnauze voll. Da lebt man Tausende von Kilometern von der Familie entfernt, rackert und wird nur dumm angeredet. Sprüche wie „Geh doch dorthin zurück, wo du herkommst" höre ich in Lissabon auch in der U-Bahn; immer muss ich den Fahrschein bei Kontrollen vorzeigen, nie ist der Portugiese neben mir dran.

2. Wörter 词汇

die Baustelle -n 建筑工地
der Pullover 毛衣
der Treffpunkt -e 会合地点，约会处
aus/suchen *vt* 挑选，选拔，选出
der Sportverein -e 体育协会
die Hühnerbrühe -n 鸡汤
der Portugiese -n 葡萄牙人
die Billigarbeit -en 廉价的活儿
ehrlich 诚实的，正直的
die Dreckarbeit -en 脏活
die Kolonie ...nien 殖民地
der Subunternehmer 下属厂家
der Eisenflechter 编铁条的人
logisch 逻辑的，合乎逻辑的
munter 活泼的，精神饱满的
ab/rechnen *vt* 扣除
obwohl 虽然
die Strafe -n 处罚；罚款
nerven *vi* 使人恼火
die Schnauze -n 嘴巴
rackern *vi* 做苦工，干累活
der Spruch ¨-e 格言；判决，判词
Lissabon 里斯本（葡萄牙首都）

3. Erläuterungen 解释

（1）Satzmodelle für Anfänger 初学句型

① Mir kann so schnell wohl nichts passieren. （我不会这么快就出什么事的。）

句中动词passieren（发生）为不及物动词，当表示“某事涉及某人”时，句中应引出第三格人称代词，例如：Mir ist das noch nie passiert.（我还从来没有遇到过这种事。）

② Also so kannst du das nicht sagen. （不过这种事你不能这么说。）

这是口语表达，句中so表示说话人的方式或口气，das在句中做宾语。

③ Ist denn die wirtschaftliche Lage in aller Welt so schlecht, gibt es denn nur in Deutschland Arbeit? （难道说全世界的经济情况都那么糟糕，只有在德国才能找到活儿吗？）

谓语动词处在句首，表达说话人的疑问口气。

（2）Feste Kombinationen 固定搭配

① sich über etw. (A) beklagen （抱怨某事）

反身动词sich beklagen支配介词宾语über（支配第四格）构成固定词组，表示“诉苦”，例如：Er beklagt sich immer über den anderen.（他老是埋怨别人。）

② **am Bau arbeiten （干建筑活）**

动词arbeiten与介词an（支配第三格）连用，表示“从事某事”的意思，例如：Seit einem Jahr arbeitet er an seiner Doktorarbeit.（一年来他一直在撰写博士论文。）

③ **weit von etw. (D) entfernt sein （远离某物）**

形容词entfernt（遥远的，远离的）与介词von连用，表示距离。本课中von der Familie entfernt（远离家庭）在句中作状语。例如：Dieses Dorf ist weit von hier entfernt.（这村庄离这儿很远。）

（3）Idiomatische Wendungen 习惯用语

① **ab und zu （有时，偶尔）**

短语ab und zu表示时间概念，相当于manchmal（有时候），例如：Ab und zu schreibt er Gedichte.（他有时候写诗。）

② **Für uns ist das nicht ohne. （对我们来说，这非无关紧要。）**

词组nicht ohne sein意为“并非无关紧要的，比想象的更重要的”，用于口语。例如：Er ist nicht (so) ohne.（他并非一无是处。/ 他有他的长处。）

③ **auf die Dauer （= wenn es noch lange dauert，持久，长时间的）**

auf die Dauer意为“持久，长时间的”，这个固定词组表示持续时间，例如：Auf die Dauer macht mir die Arbeit keinen Spaß.（长期下去这项工作使我倒胃口。）

④ **die Schnauze von etw. (D) voll/haben （对某事感到厌烦）**

这个固定词组用于口语，语气粗俗，非正式场合用于表达“没有耐心”。例如：Von diesem Vergnügen hat man sehr bald die Schnauze voll.（人们很快就对这种娱乐感到厌烦。）

4. Übungen 练习

（1）Beantworten 回答问题

① Wie sieht das Verhältnis Kesslers mit seinem Chef aus?

② Warum ist Monteiro gegen die Meinung, dass die Afrikaner den Portugiesen Arbeitsplätze weggenommen haben?

③ Warum kann Rafael in Deutschland mehr als in seiner Heimat bezahlt werden?

④ Wozu macht Rafael in Deutschland Überstunden?

⑤ Wie reagiert Kessler auf das Zuströmen der Gastarbeiter nach Deutschland?

⑥ Welche Probleme hat Rafael als Gastarbeiter?

⑦ Haben Deutsche auch solche Probleme wie ausländische Arbeiter, wie Kessler erzählt hat?

（2）**Ergänzen 填空**

Vorwürfe	*Arbeitsplatz*	*Leistungen*	*Schluss*
Freiheit	*Kontrolle*	*Gaststätte*	*Kasse*
Diskussion	*Job*	*Tasche*	*Verhältnis*

① Morgen Mittag treffen wir uns in der „__________ zu Linden".

② Mit Hilfe von seinem Freund hat er einen guten __________ gefunden.

③ Bist du mit deinem neuen __________ zufrieden?

④ Nun mach endlich __________! Ich habe es satt.

⑤ Im letzten Monat hat unsere Gruppe große __________ vollgebracht.

⑥ Bitte, zahlen Sie dort an der __________!

⑦ Vertrauen ist gut, __________ ist besser.

⑧ __________, die sie ihm wegen seines Verhaltens gemacht hatten, trafen ihn schwer.

⑨ Ich fand die gestrige ____________ sehr interessant. Jeder hat seine Meinung offen gesagt.

⑩ Die Arbeiter kämpften für ihre __________.

⑪ Herr Spengler ist sehr großzügig. Oft greift er tief in die __________.

⑫ Unserem Chef ist es wichtig, dass er ein gutes ____________ zu seinen Angestellten hat.

（3）**Meinung und Einstellung 发表看法**

Folgende Redemittel können für Sie eine Hilfe sein:

Ich meine ...

Ich glaube jedenfalls, ...

Ganz recht! Das ist ...

Ich überlege schon lange, ...

Du willst doch nicht etwa sagen,...

Von meiner Seite aus ...

Ich nehme an, dass ...

Es ist mir egal, dass ...

Ich glaube nicht, dass ...

Ich mache mir Sorgen, dass ...

Ich bin davon überzeugt, dass ...

Ich bin sicher, dass ...

Aber ihr müsst doch bedenken, ...

Ich bin mir sicher, dass ...

Es macht mir nichts aus, dass ...

Genau betrachtet ...

Es geht aber doch hauptsächlich darum, ...

Ich fürchte, dass ...

Ich bezweifle, dass ...

Ich bin nicht Ihrer Meinung, dass …

（4）Ergänzen 填空

passieren	*kosten*	*machen*	*bewerben*
bezahlen	*bleiben*	*tragen*	

① Im Moment ist es wirklich sehr schwer, eine Stelle zu finden. Ich habe mich schon bei zwölf verschiedenen Firmen __________.

② Mir ist kalt, obwohl ich meinen warmen Pullover __________.

③ Wir müssen uns eine billige Wohnung suchen, weil wir die Miete nicht mehr __________ können.

④ Gott sei Dank war mir gestern nichts __________. Der Unfall war schreklich.

⑤ Wieviel __________ dieser dunkle Anzug mit der Wüste?

⑥ Um zur Arbeit zu fahren, musste ich einen großen Umweg __________.

⑦ Es __________ ihm nichts anderes übrig, als ins Ehevermittlungsbüro zu gehen.

（5）Übersetzen翻译

① 我偶尔在图书馆碰到他。

② 这种情况长期下去真的无法忍受。

③ 即便我没有空也要想办法和你取得联系。

④ 我真不理解，他为什么不来找我谈谈。

⑤ 人们抱怨说，在德国打工不容易。

Weisheit（智慧箴言）

Frisch gewagt ist halb gewonnen.

敢为是成功的一半。

C Grammatik 语法

Lerntipps	关系代词多变化，关键要看修饰啥。
学习提示	若用wer引从句，除非人物不确定。

1. Allgemeines 语法常识

（1）以wer为连词的定语从句

关系代词wer是指示代词der的关系代词（如果代词der与wer的格一致，则往往省去）。由关系代词wer引导的定语从句主要用于泛指和不确定的人，表示主句中的代词，这种关系从句通常前置。它的变格与疑问代词wer完全相同。

（2）以obwohl为连词的让步从句

让步从句说明一种与主句所述内容相对立的情况，而这种情况不足以影响主句行为的发生。最常见的让步从句连词是obwohl和obgleich。而连词obgleich多用于书面语体。除了以上这两种连词以外，还有auch wenn (wenn ... auch)，selbst wenn等连词。

2. Grammatische Tabellen 语法图表

（1）关系代词 wer

格数	形式
第一格	wer
第二格	wessen
第三格	wem
第四格	wen

从句	主句
Wer im südlichen Rudow wohnt und im nördlichen Spandau arbeitet,	(der) braucht mit der U7 immerhin 57 Minuten Fahrtzeit.
Wer in die Hellerdorfer Plattenbausiedlungen oder in das gutbürgerliche, südwestliche Berlin geht,	(der) glaubt sich überall in Deutschland zu sein, nur nicht in einer Weltstadt.
Wem der Vorschlag nicht gilt,	der kann seine Meinung äußern.
Wer Schwierigkeiten hat,	dem helfe ich gern.

（2）连词obwohl

主句	从句
Ich erkenne ihn sofort,	obwohl ich ihn nur einmal gesehen hatte.
从句	**主句**
Obwohl das Wetter schlecht war,	gingen wir täglich spazieren.

（3）auch wenn

主句	从句
Ich beklage mich doch gar nicht über meine zehn Euro pro Stunde,	auch wenn ich dafür hart arbeiten muss.

说明：带连词auch wenn的让步从句，主句和从句的位置可以互换。

（4）selbst wenn

主句	从句
Selbst wenn ich am Monatsende weniger in der Tasche habe als die Deutschen,	ist es auch immer noch mehr, als ich in Portugal habe.

说明：带连词selbst wenn的让步从句，主句和从句的位置可以互换。

3. Übungen 练习

（1）Ergänzen („wer, der“ oder „was“) 填空

Beispiel: Wer den ganzen Tag arbeitet, (der) ist abends müde.

Wer mir hilft, dem helfe ich auch.

Was mir gefällt, kaufe ich.

① ________ gut ist, ist nicht billig.

② ________ ins Ausland reisen will, muss einen Reisepass haben.

③ ________ seine Arbeit beendet hat, kann zufrieden sein.

④ ________ über 18 Jahre alt ist, ist volljährig.

⑤ ________ jünger als 18 Jahre ist, ist minderjährig.

⑥ ________ nicht pünktlich zum Essen kommt, bekommt nichts mehr.

⑦ ________ schön ist, gefällt mir.

⑧ ________ du sagst, ist wahr.

⑨ ________ krank ist, soll zum Arzt gehen.

⑩ ________ in der Stadt wohnt, fährt sonntags gern aufs Land.

⑪ ________ meine Frage richtig beantwortet, ________ schenke ich das Buch.

⑫ ________ auf dem Land wohnt, ________ möchte gern in die Stadt.

⑬ ________ wir am Weihnachtsmorgen sehen, ________ wünschen wir ein frohes Fest.

⑭ ________ schwarz ist, ist nicht weiß.

⑮ ________ zuletzt lacht, lacht am besten.

（2）Ergänzen („weil“ oder „obwohl“) 填空

① ________ die Ärztin selber krank war, besuchte sie ihre Patienten, ________ sie ihnen helfen wollte.

② Ich nehme das Zimmer, ________ es kalt und dunkel ist, ________ ich nicht im Wohnheim wohnen will.

③ ________ sie es eilig hatte, überquerte sie die Hauptstraße, ________ die Ampel auf Rot stand.

④ ________ sie schlecht sieht, trägt sie keine Brille, ________ sie meint, sie könnte mit der Brille schlecht aussehen.

⑤ ________ die beiden Zwillinge sind, sehen sie doch ganz verschieden aus.

⑥ Ich weiß noch nicht, was ich später machen werde, ________ ich noch nicht darüber nachgedacht habe.

（3）Wiedergeben („weil", „wenn" oder „obwohl") 转换句型

Beispiel: Gerda hat erst seit zwei Monaten ein Auto. Trotzdem ist sie schon eine gute Autofahrerin.

Obwohl Gerda erst seit zwei Monaten ein Auto hat, ist sie schon eine gute Autofahrerin.

① Das Auto fährt nicht gut. Es war letzte Woche in der Werkstatt.

② Ich fahre einen Kleinwagen, denn der braucht weniger Benzin.

③ In zwei Jahren verdient Doris mehr Geld. Dann kauft sie sich ein Auto.

④ Jens ist zu schnell gefahren. Deshalb hat die Polizei ihn angehalten.

⑤ Nächstes Jahr wird Andrea 18 Jahre alt. Dann möchte sie den Führerschein machen.

⑥ Thomas hat noch keinen Führerschein. Trotzdem fährt er schon Auto.

（4）Vervollständigen 续写句子

Beispiel: Wenn eine Aufgabe leicht ist, darf man keine Fehler machen. Ihr habt aber Fehler gemacht, obwohl die Aufgabe leicht ist.

① Wenn man rechtzeitig ins Stadion geht, bekommt man noch einen guten Platz. Wir haben aber einen schlechten Platz bekommen, ________.

② Wenn jemand krank ist, darf er nicht rauchen. Du rauchst aber, ________.

③ Wenn man sich im Winter warm anzieht, kann man sich nicht erkälten. Ich habe mich aber erkältet, ________.

④ Wenn die Straßen nass sind, darf man nicht zu schnell fahren. Du aber fährst sehr schnell, ________.

⑤ Wenn jemand strebsam ist, hat er auch bald Erfolg. Mein Freund hatte bisher noch keinen Erfolg, ________.

⑥ Wenn es regnet, geht man nicht spazieren. Hans geht jetzt spazieren, ________.

（5）Übersetzen 翻译

① Wem Sie das Ereignis erzählt haben, der erzählt es sicher seinen Freunden.

② Wer diesen neuen Film gesehen hat, dem gefällt er bestimmt.

③ Mit wem er sprach, dem sagte er immer seine Meinung.

④ An wen er sich oft erinnert, den besucht er auch oft.

⑤ Wer ihm viel Freude bereitet, dem dankt er herzlich.

⑥ 有今晚戏票的人，可以坐我的车子去。

⑦ 尽管我只见过他一次，还是马上认出了他。

⑧ 即便下雨，我还是坚持饭后散步。

⑨ 他虽然生病，但仍然在工作。

D Hörverständnis 听力

1. Thema: Das Grillfeuer 题目：烧烤用火

Orhan: Weiß jemand von euch, wo die Streichhölzer sind?

Miguel: Ich weiß nicht einmal, ob wir welche mitgenommen haben.

Orhan: Kannst du mir sagen, wie ich ohne Streichhölzer den Grill anmachen soll?

Doris: Wer ein Feuerzeug hat, soll sich melden.

Orhan: Weiß jemand, wo ein Laden ist?

Klaus: Ich kann dir sagen, wo der ist. Zwei Kilometer von hier im Dorf.

Miguel: Der hat sowieso zu, um diese Zeit.

Orhan: Dann soll mal jemand sagen, was wir jetzt machen.

Doris: Kann man nicht irgendwas mit dem Auto machen? Das hat doch schließlich einen Verbrennungsmotor.

Klaus: Du hast offenbar keine Ahnung, wie der funktioniert.

Miguel: Ich weiß jedenfalls, was man mit dem Auto machen könnte.

Orhan: Nämlich?

Miguel: Irgendwohin fahren, wo es Streichhölzer gibt. Im Dorf ist doch wohl eine Kneipe.

Klaus: Fahren wir los.

Doris: Kannst du mir mal sagen, wieso du hier rauchst?

Klaus: Ich wusste nicht, dass dich das stört.

Doris: Ich wundere mich nur, wo du plötzlich Feuer her hast.

Orhan: Vom Zigarettenanzünder!

2. Wörter 词汇

das Grillfeuer 烧烤用火
das Streichholz ¨-er 火柴
der Grill -s 烤肉架
an/machen *vt* 点燃
das Feuerzeug -e 打火机
melden *vr* 报名，报到
der Kilometer 公里（缩写为 km）
der Verbrennungsmotor -en 内燃发动机
die Ahnung -en 预感；约莫了解
funktionieren *vi* 起作用，正常工作，正常运转
die Kneipe -n 小酒店，酒馆
los/fahren *vi* 乘车出发，启程
rauchen *vi* 吸烟
stören *vt* 干扰，打扰，扰乱
der Zigarettenanzünder 香烟点火器，打火机

3. Erläuterungen 解释

（1）Satzmodelle für Anfänger 初学句型

① Ich weiß nicht einmal, ob wir welche mitgenommen haben. （我连带没带点火的东西都不知道了。）

句中welche是不定代词，表示非确定的东西（或某人）。根据上下文，这里指打火机之类的东西。

② Der hat sowieso zu, um diese Zeit. （这个时候商店反正关门了。）

根据上下文，der指der Laden（商店，小店铺）。sowieso是小品词，用于口语，意为“反正，无论如何”。介词um表示时间。

（2）Feste Kombinationen 固定搭配

sich über etw. (A) wundern （对某事感到惊异）

反身动词sich wundern支配介词宾语über+第四格，表示“对某事感到惊异”，例如：Der Arzt wunderte sich über den sonderbaren Zustand des Kranken.（医生对这个病人奇怪的疾病感到惊异。）

（3）Idiomatische Wendungen 习惯用语

① nicht einmal （甚至于连……也不）

nicht einmal用于口语，例如：Er arbeitet nicht einmal zuverlässig.（他甚至干活也叫人不放心。）

② **von etw. (D) keine Ahnung haben** （对某事一无所知）

固定词组，例如：Ich habe davon gar keine Ahnung.（我对此事一无所知。）

4. Übungen 练习

（1）Beantworten 回答问题

① Was haben die jungen Leute vor?

② Was fehlt ihnen?

③ Was sollte es zwei Kilometer von hier im Dorf geben?

④ Was ist um diese Zeit zu?

⑤ Wie haben sie das Problem gelöst?

（2）Ergänzen 填空

schlimm *ekelhaft* *schrecklichen* *unerträglichen* *furchtbar* *scheußlichen*

① Wie geht's? Sind die Schmerzen noch ________?

② Was ist denn mit der Suppe passiert? Die schmeckt ja ________!

③ Heute Nacht hatte ich einen ________ Traum.

④ Ruhe! Wer macht denn diesen ________ Lärm?

⑤ Marianne soll einen ganz ________ Unfall gehabt haben. Jedenfalls liegt sie seit Samstag im Krankenhaus.

⑥ Du wirst es nicht glauben, aber als Kind war ich ________ dünn. Unsere Nachbarn dachten bestimmt, ich bekäme zu Hause nichts zu essen.

（3）Vergleichen 比较（哪两句的意思相近）

① Sie haben von dem Elend nicht viel mitbekommen. (　)

Sie haben sich große Sorgen gemacht. (　)

Sie haben nicht viel gemerkt von der schlimmen Situation. (　)

② Es blieb nicht aus, dass ich stehlen musste. (　)

Ich blieb zu Hause, um nicht stehlen zu müssen. (　)

Manchmal hatte ich keine andere Wahl als zu stehlen. (　)

③ Meine Gelenke sind nicht mehr in Ordnung. ( )

Ich habe keine Gelenke mehr. ( )

Ich habe Probleme mit meinen Gelenken. ( )

④ In den Geschäften gab es nicht viel zu kaufen. ( )

Vor den Lebensmittelgeschäften musste man in der Schlange stehen. ( )

Man musste lange warten, bevor man in den Geschäften etwas kaufen konnte. ( )

E Lesetext 阅读课文

1. Thema: Am Puls der Stadt 题目：感受城市脉动

8.14 Uhr, Bahnhof Zoo

Detlef Kürschner fährt mit dem Doppeldeckerbus zur Haltestelle vor dem Bahnhof. Zisch! Die Türen öffnen sich. Zehn Menschen steigen ein. Zisch! Wieder zu. Zwei Frauen gehen weiter, die Treppe hinauf in das obere Stockwerk. Von hier aus haben sie einen perfekten Blick. Die Linie 100 der Berliner Verkehrsbetriebe (BVG) ist nämlich die schönste Linie der Stadt, weil sie die wichtigsten Sehenswürdigkeiten verbindet. Tarif, 2,70 Euro – günstiger geht eine Stadtrundfahrt kaum.

8.30 Uhr, Ostbahnhof

Erste Essensausgabe des Tages. Es gibt schwarzen Tee und Brote. Marion hat sie heute mit Leberwurst gemacht. Seit fünf Jahren ist die 69-Jährige als Freiwillige in der Bahnhofsmission aktiv. Auf ihren gepflegten Fingernägeln glitzert silberfarbener Lack. Die Fingernägel der Männer sind schmutzig. Die meisten von ihnen sehen aus wie Mitte 50. Sie sind wohl deutlich jünger. Viele stammen aus Osteuropa. Sie sind zum Beispiel aus Polen nach Berlin gekommen, um sich hier ein neues Leben aufzubauen. Das gelingt nicht jedem. Einer zeigt jetzt mit Gesten, dass er duschen will. Er sagt kein Wort. „Kostet 50 Cent“, sagt Marion. Shampoo, Seife und die

Benutzung eines Handtuchs sind inklusive.

(*Berlin ist eine Stadt mit starken sozialen Gegensätzen. Die Arbeitslosenquote liegt bei elf Prozent.*)

15.52 Uhr, Alex

Feierabend für Detlef Kürschner. Ein Kollege fährt seinen Bus weiter durch die Stadt. Kürschner ist 74 Kilometer weit gefahren. Er sagt: „Ich liebe meine Stadt. Die Hektik, die Staatsbesuche, die Demos, die die City lahmlegen – die gehören dazu!"

(*Die Stadt verändert sich konstant. 2014 sind 174 572 Personen nach Berlin gezogen, während 137 459 sie verlassen haben. Viele Menschen gehen weg, weil sie keine gut bezahlte Stelle finden. Nachdem die Bundesregierung 1999 aus Bonn nach Berlin gezogen ist, sind zwar viele Jobs entstanden. Aber es fehlen Arbeitsplätze in der Industrie. Die Gehälter in Berlin sind niedriger als in Frankfurt am Main oder München. Männer verdienen im Durchschnitt 42 604 Euro im Jahr, Frauen 37 878 Euro – vor Steuern und Versicherungen. Ein Problem: In den letzten Jahren sind die Mieten stark gestiegen. Sie liegen jetzt bei 9,80 Euro pro Quadratmeter, ohne Betriebs- und Heizkosten.*)

21.47 Uhr, Rigaer Straße 71-73

Julia Gabel bekommt einen Stempel auf die Hand gedrückt. Er zeigt, dass sie den Eintritt in den Klub Antje Oeklesund bezahlt hat. Sie steigt ein paar Stufen hinunter in einen Raum mit unverputzten Wänden. Ihre Freunde sind schon da. Umarmung, Küsschen, „Wie geht es dir?" Julia Gabel stellt sich in die Schlange an der Bar. „Ein Bier bitte."

2.18 Uhr, City

Viele Touristen feiern noch, andere schlafen schon. Julia Gabel ist hellwach. Zusammen mit Freunden nimmt sie ein Taxi nach Neukölln. Sie wollen in eine kleine Bar, die Nacht ist noch lang.

5.33 Uhr, beim U-Bahnhof Weinmeisterstraße

Ein Fuchs läuft über den Gehweg. Angst hat er nicht. In der City leben viele Wildtiere. In der Peripherie kommen manchmal Wildschweine bis an die Mülltonnen. Zwei Partygänger steigen die Stufen zur Linie U8 hinunter. Der Fuchs ist weg. Sie bleiben kurz stehen und blicken zum Himmel über Berlin. Es ist schon wieder hell. Ein neuer Tag beginnt.

2. Wörter 词汇

der Doppeldeckerbus -se 双层巴士
zischen *vt* 公交车开门发出声音
hinauf 向上
das Stockwerk -e 层
die Berliner Verkehrsbetriebe (BVG) 柏林运输公司
die Sehenswürdigkeit -en 景点，名胜古迹
der Tarif -e 价目表，收费率
die Stadtrundfahrt -en 乘车游览城市
die Essensausgabe 布施食物
der/die Freiwillige -n 志愿者
die Bahnhofmission -en 火车站慈善团体
gepflegt (P.II) 得到护理的，整齐的，精致的
der Fingernagel ¨ 指甲
glitzern *vi* 闪耀，闪烁
der Lack -e 漆；指甲油
die Geste -n 手势
der Gegensatz ¨e 矛盾
die Hektik 忙碌
der Staatsbesuch -e 国事访问
die Demo -s 示威游行
lahmlegen *vt* 使（交通）瘫痪
konstant 不停地
die Betriebskosten (Pl.) 运行费用，经营费用
die Heizkosten (Pl.) 取暖费用
der Stempel - 印记，戳记
hinunter 向下
verputzen *vt* 粉刷
die Umarmung -en 拥抱
die Peripherie 周围，外围
die Mülltonne -n 垃圾桶

3. Erläuterungen 解释

（1）Satzmodelle für Anfänger 初学句型

zwar ... aber ...（虽然……但是……）

这组连词用于连接两个正常语序的句子，表达转折含义，例如：Zwar ist die Katze alt, sie fängt aber immer noch Mäuse.（虽然这只猫已经老了，但它仍能抓到老鼠。）注意，zwar需要占位，而aber不占位。

（2）Feste Kombinationen 固定搭配

stammen aus（源于，出身，来自）

动词stammen为不及物动词，它可以单独使用，例如：Die Tomaten stammen aus Italien.（这番茄产自意大利。）又如：Er war lange in München, stammt aber eigentlich aus Berlin.（他曾长居慕尼黑，但他其实出生在柏林。）

（3）Idiomatische Wendungen 习惯用语

im Durchschnitt （平均，一般）

固定词组，表示平均水平、平均数，例如：Für diese Aufgabe brauchen wir im Durchschnitt fünf Wochen.（要完成这项任务，我们平均需要五周时间。）

4. Übungen 练习

（1）Beantworten 回答问题

① Was ist Detlef Kürschner von Beruf?

② Warum ist die Linie 100 die schönste Linie in Berlin?

③ Wie viel kostet eine Stadtrundfahrt mit Linie 100?

④ Wie alt ist Marion?

⑤ Was macht Marion in der Bahnhofsmission?

⑥ Warum verlassen viele Berlin?

⑦ Wie viel verdienen Männer durchschnittlich in Berlin?

（2）Ergänzen 填空

hinauf	*stammen*	*Durchschnitt*	*Tarif*
Freiwillige	*gepflegt*	*Gegensatz*	*Hektik*

① Die Waschmaschine bietet dem Kunden die Möglichkeit, den günstigsten ________ auszuwählen.

② Unsere ambitionierten Ziele verblassen allmählich in der ________ des Arbeitsalltags.

③ Heutzutage werden die Menschen im ________ älter.

④ Der Verein nimmt seit 1994 junge ________ auf, um Freiheiten auszuweiten.

⑤ Ich trage Ihnen den Koffer in Ihr Zimmer ________.

⑥ Wenn man in sein Äußeres mehr Zeit investiert, kann jeder ________ aussehen.

⑦ Dieser Satz ________ aus einem Theater von William Shakespeare.

⑧ Diese beiden Ansichten stehen in einem scharfen ________.

Lektion 12

第十二单元

Hauptthema：Kommunikation　主题：交际

A　Lernziel 导学

1. Redemittel 会话句型

Von wem haben Sie denn meine Adresse?	Bedenken Sie doch!
Darf ich Sie fragen, was Sie beruflich machen?	Ich habe dafür vollstes Verständnis.
Wer ist dran?	Irgendeinen Unterschied muss es doch geben.

2. Tipps zur Grammatik 语法提示

◇ **重点**：① 由nachdem，bis和bevor引导的时间从句。② 第二虚拟式。

◇ **难点**：① nachdem引导的时间从句对主句和从句之间的时态顺序有严格要求。② 第二虚拟式表示动作或状态是一种不可能实现的条件，是与事实不符的。

3. Etwas über das Hauptthema 背景点滴

在德国职场，人与人的交往与个人生活往往有着清晰的分野。涉及个人隐私的话题并不适宜作为职场寒暄的内容，例如婚姻状况、家庭收入等。德国人的沟通方式较为直接，如能掌握沟通的主动性，有想法就明明白白地说出来，而不是委婉地“暗示”，则更有利于彼此理解。约定和允诺要务必遵守，这是职场专业度的一个重要指标；如果确实无法履行约定应提前告知，对方可及时采取其他措施或路径进行补救，不然可能导致糟糕的结果。

B Gespräch 对话

1. Thema: Berufsunfähigkeitsversicherung 题目：劳动能力丧失保险

(*Situation: Es klingelt an der Wohnungstür der Familie Bauer. Herr Bauer geht zur Tür und macht sie auf. Ein Berater der SILEAG-Versicherungsgesellschaft erscheint in der Wohnungstür.*)（会话情景：鲍尔家的门铃响了起来。鲍尔先生去开门。塞列克保险公司一名咨询员出现在门口。）

Frau B.: Helmut, mach doch bitte mal auf! Ich diktiere der Hannelore eben gerade ein Diktat, weil sie morgen eine Eins in der Schule schreibt.

Herr B.: In Ordnung. Ich gehe.

Kaiser: Guten Abend! Mein Name ist Kaiser. Haben Sie einen Moment Zeit? Ich möchte Sie gerne informieren.

Herr B.: Worüber? Ich habe eigentlich keine Zeit.

Kaiser: Es geht um die Sicherheit und die Ihrer Familie.

Herr B.: Von wem haben Sie denn meine Adresse?

Kaiser: Bekannte haben mir erzählt, dass Sie Aussiedler sind. Da wollte ich einfach mal vorbeikommen. Ich bin nämlich Berater.

Herr B.: Ich will aber nichts kaufen.

Kaiser: Ich will Ihnen nichts verkaufen, ich möchte Sie über Ihre Möglichkeiten informieren.

Herr B.: Nehmen Sie doch Platz!

Kaiser: Guten Abend, Frau Bauer! Mein Name ist Kaiser, SILEAG-Versicherungsgesellschaft. Darf ich fragen, was Sie beruflich machen, Herr Bauer?

Herr B.: Ich arbeite in einer Eisengießerei.

Kaiser: Sind Sie mit Ihrer Arbeit zufrieden?

Herr B.: Die Nachtarbeit fällt mir zwar schwer, weil ich morgens sehr schlecht schlafen kann, aber ich bin ja noch jung und erst 26 Jahre alt.

Kaiser: Seien Sie froh, dass Sie eine Arbeit haben und gesund sind! Ihr Kapital ist Ihre Arbeitskraft. Ein Arbeiter verdient in einem Arbeitsleben mehr als eine Million –

ohne Zinsen! Wenn Sie aber jetzt Ihre Arbeitskraft durch Unfall oder Krankheit verlieren würden, bekämen Sie natürlich keinen Lohn mehr. Statt dessen bekämen Sie nur eine geringe Rente.

Herr B.: Welche Institution ist denn eigentlich für meine Rente zuständig?

Kaiser: Für Sie die Landesversicherungsanstalt Rheinprovinz, Königsallee 71, in Düsseldorf. Informieren Sie sich dort einmal über die Höhe Ihrer Rente. Die LVA kann Ihnen genau sagen, wieviel Geld Sie bisher in die Rentenkasse eingezahlt haben und wieviel Sie bekämen, wenn Sie jetzt berufsunfähig würden.

Herr B.: Das werde ich auch tun.

Kaiser: Ich empfehle Ihnen das sehr. In vier Wochen komme ich noch einmal bei Ihnen vorbei.

Einen Monat später.

Kaiser: Nun, Herr Bauer, sind Sie bei der LVA gewesen?

Herr B.: Ja! Ich musste lange warten, bis ich dran war. Man erzählte mir dort das, was Sie auch schon sagten.

Kaiser: Und bedenken Sie auch noch: Wie schnell kann es – z.B. auch in der Freizeit – zu einem Unfall kommen! Vor den Folgen der Berufsunfähigkeit aber schützt Sie unsere SILEAG. Wenn Sie monatlich 70 Euro bezahlen würden, bekämen Sie im Versicherungsfall 1000 Euro. Das ist ein gutes Angebot zu einem fairen Preis! Ich würde Ihnen eine Laufzeit von 15 Jahren empfehlen! Ich habe hier schon einen Vertrag vorbereitet ...

Herr B.: Bevor ich unterschreibe, möchte ich aber auf jeden Fall noch einmal mit meiner Frau sprechen.

2. Wörter 词汇

die Berufsunfähigkeitsversicherung -en 劳动能力丧失保险

der Berater 咨询人员

die SILEAG-Versicherungsgesellschaft 塞列克保险公司

diktieren *vt* 口授，听写

das Diktat -e 听写，口授，口述

die Sicherheit -en 安全，保障；保险

der Aussiedler 移民

vorbei/kommen *vi* 经过

die Eisengießerei -en 铸铁厂
schwer/fallen *vi* 感到困难
das Kapital -e /-lien 资本
der Zins -en 利息
die Arbeitskraft ¨-e 劳动力
gering 微小的
die Rente -n 养老金
die Institution -en 公共机构；协会；慈善机关
zuständig 应负责任的，主管的
die LVA (=die Landesversicherungsanstalt) 地区保险机构
die Rentenkasse -n 养老基金
ein/zahlen *vt* 交付，缴纳
schützen *vt* 保卫，防护
der Versicherungsfall ¨-e 保险情况
das Angebot -e 供给，供应
fair 公正的，诚实的，正派的
die Laufzeit -en 有效期，流通时间

3. Erläuterungen 解释

（1）Satzmodelle für Anfänger 初学句型

① ..., weil sie morgens eine Eins in der Schule schreibt. （……因为明天测验她想拿个好分数。）

句中词组eine Eins schreiben意为“得一分”，德国成绩中的最高分是一分。

② Von wem haben Sie denn meine Adresse? （您是从谁那里搞到我家地址的呢？）

句中介词von表示“从某人处”的意思，这里是指访问者知道被访者家的地址。类似的说法还有：Von wem hast du diese neue Nachricht?（你是从谁那儿得知这个新消息的？）

③ Darf ich Sie fragen, was Sie beruflich machen? （我可以问一下您的职业是什么吗？）

这是由疑问代词was引出的宾语从句。句中形容词 beruflich是指“职业方面”。类似的表达还有：Was sind Sie von Beruf?（您的职业是什么？）

（2）Feste Kombinationen 固定搭配

① für etw. (A) zuständig sein （负责某事物）

形容词zuständig（应负责任的，主管的）跟介词für组合，构成固定词组，表示“对某事负责”。另一种说法是für etw. (A) verantwortlich sein。例如：Er ist für die Arbeitsverteilung zuständig.（他负责分配工作。）Er ist verantwortlich für die Passverlängerung.（他负责护照延期工作。）

② bei jm. (D) vorbei/kommen （顺便看望某人）

不及物动词vorbei/kommen跟介词bei或an（某地方或某人）组合，构成固定词组，表

示“途经某地/某人处”的意思，例如：Er kam bei mir vorbei, ohne mich zu grüßen.（他从我身旁走过，没和我打招呼。）

（3）Idiomatische Wendungen 习惯用语

① ..., bis ich dran war.（……，直至轮到我。）

dran sein是口语表达。例如：Wer ist dran?（轮到谁了？）

② Bedenken Sie doch!（您可考虑考虑吧！）

bedenken原为及物动词，例如：die Folgen bedenken（考虑后果）。但原句里当不及物动词用。

4. Übungen 练习

（1）Beantworten 回答问题

① Wie viele Personen sind an dem Gespräch beteiligt?

② Frau Bauer schickt ihren Mann zur Tür. Warum?

③ Wer ist der Fremde?

④ Wie geht das Gespräch weiter?

⑤ Worüber spricht Herr Kaiser?

⑥ Wo arbeitet Herr Bauer?

⑦ Welche Institution informiert Herrn Bauer über Renten?

⑧ Warum will Herr Kaiser noch einmal wiederkommen?

⑨ Was für ein Angebot macht der Versicherungsberater?

⑩ Was würden Sie den Bauers empfehlen?

（2）Partnerarbeit 结伴练习

(*Situation: Haben Sie das schon mal erlebt? Es klingelt an der Haustür, Sie machen auf und schon steht er mitten in der Wohnung: der Vertreter. Er will Ihnen eine Versicherung, einen Staubsauger oder eine Zahnbürste verkaufen. Und Sie? Wie reagieren Sie?*)

der Vertreter:

– Was wollen Sie verkaufen?

– Sammeln Sie Argumente für den Kauf.

– Überlegen Sie, was Sie tun sollten und was Sie nicht tun sollten.

der / die Kunde:

– Sammeln Sie Argumente gegen einen Kauf an der Haustür.

– Was tun Sie, wenn der Vertreter einfach nicht gehen will?

– Wen könnten Sie eventuell zu Hilfe holen?

– Falls Sie doch etwas kaufen wollen, wie können Sie über den Preis diskutieren?

(3) Zuordnen 配对

① Könnte ich bitte mit Frau Weber sprechen?

② Darf ich mich vorstellen? Mein Name ist ...

③ Hoffentlich störe ich Sie nicht.

④ Darf ich Sie für morgen zum Essen einladen?

⑤ Hätten Sie morgen Abend Zeit?

⑥ Entschuldigung, ist hier noch frei?

a. Im Gegenteil, ich freue mich über Ihren Anruf.

b. Danke, sehr gern.

c. Ja, das passt sehr gut.

d. Einen Moment bitte, ich verbinde Sie.

e. Natürlich, nehmen Sie doch Platz.

f. Freut mich sehr, Sie kennenzulemen.

(4) Ergänzen 填空

diktieren	*informieren*	*schwer/fallen*	*verdienen*
ein/zahlen	*vorbereiten*	*empfehlen*	*unterschreiben*
bedenken	*schützen*		

① Der Lehrer hat den Studenten ein gutes Buch ________.

② Wo soll ich ________?

③ Er hat sich diesmal auf die mündliche Prüfung nicht gut ________.

④ Du brauchst nicht lange zu ________.

⑤ Es hat mir ________, ihnen diese schlechte Nachricht zu bringen.

⑥ Der Lehrer ________ den Schülern den langen Satz noch einmal.

⑦ ________ Sie mich doch bitte kurz über den Stand der Dinge!

⑧ Monatlich kann der Sohn mehr ________ als sein Vater.

⑨ Man soll das Vaterland vor Angreifern ________.

⑩ Sie ________ jeden Monat einen bestimmten Betrag auf ihr Sparbuch ________.

（5）Übersetzen 翻译

① 我等了很久，最后才轮到我。

② 我感到为难的是，怎样把这件事告诉她。

③ 我建议你别去找他。这个人心眼小。

④ 劳驾，我可以占用您一点时间吗？

⑤ 我不想继续和您说下去了。请您想想您的态度。

Weisheit（智慧箴言）

Hoher Baum fängt viel Wind.

树大招风。

C Grammatik 语法

Lerntipps 时间从句分先后，nachdem尤其要注意。

学习提示 从句动作先完成，时态必用完成时。

1. Allgemeines 语法常识

nachdem为从属连词，引出时间从句，表示主句行为后于从句行为。主句和从句的时态顺序要求严格，即：（1）主句现在时或第一将来时，从句现在完成时；（2）主句过去时，从句过去完成时。

bis为从属连词，引出时间从句，表示主句的动作延续到从句的动作实现为止，即主句行动结束之后从句行动才开始。主从句一般都用同一时态。从句提问用bis wann或wie lange（多久），通常为后置句。

bevor引出时间从句，表示从句的行为具有后时性，即主句的行为先于从句的行为。

würden + Infinitiv构成非现实条件句，因其动作或状态是在某种条件下才可能发生，故通常带有一个条件从句。句中动作或状态是一种不可能实现的条件。

2. Grammatische Tabellen 语法图表

（1）带连词 nachdem 的主从句时态关系表

从句	主句
过去完成时	过去时
现在完成时	现在时
现在完成时	将来时

从句	主句
Nachdem alle Redner gesprochen hatten,	begann die Diskussion.
Nachdem er gegessen hat,	geht er spazieren.

（2）连词 bevor引导的时间从句

从句（行为后于主句）	主句（行为先于从句）
Bevor ich unterschreibe,（现在时）	möchte ich aber noch einmal mit meiner Frau sprechen.（现在时）

说明：主句和从句的时态一般相同，但有时也可用不同的时态。

（3）连词bis引导的时间从句

主句（行为延续）	从句（至从句行为结束）
Ich warte dort,（现在时）	bis der Bus kommt.（现在时）

说明：主句和从句的时态关系也可以是这样的：从句用现在完成时，主句可用现在时、第一将来时或现在完成时。

（4）非现实条件句

从句	主句
Wenn ich könnte,	würde ich kommen.
Wenn ich nach München käme,	würde ich dich besuchen.
主句	**从句**
Ich würde dort mal hingehen,	wenn ich du wäre.
Er würde bleiben,	wenn du bliebest.

3. Übungen 练习

（1）Ergänzen („nachdem“ oder „bevor“) 填空

① ________ du geprüft hast, ob wir alles haben, was du brauchst, kannst du mit dem Kochen beginnen.

② ________ du den Topf aufs Feuer stellst, gibst du Öl hinein.

③ Erst ________ der Spinat richtig gekocht hat, nimmst du den Topf vom Feuer.

④ Kurz ________ du den Spinat servierst, kannst du 1/4 Sahne dazugeben.

⑤ Lange ________ die Diskussion begann, war der Empfangsraum schon überfüllt.

⑥ ________ er die Hausaufgaben gemacht hatte, ging er ins Kino.

⑦ ________ der Lehrer die neue Grammatik besprochen hatte, begannen die Schüler, die Übungen zu machen.

⑧ ________ wir antworten, sollen wir einen Augenblick überlegen.

（2）Satzverbinden („bevor“) 连接句子

① Wir lernen zuerst den Wortschatz. Wir lesen den Text.

② Ich mache noch Einkäufe. Ich gehe zum Friseur.

③ Der Student wiederholt zuerst den Text. Er macht seine Aufgaben.

④ Du hast schon gegessen. Du kommst zu uns.

⑤ Der Lehrer erklärt den Text noch einmal. Die Stunde ist zu Ende.

⑥ Ich frühstücke zuerst. Ich gehe zum Unterricht.

（3）Satzverhinden („bis“) 连接句子

① Er kann nicht zum Unterricht kommen. Er ist wieder gesund.

② Die Mittagspause beginnt. Ich mache meine Aufgabe.

③ Du darfst spielen. Deine Eltern kommen zurück.

④ Sie stand dort. Der Zug ist abgefahren.

⑤ Er stand am Ufer. Das Boot war auβer Sicht.

⑥ Der Unfall war passiert. Die Augenzeugen blieben dort. Die Polizei kam.

（4）Ergänzen („nachdem“ oder „bevor“) 填空

① ________ man sich selbständig macht, sollte man einige Jahre als Angestellter im Beruf arbeiten.

② __________ die Firma zwei große Misserfolge hatte, musste sie 100 Angestellte entlassen.

③ __________ mir gekündigt wurde, habe ich mich sofort arbeitslos gemeldet.

④ __________ ich eine feste Stelle hatte, machte ich nur Gelegenheitsjobs.

⑤ __________ die Kleider verpackt und an die Kunden geschickt werden, wird noch einmal die Qualität jedes einzelnen Kleides geprüft.

⑥ __________ die Kleider genäht worden sind, müssen sie gebügelt werden.

⑦ __________ Jens Brinkmann in Afrika arbeitete, lernte er Französisch.

(5) Umschreiben 改写

Indikativ	*Konjunktiv II*
Beispiel: Ich habe kein Geld. Ich muss in den Ferien arbeiten.	*Wenn ich Geld hätte,* müsste ich nicht in den Ferien arbeiten.
① Ich weiß die Antwort nicht. Ich kann sie dir nicht sagen.	Wenn ich die Antwort wüsste, __________ __________________________________.
② Ich habe keine Zeit. Ich kann nicht mit ins Kino gehen.	Wenn ich Zeit hätte, ________________ __________________________________.
③ Sie macht die Hausaufgaben nicht. Ihre Leistungen sind nicht gut.	Wenn sie die Hausaufgaben machen würde, __________________________________
④ Ich muss arbeiten. Ich kann dich nicht besuchen.	Wenn ich nicht arbeiten müsste, __________ __________________________________.

(6) Ergänzen und zuordnen 填空和配对

① Wenn es nicht schneien______,

② Wenn es nicht so kalt______,

③ Wenn mich meine Freunde besuchen______,

④ Wenn wir jetzt Ferien______,

⑤ Wenn der Test nicht so schwer______,

⑥ Wenn du besser Deutsch sprechen______,

⑦ Wenn sie nicht krank______,

a. w ______ sie zu ihrer Freundin fahren.

b. w ______ wir schwimmen gehen.

c. h ______ wir keine Schule.

d. k ______ niemand Ski fahren.

e. k ______ wir zusammen Tee trinken.

f. k ______ du nach Deutschland fahren.

g. w _____ ich schneller fertig.

（7）**Übersetzen 翻译**

① 如果你想赶上火车的话，你就该赶紧些。

② 如果你们愿意的话，我们可以再待一会儿。

③ 要是你们来看望我，我当然很高兴。

④ 假如我有时间的话，我想再待一会儿。

⑤ 要是你有钱的话，你打算做什么？

D Hörverständnis 听力

1. Thema: Verständnis füreinander zeigen 题目：相互之间要理解

A: Darf ich mich zu Ihnen setzen?

B: Bitte.

A: Ich meine, vielleicht möchten Sie lieber ungestört die Zeitung lesen.

B: Es geht schon.

A: Ich habe dafür vollstes Verständnis. Vor einem Jahr saß ich einmal dort drüben an dem kleinen Tisch und las die Zeitung. Dann setzte sich einer dazu, und es war aus. Er redete die ganze Zeit. Können Sie sich das vorstellen?

B: Ja, ja.

A: Dabei finde ich, es gibt nichts Schöneres, als in einem Café zu sitzen und ungestört die Zeitung zu lesen. Finden Sie nicht?

B: Doch.

A: Was lesen Sie denn für eine Zeitung?

B: Die „New York Times".

A: Sind Sie Amerikaner?

B: Nein.

A: Ich lese immer den „Odenwälder Boten", auch eine sehr gute Zeitung. Ist eigentlich die „New York Times" besser als die „London Times"? Wie? Ich meine, irgendeinen Unterschied muss es doch geben?

B: Was ist?

A: Ich sagte, irgendeinen Unterschied muss es doch geben.

B: Keine Ahnung.

A: Das ist merkwürdig. Man würde doch denken, dass ein Mann wie Sie das weiß. Schließlich lesen Sie doch die „Times".

B: Was wollen Sie eigentlich?

A: Ich? Wieso?

B: Sie setzen sich hierher und reden pausenlos. Merken Sie nicht, dass Sie mich stören?

A: Ich!?

B: Ja. Ich möchte hier ungestört sitzen und die Zeitung lesen.

A: Wissen Sie was!?

B: Nein.

A: Ich glaube, Sie haben mir gar nicht richtig zugehört. Wenn Sie mir nämlich richtig zugehört hätten, dann wüssten Sie, dass ich gesagt habe, dass ich dafür das vollste Verständnis habe. Vor einem Jahr saß ich nämlich einmal dort drüben an dem kleinen Tisch links und las die Zeitung. Dann setzte sich einer dazu und ...

B: Herr Ober! Zahlen, bitte!

A: Warum wollen Sie denn schon gehen? Was haben Sie denn auf einmal?

B: Guten Tag! (geht ab)

A: Typisch! Man kommt den Menschen voller Verständnis entgegen, und was erntet man!? Böse Blicke!

2. Wörter 词汇

ungestört 安静的，不受干扰的

das Café -s 咖啡馆

der Amerikaner 美国人

New York Times 《纽约时报》

Odenwälder Boten 《奥登森林信使报》

London Times 《伦敦时报》

der Unterschied -e 区别，分别，差别，不同

pausenlos 不停顿的，不间断的

entgegen/kommen *vi* 迎面而来，迎向；迎合，满足

ernten *vt* 收割，收获

böse 坏的；恶意的；生气的；恶劣的

der Blick -e 目光，眼光

3. Erläuterungen 解释

（1）Satzmodelle für Anfänger 初学句型

① Ich habe dafür das vollste Verständnis. （对此我完全理解。）

句中代副词dafür指前面所说的彼此知道的事，名词Verständnis在句中做宾语。vollst是形容词最高级形式，做定语。例如：Anscheinend hat er kein Verständnis für deutsche Literatur.（看上去他不懂德国文学。）

② Irgendeinen Unterschied muss es doch geben. （肯定会有一点区别的。）

这句话表示说话人的口气比较肯定，这可以从情态动词müssen和情态小品词doch上反映出来。irgendein是不定代词。

（2）Feste Kombinationen 固定搭配

① jm. (D) zu/hören （仔细听某人讲）

动词zu/hören后面跟名词或人称代词第三格，例如：Er hat mir nicht zugehört.（他没有仔细听我说话。）

② jm. (D) entgegen/kommen （向某人迎面而来；满足某人）

动词entgegen/kommen后面跟人称代词第三格，例如：Er kam mir im Flur entgegen.（在走廊里他朝我走来。）

（3）Idiomatische Wendungen 习惯用语

auf einmal （突然，一下子）

短语auf einmal = plötzlich，用于口语，表示“突然”的意思，例如：Auf einmal fing es an zu regnen.（突然下起雨来。）

4. Übungen 练习

（1）Beantworten 回答问题

① Wofür hat der Mann A, der den lesenden Kunden B anspricht, Verständnis?

② Wie reagiert der Lesende B?

③ Warum sagt der Mann A, dass ein Mann wie der Lesende B das alles weiß?

④ Wie verhält sich der Lesende B dem Sprechenden A gegenüber?

⑤ Warum will der Lesende B weggehen?

⑥ Ist es wahr, dass der Lesende B böse Blicke hat?

（2）Ergänzen 填空

dass *damit* *wo* *wenn* *wie* *was*

① Entschuldigen Sie bitte, __________ ich Sie anspreche. Könnten Sie mir vielleicht sagen, __________ spät es ist?

② Was soll ich nur machen, __________ du nicht mehr böse mit mir bist?

③ Schön, __________ ich Sie treffe. Wie geht es Ihnen denn so?

④ Verzeihung, mein Herr. Können Sie mir vielleicht sagen, __________ hier der nächste Taxistand ist?

⑤ Du siehst so traurig aus. Komm schon, erzähle mir mal, __________ los ist.

⑥ __________ Sie sehr beschäftigt sind, rufe ich später wieder an.

⑦ Entschuldigen Sie, __________ ich stören sollte.

E Lesetext 阅读课文

1. Thema: Nur keine Schüchternheit: Telefonieren – aber richtig 题目：别怕：打电话，但要正确

Die meisten Bewerber verzichten auf die Chance, vor oder nach Versand ihrer Bewerbungsunterlagen ihre Telekommunikationsfähigkeit unter Beweis zu stellen. Häufigster Grund: Schüchternheit.

Vielleicht denken Sie: telefonieren kann doch jeder. Stimmt schon, aber Sie wollen bei der ersten Kontaktaufnahme ja nicht klingen wie jeder. Stehen Sie daher auf, wenn Sie telefonieren. Das gibt Ihrer Stimme eine ganz andere Kraft und vermittelt einen dynamischen Eindruck. Wenn Ihr Telefon es erlaubt, können Sie während des Gesprächs auf und ab gehen. Ziehen Sie sich für ein wichtiges Telefonat an wie für ein Vorstellungsgespräch. Mit Jogging-Anzug, zusammengesunken auf Ihren Sofa werden Sie andere nicht überzeugen können. Schauen Sie in einen auf dem Schreibtisch aufgestellten Spiegel – lächeln Sie sich selbst an. Nicht grinsen! Sie werden sehen, wie positiv es Ihre Ausstrahlung am Telefon beeinflusst. Alle diese Empfehlung mögen Sie vielleicht jetzt zunächst einmal befremden, aber wenn Sie sich mit der Materie wirklich intensiv beschäftigen, merken Sie schnell, dass es sich hier um erprobte und hilfreiche Tipps handelt:

Während des Telefongesprächs mit Ihrem potentiellen Arbeitgeber muss Ihre Umgebung absolut ruhig sein. Da es natürlich nicht nur auf die Form, sondern auch auf den Inhalt Ihres Anrufs ankommt, sollten Sie vor dem Telefonieren ein Skript mit Ihren wichtigsten Punkten verfassen. Schreiben Sie auf, was Sie sagen wollen. Seien Sie präzise. Vermeiden Sie allzu leere Floskeln und kommen Sie schnell auf den Punkt. Sie wissen ja: Time is money.

Lassen Sie sich nicht zu schnell abwimmeln. Sie können Ihre Unterlagen ja auch bei der Sekretärin abgeben. Auf diese Weise gelingt es Ihnen vielleicht, sie zu Ihrer Verbündeten zu machen. Außerdem ist Ihr Kurzbesuch ein weiteres Zeichen Ihrer Einsatzbereitschaft und Motivation. Wenn dann noch der Zufall mitspielt und der Chef gerade ins Vorzimmer kommt, kann sich durchaus ein kurzes erstes Vorstellungsgespräch entwickeln. Auch hierauf sollten Sie vorbereitet sein.

Apropos Frühaufsteher: Wenn Sie Sorge haben, mit Ihrem Anliegen nicht an der Sekretärin vorbeizukommen, versuchen Sie es doch einmal morgens zwischen 7 und 8.30 Uhr. Vielleicht haben Sie Glück, und der Chef ist Frühaufsteher. Als Morgenmuffel versuchen Sie es besser nach 17 Uhr, Freitagnachmittag oder in kleineren Unternehmen auch mal am Wochenende. Nicht selten sind Chefs noch um 18 Uhr oder 20 Uhr bzw. Samstagvormittag im Büro und neugierig wie jeder Mensch, wenn das Telefon klingelt. Wenn Ihr Gegenüber sich nicht gleich zu erkennen gibt und sich z.B. nur mit „Hallo“ meldet, gehen Sie ruhig davon aus, dass Sie einen wichtigen Entscheidungsträger am anderen Ende der Leitung haben. Das ist Ihre Chance. Tragen Sie Ihr Anliegen vor.

2. Wörter 词汇

die Schüchternheit 害羞

der Versand 寄送，发送

der Beweis -e 证明，理由，证据；表示

die Kontaktaufnahme -n 建立联系

vermitteln *vt* 促成，使有可能；中间介绍

dynarmisch 有力的，动态的

an/ziehen *vr* 穿

das Telefonat -e 电话对话

das Jogging 慢跑（健身锻炼）

der Spiegel 镜

die Ausstrahlung -en 辐射；作用；个人魅力

befremden *vt* 使……感到奇怪

die Materie -n 物质；材料，题材；内容

das Skript -s 笔迹，手迹

präzise 精密的，精确的，准确的

die Floskel -n 空洞的言词

ab/wimmeln *vt* 拒绝，推掉

die Motivation -en 动机，理由

apropos 附带地说，此外

der Morgenmuffel 早晨（起床后常）牢骚满腹

der Entscheidungsträger 决策者

3. Erläuterungen 解释

（1）Satzmodelle für Anfänger 初学句型

① Das ... vermittelt einen dynamischen Eindruck. （这……传达出一种动态的印象。）

动词vermitteln跟第四格宾语，表示“传达，报道”。例如：Der Redner hat ein wahres Bild der Vorgänge vermittelt.（报告人描绘了事变的真实情形。）

② jn. überzeugen （说服某人）

动词überzeugen（劝告，劝说）跟第四格宾语，表示“说服某人”，例如：Der Mann ist schwer zu überzeugen.（这个人很难说服得了。）

（2）Feste Kombinationen 固定搭配

① etw. (A) unter Beweis stellen （证明，论证）

这是用于法律方面的书面表达，相当于动词beweisen（证明）。unter Beweis这个介词加名词的短语不能随意改动，因为它和动词stellen连用构成功能性动词结构，带出宾语。

② auf etw. (D) an/kommen （依存于某事，取决于某事）

这个固定词组和介词auf（支配第四格），表示某事的实现需由某事做前提，例如：Unser Ausflug kommt auf das Wetter von morgen an.（我们的远足要看明天的天气而定。）

③ von etw. (D) aus/gehen （从某事出发）

动词aus/gehen和介词von组合构成常用搭配，在这里表示一种出发点，例如：Ich gehe davon aus, dass er bereit ist, mit uns zusammenzuarbeiten.（我认为，他准备同我们合作。）

（3）Idiomatische Wendungen 习惯用语

auf und ab gehen （来来回回走）

auf和ab构成固定词组，表示“来来回回地”，例如：Er geht während des Gesprächs im Zimmer auf und ab.（他在房间里一边说话一边来回地走。）

4. Übungen 练习

（1）Beantworten 回答问题

① Aus welchem Grund hat man darauf verzichtet, seine Telekommunikationsfähigkeit unter Beweis zu stellen?

② Welche Tips hat der Verfasser in Bezug auf Telefonieren gegeben?

③ Sollte man darauf vorbereitet sein, bevor man telefoniert?

④ Sind Sie der Meinung, dass ein Kurzbesuch von wichtiger Bedeutung ist?

⑤ Worauf soll der Frühaufsteher aufpassen?

⑥ Was ist für Morgenmuffel besonders zu beachten?

（2）Ergänzen 填空

Motivation	*Studienbewerber*	*Kontaktaufnahme*	*Gespräch*
Empfehlungen	*Einsatzbereitschaft*	*Bewerbungsunterlagen*	

① Als __________ soll man selbst seinen Lebenslauf deutlich formulieren.

② Hast du deine __________ an die Universität geschickt?

③ Man hat mir gesagt, bei der ersten __________ ist der erste Eindruck sehr wichtig.

④ Gestern haben wir ein sehr interessantes __________ mit dem Leiter der Bezirksbehörde geführt.

⑤ Er hat unsere __________ nicht genug ernstgenommen.

⑥ Er zeigt immer seine __________. Dafür sind wir ihm sehr dankbar.

⑦ Er arbeitet nicht so fleißig. Seine __________ ist nicht zu erkennen.

Lektion 13

第十三单元

Hauptthema：Berufe　主题：职业

A　Lernziel 导学

1. Redemittel 会话句型

Mein Berufsziel geht in Richtung ...	Ich finde schon, dass ...
Ich wäre bereit, … zu tun.	Das läuft moralisch ab.
Ich denke, dass …	Wenn ich ... könnte!

2. Tipps zur Grammatik 语法提示

◇ **重点**：第二虚拟式。

◇ **难点**：表示过去的第二虚拟式构成。

3. Etwas über das Hauptthema 背景点滴

职业不分贵贱。这句话或许在德国完善的职业教育体系中得到了更强有力的支撑。数据显示，毕业于双轨制职业教育体系的德国年轻人，第一份工作的年收入要高于高校毕业生，技术型大学（TU）毕业生收入也要高于综合性大学毕业生。此外，德国技工一丝不苟的职业精神与传统也让他们赢得了声誉与尊重，并不输给所谓的“精英职业”。因而，超半数的德国初中毕业生会放弃进入高中，而升入职业学校就读，这也就不足为奇了。

B Gespräch 对话

1. Thema: „Persönlich Spaß haben ...“ 题目：“本人有兴趣……”

(*Situation: Im Auftrag der Uni-Zeitung machen Leon und Zhonghua zusammen ein Interview mit Studenten, die ihre Meinungen zum zukünftigen Beruf geäußert haben. Vielleicht könnten ihre Meinungen uns Anstoß geben, uns über unsere Berufsmöglichkeiten Gedanken zu machen.*)（会话情景：受大学学报的委托，莱昂和中华去采访其他学生。他们各自谈了对未来职业的看法。也许他们的看法对我们也有启发，对自己的职业有所思考。）

L: In Deutschland haben nicht alle Menschen Arbeit. Auch junge Leute sind betroffen. Habt ihr Angst, nach dem Ende eurer Ausbildung keine Stelle zu finden?

A (Arno Rehbein): Mein Berufsziel geht in Richtung Informatik. Da braucht man im Moment keine Angst vor Arbeitslosigkeit zu haben. Aber man hat kaum Chancen, in höhere Positionen zu kommen und mal wirklich mitzubestimmen.

T (Thorsten Käseberg): Allgemein mache ich mir über Arbeitslosigkeit schon viele Gedanken. Für mich persönlich habe ich die Angst eigentlich noch nicht so. Geld ist bei mir auf jeden Fall sekundär, primär ist, dass der Job auch meinen Vorstellungen entspricht. Und dann wäre ich auch bereit, da wirklich viel Energie hineinzustecken.

M (Maik Stockmann): Über Selbstverwirklichung mache ich mir noch keine Gedanken. Erst muss ein bisschen Geld ran. Aber eigentlich bin ich ganz guter Hoffnung, nach dem Studium einen Job zu bekommen.

B (Barbara Thilo): Das mit dem Geld sehe ich anders, Maik. Natürlich will ich etwas verdienen, damit ich auch einen gewissen Lebensstandard haben kann, aber am wichtigsten ist mir, dass mir der Beruf Spaß macht.

M: Du kannst dich nicht komplett selbst verwirklichen, wenn du in einem Unternehmen arbeitest. Da hast du immer einen Chef, der dir sagt, welche Richtung du gehen sollst. Ich denke, dass ein Job, in dem ich etwas gestalten kann, auch mit einem vernünftigen

Gehalt einhergeht. Klar, nach Möglichkeit möchte ich auch keinen Job machen, bei dem ich nur Geld bekomme und sonst nichts. Man hat ja immer noch den Traum, etwas in der Gesellschaft zu verändern.

Z: Profit ist also nicht das wichtigste im Beruf?

M: Ich denke mal, Profitdenken muss da sein. Wenn niemand Profit macht, werden Leute entlassen und dann steigt die Arbeitslosigkeit.

T: Also wenn in den USA Spitzenmanager 20 Millionen Dollar im Jahr kassieren, dann ist das für mich ein Auswuchs, der nichts mehr mit Ethik und Moral zu tun hat. Wirtschaft ist doch nicht nur Selbstzweck für den einzelnen, sondern dazu da, dass möglichst viele Menschen Arbeit und auch Geld haben.

A: Naja, etwas Profit möchte ich schon haben. Die Frage ist, wie weit man dabei mit der Moral kommt. Es kann halt passieren, dass einen das Geld so sehr verlockt, dass man die ganze Moral über den Haufen wirft und ein Profitgeier wird.

Z: Findest du das verwerflich?

A: Es ist schlimm, aber ich sage es mal so: Die Macht des Geldes ist verführerisch.

B: Das ist total schlimm. Ich finde es wirklich schlimm, wenn dann Geld über alles geht. Geld und Macht.

L: Wie empfindet ihr die Konkurrenz um einen Arbeitsplatz?

B: Konkurrenz ist auf jeden Fall wichtig, davon lebt man ja ein bisschen. Aber zum Teil ist es auch zu hart, damit habe ich Probleme.

M: Ich habe keine solchen Probleme mit dem Leistungsdenken. Ich mache zur Zeit ein Praktikum in einem Unternehmen, in dem es einen starken Betriebsrat gibt. Da ist eigentlich jeder zuerst einmal ein Mensch. In Deutschland ist das Klima noch ganz zivil.

A: Ich finde schon, dass das Arbeitsklima in Deutschland härter geworden ist. Früher war der Einstieg in den Beruf wesentlich einfacher. Der Beste kam am weitesten voran. Heutzutage ist es so, dass der Beste gerade mal einen Job kriegt.

Z: Wieviele Stunden pro Woche würdet ihr denn arbeiten wollen?

M: Wenn es ein guter Job ist, 80 bis 90 Stunden.

Z: So viel?

M: Auf diese Stundenzahl komme ich im Studium ja auch.

B: Ich möchte später gerne Familie haben und weiß nicht, wie ich das alles verbinden kann. In jedem Fall will ich auch für meine Kinder da sein und nicht nur arbeiten.

T: Also, bei 80 bis 90 Stunden müsste ich mich schon mit meinem Beruf identifizieren. Ich kann mir im Moment nicht vorstellen, einen Job zu haben, wo ich jeden Tag denke, o Gott, was tust du da. Aber grundsätzlich bin ich schon zu Kompromissen bereit.

L: Wie weit kommt man mit moralischen Vorstellungen im Wirtschaftsleben?

T: Nicht weit, dann würde man ja sämtliche volkswirtschaftliche Zusammenhänge verneinen, wenn man tatsächlich sagen würde, das läuft moralisch ab.

A: Ich finde es schon manchmal bedrohlich, wieviel Macht sich in der Wirtschaft zusammenballt. Wenn ich mir einen der reichsten Männer der Welt in Amerika anschaue, Mister Bill Gates, und mir vorstelle, der kontrolliert den kompletten Softwaremarkt, der ja auch unsere Zukunft bestimmt, dann bekomme ich schon Panik.

2. Wörter 词汇

betreffen *vt* 降临到……头上，落到……身上
die Richtung -en 方向；倾向，方向，流派
die Informatik 信息学
die Position -en 工作岗位，职位；地位；位置
mit/bestimmen *vi* 参与决定
sekundär 第二位的，从属的
primär 第一位的，首要的
hinein/stecken *vt* 投入
die Selbstverwirklichung -en 自我实现
die Hoffnung -en 希望
der Lebensstandard -s 生活水平，生活水准
komplett 完整的，完全的，全套的
einher/gehen *vi* 伴随而来，走来
der Traum ¨-e 梦；梦想，想望
der Profit -e 利益，得益
der Spitzenmanager 顶尖经纪人
kassieren *vt* 收款进项
der Auswuchs ¨-e 弊病
die Ethik 伦理学
verlocken *vt* 引诱，诱惑
der Profitgeier 得益的兀鹰
verwerflich 道德败坏的，该受谴责的
verführerisch 有诱惑力的，诱人的
der Kompromiss -e 妥协，让步
volkswirtschaftlich 国民经济的
der Zusammenhang ¨-e 关联，联系，关系
ab/laufen *vi* 放完

bedrohlich 危险的　　der Softwaremarkt ¨e 软件市场
zusammen/ballen *vr* 聚成一团　　die Panik -en 惊慌失措，混乱

3. Erläuterungen 解释

（1）Satzmodelle für Anfänger 初学句型

① Mein Berufsziel geht in Richtung ... （我的职业目标方向是……）

Richtung与介词in连用，构成in Richtung auf ..., 表示“朝……方向”，例如：in Richtung auf die Berge（朝着山的方向）。

② Ich wäre bereit, ... zu tun. （我也许准备……）

形容词bereit（准备好的；乐意的，决意的）和介词zu连用构成固定词组zu etw. (D) bereit sein（为某事准备着）。它可以引出一个不定式，也可以构成一个单句，如：Wir sind zum Aufbruch bereit.（我们已经作好出发准备。）Wir sind gern bereit, euch zu helfen.（我们乐意帮助你们。）

③ Ich denke, dass ... （我想……）

句中动词denken为及物动词，可带从句或分句，例如：Ich denke, du bist längst zu Hause.（我以为你早就在家了。）Ich denke, dass ich das unter Umständen machen könnte.（我想，在某些情况下，我可以这么做。）

④ Ich finde schon, dass ... （我以为……）

finden与denken一样，也可带出宾语从句或分句，例如：Ich finde schon, dass das Arbeitsklima in Deutschland härter geworden ist.（我认为，德国的工作氛围变得越来越紧张了。）

（2）Feste Kombinationen 固定搭配

① sich über etw. (A) Gedanken machen （思考某事，考虑某事）

该词组中反身代词sich是第三格，介词über支配第四格，Gedanken machen为动宾结构，例如：Ich mache mir über Selbstverwirklichung noch keine Gedanken.（我对自我实现这一点还没有思考过。）

② von etw. (D) leben （靠某物为生）

句中动词leben（生活）与介词von（支配第三格）搭配，例如：Er lebt von seiner eigenen Arbeit.（他自食其力。）提问方式是：Wovon lebst du?（你靠什么生活？）

③ sich (jn.) mit etw. (D) identifizieren （与某物相等同；认同某事；打成一片）

动词identifizieren既可以跟反身代词sich，也可以跟第四格宾语组合，意思是“同……比较”，例如：Ich kann mich mit seiner Entscheidung leider nicht identifizieren.（可惜我不能认同他的决定。）再比如：Das Publikum identifiziert den Schauspieler oft mit seiner Rolle.（观众常常把这位演员同其扮演的角色等同起来。）

（3）Idiomatische Wendungen 习惯用语

① etw. (A) über den Haufen werfen （抛弃某事，推翻某事，使某事落空）

名词der Haufen意为“堆，大量”，动词werfen后面直接跟第四格宾语，如：Er wird seinen Plan wohl wieder über den Haufen werfen.（他或许又会全部推翻他的计划。）

② Das läuft moralisch ab. （从道德上讲，这一点已经没有了。）

不及物动词ab/laufen原义是“流走，流光”，这里是转义用法，表示“结束”。形容词 moralisch在句中作副词，表示“道德方面”。例如：Der Pass ist abgelaufen.（这护照期满作废。）

4. Übungen 练习

（1）Beantworten 回答问题

① Was hält Arno von der Arbeitslosigkeit?

② Welche Stellungnahme hat Arno zu dem Profit-Thema?

③ Wie sieht er das Verhältnis zwischen Wirtschaft und Gesellschaft an?

④ Welcher Meinung ist Thorsten gegenüber der Wirtschaft?

⑤ Was wünscht sich Maik besonders, wenn er das Studium hinter sich hat?

⑥ Wie gestaltet Maik seinen Beruf?

⑦ Welche Meinung zu dem Thema Moral und Wirtschaft drückt Maik aus?

⑧ Welche Vorstellungen hat Barbara zum Thema Beruf?

（2）Kombinienen 组合

In den Gesprächen kommen folgende Sprecher vor. Wer ist welcher Meinung? Wählen Sie die entsprechende Aussage sinngemäß aus.

① Thorsten Käseberg:

② Maik Stockmann:

③ Barbara Thilo:

④ Arno Rehbein:

a. Die Arbeit soll einigermaßen meinen moralischen Vorstellungen entsprechen.

b. Der Einstieg in den Beruf war früher in Deutschland viel einfacher.

c. Man hat immer den Traum, etwas in der Gesellschaft zu verändern.

d. Wirtschaft ist dazu da, dass möglichst viele Menschen Arbeit und auch Geld haben.

(3) Wiedergeben folgender Textstellen 复述以下课文段落

① Man wirft die ganze Moral über den Haufen.

② Der Beste kam am weitesten voran.

③ Ich finde es bedrohlich, wieviel Macht sich in der Wirtschaft zusammenballt.

④ Grundsätzlich bin ich schon zu Kompromissen bereit.

(4) Schriftliche Übung 书面练习

① Schreiben Sie einen Brief an die Uni-Zeitung.

② Schreiben Sie auf, welche Meinungen Sie zu dem Thema Geld und Beruf haben.

(5) Übersetzen 翻译

① 人们不需要对此做出任何解释。

② 关于今后的职业问题我还没有考虑过。

③ 在我国个人进入职业领域也变得困难起来。

④ 我努力把道德价值问题提出来。

⑤ 如果他决定我们的未来，那我惊恐不安。

Weisheit（智慧箴言）

Wes das Herz voll ist, (des) geht der Mund über.

言为心声。

C Grammatik 语法

Lerntipps 若用二虚表愿望，这个愿望难实现。

学习提示 若用二虚表条件，这个条件非现实。

1. Allgemeines 语法常识

第二虚拟式表示过去的事，即用虚拟式过去完成时来表示纯属无法实现的愿望，或者表示说话时的一种不可实现的愿望。它还可以表示想象而不是事实。

第二虚拟式用于非真实条件句，表示某条件在说话时（或以后）实现的可能性甚小。

2. Grammatische Tabellen 语法图表

（1）第二虚拟式过去完成时变位表

① haben过去时虚拟式＋过去分词

人称	助动词	第二分词
ich	hätte	gefragt
du	hättest	gefragt
er	hätte	gefragt
sie	hätte	gefragt
es	hätte	gefragt
wir	hätten	gefragt
ihr	hättet	gefragt
sie	hätten	gefragt
Sie	hätten	gefragt

② sein过去时虚拟式＋过去分词

人称	助动词	第二分词
ich	wäre	gefahren
du	wärest	gefahren
er	wäre	gefahren
sie	wäre	gefahren
es	wäre	gefahren
wir	wären	gefahren
ihr	wäret	gefahren
sie	wären	gefahren
Sie	wären	gefahren

（2）表示非真实的愿望（句中常用小品词**doch**或**nur**）

带 wenn	不带 wenn
Wenn ich jetzt doch zu Hause wäre!	Wäre ich jetzt doch zu Hause!
Wenn ich dir doch nur helfen könnte!	Könnte ich dir doch nur helfen!
Wenn du ihm doch einmal die Chance gegeben hättest!	Hättest du ihm doch einmal die Chance gegeben!
Wenn er nur nichts gesagt hätte!	Hätte er nur nichts gesagt!

（3）非真实的条件句（分为过去时虚拟式和过去完成时虚拟式）

过去时虚拟式	过去完成时虚拟式
Wenn er das Buch hätte, gäbe er es mir natürlich.	Wenn ich das gewusst hätte, wäre ich da geblieben.
Ich wäre sehr froh, wenn Sie morgen zu mir kämen.	Wenn ich Zeit gehabt hätte, wäre ich zu dir gekommen.

3. Übungen 练习

（1）Ergänzen 填空

① Wenn du die Telefonnummer von Hans nicht vergessen hättest, ________ (können) du ihn jetzt anrufen.

② Wenn Sie schon lange hier gewohnt hätten, ________ (müssen) Sie die Nachbarn gut kennen.

③ Er parkt seinen Wagen hier. Eigentlich ________ (dürfen) er ihn nicht parken.

④ Wenn ich ________ (wollen), ________ (können) ich dir etwas Geld leihen.

⑤ Wenn du regelmäßig zur Arbeit gegangen wärest, ________ (haben) die Firma dich nicht entlassen.

⑥ Wenn ihr den Kindern geholfen hättet, ________ (haben) sie Fortschritte in der Schule gemacht.

⑦ Wenn du nicht so viel Zigaretten geraucht hättest, ________ (sein) du nicht krank gewesen.

（2）Vervollständigen 续写句子

Beispiel: – Herr Müller hat Philosophie studiert. Hätten Sie auch Philosophie studiert?

– Ja, ich hätte auch Philosophie studiert.

① – Die Frau hat im Bus ihre Handtasche vergessen. Hättest du ____________________?

– Nein, ich ____.

② – Fritz hat mich zu seinem Geburtstag eingeladen. Hättest du ____________________?

– Ja, ich ____.

③ Helga und Bernd sind letzten Sommer an die See gefahren. Wären Sie ____________?

– Ja, ich ____.

④ – Der Junge ist in den falschen Zug eingestiegen. Wäret ihr ____________________?

– Nein, wir ____.

⑤ – Der Mann hat Zigaretten über die Grenze geschmuggelt. Hätte seine Frau _______?

– Ja, sie ____.

（3）**Schriftliche Übung 书面练习**

Beispiel: Wir haben keine Zeit. – Wenn wir doch Zeit hätten!

① Ich habe nicht genug Geld. – ____!

② Sie haben mich nicht gefragt. – ____!

③ Ich bin zu spät gekommen. – ____!

④ Ich habe meinen Fotoapparat vergessen. – ____________________________________!

⑤ Du hast mir nicht geschrieben. – ____!

⑥ Ich habe das vorher nicht gewusst. – ____!

⑦ Der Kellner bringt uns das Essen nicht. – ____________________________________!

（4）**Umschreiben 改写**

Beispiel: Ich konnte dir gestern die Stadt nicht zeigen, weil ich nicht genug Zeit hatte.

Wenn ich genug Zeit gehabt hätte, hätte ich dir gestern die Stadt zeigen können.

① Die Leute können nicht mehr Geld verdienen, weil sie nicht genug arbeiten.

② Hans kann heute nicht kommen, weil er im Krankenhaus liegt.

③ Sie können nicht länger hier bleiben, weil sie nicht genug Geld mitgenommen haben.

④ Ich kann jetzt nicht über die Grenze, weil ich meinen Pass zu Hause gelassen habe.

⑤ Hans hat schlechte Note bekommen, weil er nicht fleißig gelernt hat.

⑥ Sie ist erkältet, weil sie sich gestern wenig angezogen hat.

⑦ Er hat einen Strafzettel bekommen, weil er falsch geparkt hat.

⑧ Der Verletzte ist gestorben, weil er nicht sofort ärztliche Hilfe bekommen hat.

（5）**Übersetzen 翻译**

① 如果我有时间，我就来看望你。

② 如果我不去上海，我就来参加会议。

③ 如果你要想赶上火车的话，你就赶紧些。

④ 你昨天来了就好了！

⑤ 我能同你一起飞往北京就好了！

D Hörverständnis 听力

1. Thema: Die Meinung von Monika 题目：莫尼卡的看法

Monika (15 Jahre alt):

Klar, ich würde sogar'ne Menge verändern an der Schule, wenn ich könnte. Ich sage einfach mal, was mir nicht passt. Also, erstmal finde ich die Noten nicht gut, – die müssten abgeschafft werden. Natürlich will man eine gute Note haben – und dann ist man vor der Klassenarbeit so aufgeregt, dass man überhaupt nicht mehr richtig denken kann. Wenn es keine Noten mehr geben würde, dann bräuchte man auch keine Angst mehr von einer Klassenarbeit zu haben, – und auch die Eltern könnten nicht mehr schimpfen, dass man eine schlechte Note hat. Das wäre natürlich ganz toll. Wir Schüler würden dann viel lieber lernen; und für die Lehrer wäre das auch nicht schlecht: die hätten dann doch auch weniger Arbeit.

Und dann müsste unbedingt der Schulhof schöner gemacht werden. Also unser Schulhof sieht ziemlich blöd aus, ohne Bäume und Blumen. Ich würde einen Schulhof bauen lassen, wo sich die Schüler auch richtig wohl fühlen können in den Pausen. So mit viel Grün und Bänken und einem Platz, wo man in der Pause Basketball spielen kann.

Ansonsten ist die Schule so ganz gut. Bei den Lehrern gibt es ein paar ziemlich nette, die auch gut erklären können. Meine Lieblingsfächer sind Mathe, Deutsch und Erdkunde.

2. Wörter 词汇

die Meinung -en 意见，看法

ab/schaffen *vt* 废除，取消

die Klassenarbeit -en 课堂作业

aufgeregt (P.II) 激动的，不安的

schimpfen *vt/vi* 骂，责骂
der Schulhof ¨e 学校的场地，校园
das Grün 青草地
die Bank ¨e 长椅，板凳
der Basketball ¨e 篮球；篮球运动
die Erdkunde 地理学

3. Erläuterungen 解释

（1）Satzmodelle für Anfänger 初学句型

Unser Schulhof sieht ... aus. （我们的校园看上去……）

可分动词aus/sehen（显得，看上去）后跟形容词，表示某事物或某人的外貌及特征，例如：Unser Schulhof sieht ziemlich blöd aus.（我们的校园看上去相当死板。）又如：Er sieht älter aus, als er ist.（他看起来比实际年龄大。）

（2）Feste Kombinationen 固定搭配

① von etw. (D) aufgeregt sein （因某事而激动不已）

aufgeregt（激动的，不安的）为形容词，派生于动词aufregen（使激动，使兴奋），介词von表示“激动的原因”，例如：Man ist von der Klassenarbeit so aufgeregt, dass man überhaupt nicht mehr richtig denken kann.（课堂作业叫人不安，使人根本不能很好地思考。）

② jm. passen （适合某人）

passen是支配第三格的动词，主要用于人，句中物做主语，例如：Das passt mir nicht in den Kram.（这不合我的心意。）

（3）Idiomatische Wendungen 习惯用语

Wenn ich könnte. （假如我能够做的话。）

该用语用于表达与现实情况不相符的愿望，表示“假如我能够做到的话，我会……”，例如：Wenn ich könnte, würde ich Sie auf eine Weltreise einladen.（假如我可以的话，我会邀请您环游世界。）

4. Übungen 练习

（1）Beantworten 回答问题

① Warum würde Monika etwas an der Schule verändern?

② Was findet sie zuerst nicht gut?

③ Welche Vorteile würde es geben, wenn die Note abgeschafft werden könnte?

④ Was würde sie noch weiter verändern?

⑤ Ist sie mit den Lehrern zufrieden? Wenn ja, warum?

（2）Richtig oder falsch 判断

① Monika wünscht sich eine Schule ohne Noten. (　)

② Monika wird vor Klassenarbeiten nervös. (　)

③ Monika wünscht sich einen Schulhof, in dem Pausen Spaß machen. (　)

④ Monikas Lieblingslehrer unterrichtet Deutch und Erdkunde. (　)

（3）Ergänzen 填空

Angst　Note　Prüfung　Bedeutungen　Meinungen　Lieblingsfächer

① Das Wort „Bank“ hat zwei verschiedene ____________.

② Karin hat sich gut vorbereitet, trotzdem hat sie große ____________ vor der Prüfung.

③ Hier kann jeder seine ____________ über den Staat sagen.

④ Sie war sehr enttäuscht über ihre schlechte ____________.

⑤ Klaus hat wieder große Angst vor der ____________.

⑥ Meine ____________ sind Deutsch, Kunst und Geschichte.

E Lesetext 阅读课文

1. Thema: Berufe im Wandel der Zeit 题目：职业变迁

Wegen des technischen Fortschritts entstanden unzählige neue Berufe, während andere von der Bildfläche verschwanden. Nun steht vor der Tür die Industrie 4.0. Viele klassische Berufe werden dadurch noch mehr automatisiert oder digitalisiert. So wurde im Rahmen einer Untersuchung der Oxford Universität festgestellt, dass 47% von 700 analysierten Berufen in Zukunft von Automatisierung und damit der Industrie 4.0 bedroht sind.

Doch dies ist nicht das erste Mal, dass Menschen Angst davor haben, dass immer mehr Arbeitsfelder von Maschinen übernommen werden. Schon zu Beginn der Industrialisierung hatten die Menschen eine große Furcht davor, durch die Dampfmaschine oder das Automobil ersetzt zu werden. Natürlich gingen durch diese Veränderungen Berufe verloren, wie zum Beispiel der Postkutschenfahrer. Allerdings wird oft vergessen, dass mit dem Wandel auch stets neue Jobprofile und Chancen geschaffen werden.

China ist neuen Technologien und Entwicklungen immer aufgeschlossen. Dies zeigt sich auch dadurch, dass 2019 eine Reihe von futuristischen Berufsbezeichnungen durch das chinesische Ministerium für Personalressourcen und soziale Absicherung offiziell anerkannt wurden. Darunter auch der Beruf als Drohnenpilot. Die chinesische Drohnenindustrie hat sich in den vergangenen Jahren schnell entwickelt. Aus diesem Grund erregt auch der Beruf des Drohnenpiloten wachsende Aufmerksamkeit. PWC rechnet für das Jahr 2020 mit einem 127-Milliarden-Dollar-Markt, bei dem die Segmente Infrastruktur und Bauindustrie, Landwirtschaft, zivile Sicherheit und Medien und Unterhaltung am umsatzstärksten sein werden. Im Logistikbereich steht der Drohnentechnologie noch eine große Zukunft bevor. Das Ziel: Waren in kürzester Zeit und kostengünstig vom Absender direkt zum Empfänger zu transportieren. Amazon und die DHL proben bereits die Zustellung von Paketsendungen auf dem Luftwege. Auch wenn die rechtlichen Rahmenbedingungen für den gewerblichen Drohnenflug noch anzupassen sind, ist der Drohnenpilot ein Berufsbild mit Zukunft. Die Technologie wird sich noch weiterentwickeln und in vielen unterschiedlichen Branchen neue Arbeitsplätze schaffen.

Die Zukunft ist voller Möglichkeiten und Chancen, die wir noch gar nicht fassen können. Wichtig ist, dass man keine Angst vor den Veränderungen hat, sondern sich offen den neuen Herausforderungen stellt. Sicherlich hätte sich jemand aus dem 19. Jahrhundert nicht vorstellen können, dass man einmal als Drohnenpilot sein Geld verdienen kann.

2. Wörter 词汇

der Wandel 变迁，变化
digitalisieren *vt* 数字化
bedrohen *vt* 威胁，威吓
die Industrialisierung 工业化
die Dampfmaschine -n 蒸汽机
der Postkutschenfahrer - 邮政马车车夫
allerdings 然而，但是
stets 总是，始终
aufgeschlossen (P.II) 易于接受新事物的，心胸开阔的

futuristisch 未来的

anerkennen *vt* 承认，认可

die Drohnenpilot -en 无人机驾驶员

erregen *vt* 引起，激起

der/das Logistikbereich -e 物流领域

die Rahmenbedingung -en 框架条件，总体条件

gewerblich 商业的，职业的

3. Erläuterungen 解释

（1）Satzmodelle für Anfänger 初学句型

Aus diesem Grund erregt auch der Beruf des Drohnenpiloten wachsende Aufmerksamkeit.
（出于这一原因，无人机驾驶员这一职业日益引起关注。）

名词Grund（原因）与介词aus构成常用词组aus diesem Grund，意为“出于这一原因”，例如：Aus welchen Gründen haben Sie keine Entscheidung getroffen?（您为何没有做出任何决定呢？）Aus dem gleichen Grund sind wir nach Deutschland gefahren.（出于同样的原因，我们来到了德国。）

Aufmerksamkeit erregen意为“某事引起了关注”。erregen是及物动词，表示“引起，激起”，人或物做主语，支配名词宾语，例如：Aufmerksamkeit erregen（引起关注），Mitleid erregen（引起同情），Staunen erregen（使人惊讶）。又如：Sein Auftritt erregte große Aufsehen.（他的登台引起了轰动。）

（2）Feste Kombinationen 固定搭配

Angst / Furcht vor etw. (D) haben （害怕某事/某物）

Angst haben可搭配介词vor加第三格名词，表示“害怕某事”，例如：Sie kann nicht schwimmen und hat Angst vor Wasser.（她不会游泳，怕水。）又如：Viele Kinder haben Angst vor Injektion.（许多小朋友都害怕打针。）

（3）Idiomatische Wendungen 习惯用语

① vor der Tür stehen （即将发生）

这是个固定词组，表示“某事即将发生”，例如：Der Frühling steht vor der Tür.（春天将至。）又如：Weihnachten steht vor der Tür, und wir haben ein paar Geschenke vorbereitet.（圣诞节就要来了，我们准备了几件礼物。）

② verloren gehen（消失）

verloren是动词verlieren的第二分词，与动词gehen连用表示“某物丢失”或“某事物消失”，例如：Die Lebensgrundlage für Tiere und Pflanzen sind verloren gegangen.（动植物赖以生存的基础已经消失。）

4. Übungen 练习

（1）Beantworten 回答问题

① Welche Berufe sind dem Text nach verloren gegangen?

② Wovor hat man Angst wegen der Industrialisierung?

③ In welchem Jahr wurde Drohnenpilot als Berufsbezeichnung in China anerkannt?

④ Warum erregt der Beruf des Drohnenpiloten Aufmerksamkeit?

⑤ In welchen Bereichen spielt die Drohnenindustrie eine wichtige Rolle?

⑥ Was möchten Amazon und die DHL durch Drohnenprobeflüge erreichen?

⑦ Was fehlt noch in der Drohnenindustrie?

（2）Ergänzen 选词填空

Wandel	*Grund*	*bedrohen*	*Furcht*	*allerdings*
aufgeschlossen	*anerkennen*	*erregen*	*Tür*	

① Für neue Ideen und Gedanken sind wir ____________.

② Im ____________ der Zeit hat sich alles geändert.

③ Tausende Menschen flohen aus ____________ vor Überschwemmungen nach heftigen Regenfällen.

④ Das Wahlergebnis wird nicht als rechtmäßig ____________.

⑤ Aus diesem ____________ kann er nicht kommen.

⑥ Der Boxer ist sehr stark, ____________ wenig geschickt.

⑦ Sein großartiger Beitrag in diesem Gebiet ____________ großes Aufsehen.

⑧ Klimawandel ____________ tausende Arten der Welt.

⑨ Endlich steht der Frühling vor der ____________!

Lektion 14

第十四单元

Hauptthema：Wohnen　主题：居住

A　Lernziel 导学

1. Redemittel 会话句型

Ist es nicht wunderbar, ... zu tun?	Was nützt mir?
Was ist denn passiert?	Meinst du?
Was steht da drin?	Man leugnet es nicht, dass ...

2. Tipps zur Grammatik 语法提示

◇ **重点：**第一虚拟式和间接引语。

◇ **难点：**第一虚拟式转述别人的话或疑问，不代表说话者本人的观点或本人对此有疑问。

3. Etwas über das Hauptthema 背景点滴

德国的城市规模相对较小，人口超过百万的城市只有4个，而大型企业的就业机会以及教育教学等资源也并不集中在这几个大城市中。因此，有的德国人更愿意住在城市的郊区地带，或是住在村镇上，往返公司和住处也很方便，并不会在路上花费太多时间，下班后还可以享受没有噪音、更贴近自然的居住环境。不过，对于已经习惯大城市生活的人群来说，过于安逸的村镇生活还是缺乏吸引力，他们宁愿支付较高的租金，也要留在大城市中。

B Gespräch 对话

1. Thema: Leben in der Stadt oder auf dem Lande? 题目：生活在城里还是在农村？

(Situation: Während des Aufenthalts in München besucht Leon mit Hongying an einem Sonntagvormittag seinen Onkel Wolfgang. Beim Nachmittagskaffee unterhalten sie sich.)（会话情景：在慕尼黑期间，在一个星期天上午莱昂和红英一起去看望莱昂的叔叔沃尔夫冈，下午他们一边喝着咖啡一边聊天。）

L: Guten Tag, Onkel Wolfgang. Wie geht es dir?

W: Danke, gut. Herzlich willkommen.

L: Darf ich vorstellen, das ist Hongying. Sie kommt aus Shanghai.

W: Guten Tag, Hongying.

H: Guten Tag. Ich freue mich, Sie kennenzulernen.

W: Seit wann sind Sie denn hier in München?

H: Seit 3 Tagen.

W: Gefällt es Ihnen hier in München?

H: Ja, München hat mir gut gefallen. Im Vergleich mit Shanghai ist München keine große Stadt, aber sie hat ihre eigenen Besonderheiten. Wie zum Beispiel das Wohnen in München. Die Münchner legen großen Wert darauf. Die Wohnungen sind groß und haben auffällige Farben. Fast auf jedem Balkon sind Blumen zu sehen.

W: Ja, das stimmt. Aber nicht jeder wohnt gern in Stadt. Kürzlich habe ich in der Stadt einen alten Bekannten getroffen, den ich schon lange nicht mehr gesehen hatte. Er erzählte mir, er habe seine Wohnung in München aufgegeben und sei mit seiner Familie in ein benachbartes Dorf gezogen. Was denn am Leben auf dem Land so attraktiv sei, wollte ich wissen.

H: Was hat er denn gesagt?

W: Er hat mich gefragt, ob es nicht wunderbar sei, am Morgen vom Vogelgesang im Garten geweckt zu werden und am Abend nach der Arbeit noch einen gemütlichen

Spaziergang durch den Wald hinter dem Haus zu machen. Er hat noch gesagt, dass ich am Abend in den anderen Wohnungen meines Wohnblocks höchstens das Geflimmer der „Sportschau" im Fernsehen sähe, wenn ich zum Fenster hinausschauen würde.

H: So kann man feststellen, dass Ihr Bekannter mittlerweile ein überzeugter Dorfbewohner ist.

W: Man kann das so sagen. Er hat noch gemeint, in der Stadt könne man die Kinder nicht ohne Aufsicht lassen, wenn sie auf die Straße gingen. Die Spielplätze seien total verschmutzt, und wenn die Kinder Freunde besuchen wollen, müsse man immer Chauffeur spielen.

L: Ich bin auch der Meinung. Im Dorf kann man sie frei laufen lassen!

W: Mein Bekannter sagte, die Kinder könnten den ganzen Tag draußen Rad fahren, herumtoben oder im Wald Indianer und Cowboy spielen. Und am Abend seien sie müde und wollten nicht noch stundenlang fernsehen. Für das Leben auf dem Land gibt es sicher noch viele Argumente, z.B. dass die Wohnungsmieten billiger sind, dass es mehr frische Luft und weniger Verkehrslärm gibt und dass man viele Leute kennt. Wenn ich mir das aber genau überlege, möchte ich doch nicht tauschen. Ich bin nicht verheiratet. Um mich kümmert sich niemand, niemand guckt mir in den Kochtopf. Wenn ich am Abend nicht zu Hause bleiben will – in der Stadt gibt es Theater und Kinos und jede Menge Kneipen, wo ich mich mit Bekannten treffen kann, wann immer ich will.

H: Stadtluft macht frei, heißt ein Sprichwort, nicht wahr?

W: Ja. Ich bleibe doch lieber in meiner Betonburg!

2. Wörter 词汇

kürzlich 不久前，最近

der Bekannte (dekl. wie Adj.) 熟人（按形容词变化）

benachbart 邻近的，附近的

das Dorf ¨-er 村庄，乡村

attraktiv 吸引人的，有吸引力的

wunderbar 美好的，美妙的

der Vogelgesang ¨-e 鸟的歌声

wecken *vt* 唤醒

gemütlich 舒适的；可亲的；和善的

der Wohnblock -s 住宅区

das Geflimmer （不停的）闪烁

die Sportschau 体育新闻

hinaus/schauen *vi* 往外瞧

mittlerweile 在这期间；随着时间的推移

überzeugt　确信的，坚信的
der Dorfbewohner　村民
die Aufsicht -en　监管；照管；监督
total　完全；全部的
der Chauffeur -e　司机
herum/toben *vi*　喧闹
der Indianer　印第安人
der Verkehrslärm -e　交通噪音；马路噪声
der Kochtopf ¨e　（厨房用的）锅子
die Stadtluft　城市空气
die Betonburg　水泥城堡

3. Erläuterungen 解释

（1）Satzmodelle für Anfänger 初学句型

① Er hat seine Wohnung in München aufgegeben.（他放弃了位于慕尼黑的房子。）

句中动词auf/geben是及物动词，直接跟第四格宾语，例如：jede Hoffnung auf/geben（放弃一切希望），ein Recht auf/geben（放弃一种权利），einen schlechten Arbeitsstil auf/geben（去掉不良作风），Pläne auf/geben（放弃计划）。

② Ist es nicht wunderbar, ... zu tun?（干……难道不是件美好的事吗？）

这是不带疑问词的问句，加zu的不定式修饰主句，关连词es是形式主语，如：Ist es nicht wunderbar, nach dem Mittagessen ein Schläfchen zu machen?（午饭后打个瞌睡难道不是件好事吗？）

（2）Feste Kombinationen 固定搭配

in etw. (A) ziehen（向某处出发，向某处迁移）

句中动词ziehen为不及物动词，和介词连用，表示"移动"等意思，如：Es ist Frühling. Die Vögel sind nach Süden gezogen.（春天了，鸟向南方迁移。）/ Die Familie ist in die Großstadt gezogen.（全家搬到大城市里住了。）

（3）Indiomatische Wendungen 习惯用语

① zum Fenster hinaus/schauen（向窗外望去）

动词hinaus/schauen（看出去）表示"从里面往外瞧"，介词词组zum Fenster表示方向。

② ohne Aufsicht（没人看管）

这个词组在句中做状语，介词ohne后面无冠词，例如：In der Stadt kann man die Kinder nicht ohne Aufsicht lassen.（在城里不能让孩子单独在外。）这个词组的反义词是unter Aufsicht（有人看管，处于监督之下），例如：Der Patient steht im Moment unter ärztlicher Aufsicht.（这个病人眼下由医生看护。）

③ **jn. / etw. (A) frei laufen lassen （放任自流，听其自然）**

例如：Wir können die Kinder nicht frei laufen lassen.（我们不能让孩子们随便乱跑。）

4. Übungen 练习

（1）Beantworten 回答问题

① Wer ist Wolfgang?

② Wo wohnt Wolfgang?

③ Warum ist sein Bekannter ins Dorf gezogen?

④ Welche Argumente hat der Bekannte vom Dorf vorgebracht?

⑤ Warum beharrt Wolfgang darauf, in München zu bleiben?

（2）Ankreuzen 选择

① Was bedeutet „Mein Bekannter hat seine Wohnung in München aufgegeben"?

a. Er hat seine Familie verlassen.

b. Er ist aus seiner Wohnung in der Großstadt ausgezogen.

c. Er wohnt bei einer benachbarten Familie.

d. Er besucht Nachbarn auf dem Lande.

② Der Bekannte vom Dorf hat unter anderem gesagt:

a. Am Morgen singen im Garten die Vögel.

b. Er wird am Morgen im Garten geweckt.

c. Am Abend macht er noch einen Spaziergang um den Wald herum.

d. Am Abend geht er noch im Garten spazieren.

③ In der Großstadt ...

a. ... kann man die Kinder jederzeit allein auf die Straße lassen.

b. ... gibt es sehr schöne Spielplätze.

c. ... können die Kinder Chauffeur spielen.

d. ... müssen die Eltern ihre Kinder meist im Auto zu Freunden bringen.

④ Auf dem Land ...

a. ... sind die Wohnungen teurer als in der Stadt.

b. ... ist der Verkehr lauter.

c. ... ist die Luft sauberer.

d. ... kennt man kaum Leute.

⑤ Der Großstädter möchte nicht aus der Stadt wegziehen, weil ...

a. ... er verheiratet ist.

b. ... es dort Theater, Kinos und viele Lokale gibt.

c. ... ihn in der Kneipe niemand kennt.

d. ... er sich am Abend gerne die „Sportschau“ im Fernsehen anschaut.

（3）Ergänzen 填空

entlang	*innerhalb*	*außerhalb*	*um ... herum*
nebenan	*gegenüber*	*um*	

① Wir wohnen nicht in der Stadt. Wir wohnen ____________.

② Meine Eltern wohnen im nächsten Haus. Sie wohnen ____________.

③ Nachts gehe ich nicht gern durch den Park; da ist es mir zu dunkel. Ich gehe nachts lieber ____________ den Park ____________.

④ Etwa in der Mitte des Parks liegt ein See. Der See liegt ____________ des Parks.

⑤ Wir laufen jetzt schon zwei Stunden auf dieser Straße! Wir laufen jetzt schon zwei Stunden diese Straße ____________.

⑥ Die Post ist auf der anderen Seite der Straße. Die Post ist ____________.

⑦ Vor, hinter und neben der Kirche stehen Bäume. ____________ die Kirche stehen viele Bäume.

（4）Zuordnen 配对

① Hat die Wohnung einen Balkon?

② Ist das Haus alt?

③ Ist die Wohnung möbliert?

④ Ab wann könnte ich die Wohnung mieten?

⑤ Sind die Tapeten neu?

a. Ja, aber er ist sehr nett.

b. Nein, die Wände müssen frisch gestrichen werden.

c. Im vierten. Aber es gibt einen Lift.

d. Nein, aber Sie dürfen den Garten benutzen.

e. Nein, in einem Vorort.

⑥ Liegt das Haus im Zentrum? f. Sie wird in vier Wochen frei.

⑦ Wohnt der Besitzer auch im Haus? g. Nein, es ist ein Neubau.

⑧ Bietet die Wohnung einen schönen Ausblick? h. Oh ja; Sie können die Berge sehen.

⑨ In welchem Stockwerk liegt die Wohnung? i. Nein, aber die Küche ist komplett mit Kühlschrank und Herd.

（5）Übersetzen 翻译

① 你知道吗？汉斯全家搬到乡下去已经三个星期了。

② 不能让孩子在没人照管的情况下留在家里。

③ 昨天他对我说，他结婚了。

④ 我放弃这家公司的经理职位。

⑤ 毫无疑问，人们有许多理由说住在乡下有很多好处。

> Weisheit（智慧箴言）
>
> *Gut Ding will Weile haben.*
>
> 好事多磨。

C Grammatik 语法

Lerntipps	直接引语变间接，人称动词都要换。
学习提示	若是Ja-Nein-Frage，须由ob来引导。

1. Allgemeines 语法常识

先前我们介绍了第二虚拟式的构成和使用，本课讲德语虚拟式的第二种形式：第一虚拟式。第一虚拟式主要用于间接引语或简洁问句中，表示转述别人的话或疑问，而不一定对所说的事情持有什么怀疑或认为不真实。在间接引语或间接问句中大多采用现在时虚拟式或第一将来时虚拟式来表达过去未来时，即现在或将来发生的事情。

2. Grammatische Tabellen 语法图表

（1）第一虚拟式变位表

人称	kommen	lesen	haben	sein	können	werden
ich	komme	lese	habe	sei	könne	werde
du	kommest	lesest	habest	seiest	könnest	werdest
er	komme	lese	habe	sei	könne	werde
sie	komme	lese	habe	sei	könne	werde
es	komme	lese	habe	sei	könne	werde
wir	kommen	lesen	haben	seien	können	werden
ihr	kommet	leset	habet	seiet	könnet	werdet
sie	kommen	lesen	haben	seien	können	werden
Sie	kommen	lesen	haben	seien	können	werden

（2）第一虚拟式人称词尾变化表

人称	词尾	人称	词尾
ich	-e	wir	-en
du	-est	ihr	-et
er / sie / es	-e	sie / Sie	-en

（3）虚拟式现在完成时变化表

第一人称	fragen		gehen	
ich	habe	gefragt	sei	gegangen
du	habest	gefragt	seiest	gegangen
er / sie / es	habe	gefragt	sei	gegangen
wir	haben	gefragt	seien	gegangen
ihr	habet	gefragt	seiet	gegangen
sie / Sie	haben	gefragt	seien	gegangen

（4）第一虚拟式将来时变化表

第一人称	gehen	
ich	werde	gehen
du	werdest	gehen
er / sie / es	werde	gehen
wir	werden	gehen

（续表）

第一人称	gehen	
ihr	werdet	gehen
sie / Sie	werden	gehen

（5）第一虚拟式的用法

① 间接引语所述事态与主句谓语同时发生。

Er meinte: „Man kann in der Stadt die Kinder nicht ohne Aufsicht lassen."

Er meinte, dass man in der Stadt die Kinder nicht ohne Aufsicht lassen könne.

Er sagte: „Die Spielplätze sind total verschmutzt."

Er sagte, dass die Spielplätze total verschmutzt seien.

② 间接引语所述事态发生在主句谓语之前。

Er erzählte: „Ich habe meine Wohnung in der Großstadt aufgegeben."

Er erzählte, dass er seine Wohnung in der Großstadt aufgegeben habe.

Er erzählte: „Ich bin mit meiner Familie in ein benachbartes Dorf gezogen."

Er erzählte, dass er mit seiner Familie in ein benachbartes Dorf gezogen sei.

③ 直接引语若是无疑问词的问句，变成间接引语时用连词ob引导从句；如为带有疑问词的问句，从句由疑问词引导，谓语用虚拟式。

Er fragte: „Ist es nicht wunderbar, am Morgen vom Vogelgesang im Garten geweckt zu werden?"

Er fragte mich, ob es nicht wunderbar sei, am Morgen vom Vogelgesang im Garten geweckt zu werden.

Er fragte: „Wann kann ich Herrn Wohlfahrt sprechen? "

Er fragte, wann er Herrn Wohlfahrt sprechen könne.

④ 直接引语若是命令句，可用情态动词sollen或mögen的虚拟式。

Er sagte zu dem Mann: „Gib auf!"

Er sagte zu dem Mann, er solle aufgeben.

3. Übungen 练习

（1）Partnerarbeit 结伴练习

① er liegt	er liege
er hat	________
er sieht	________
er arbeitet	________
② sie macht	________
sie zeigt	________
sie begrüßt	________
sie fährt	________
③ du liest	________
du hilfst	________
du kochst	________
du hast	________
④ ihr fragt	________
ihr sprecht	________
ihr wollt	________
ihr versteht	________
⑤ ich bin	________
du bestellst	________
wir sind	________
wir kommen	________
⑥ Ich muss den Brief schreiben.	________
Ich bin in Berlin gewesen.	________
Die Zeit verging schnell.	________
⑦ Karl lernt Chinesisch.	________
Ihr wollt nach Hause gehen.	________
Ihr habt gearbeitet.	________

⑧ Er war hier. __________

Er fährt heute ab. __________

Er hat Medizin studiert. __________

（2）**Wiedergeben (Konjunktiv I) 转换句型**

Beispiel: Sie sagt, dass sie schon über dreißig Jahre auf dem Markt arbeitet.

Sie sagt, sie arbeite schon über dreißig Jahre auf dem Markt.

① Der Polizist meint, dass das „Du" eine Beleidigung ist.

② Sie sagt, dass sie drei Fremdsprachen sprechen kann.

③ Sie sagt, dass sie drei Fremdsprachen gelernt hat.

④ In dem Brief steht, dass er zu uns kommt.

⑤ Herr Li hat gehört, dass sie den Text schon übersetzt hat.

⑥ Er hat gesagt, dass er im nächsten Jahr als Lehrer arbeitet.

⑦ Sie sagte, dass sie die Tochter in den Kindergarten bringt.

（3）**Umschreiben 改写**

Was hat der Bekannte von Wolfgang gesagt?

①„Im Dorf kann man die Kinder frei laufen lassen."

②„Ich habe meine Wohnung in München aufgegeben."

③„Wir sind in ein benachbartes Dorf gezogen."

④„Man kann in der Stadt die Kinder nicht ohne Aufsicht lassen."

⑤„Die Spielplätze sind total verschmutzt."

⑥„Wenn die Kinder Freunde besuchen wollen, muss man immer Chauffeur spielen."

⑦ „Den ganzen Tag können die Kinder draußen Rad fahren, herumtoben oder im Wald Indianer und Cowboy spielen."

⑧ „Am Abend sind sie müde und wollen nicht noch stundenlang fernsehen."

（4）**Weitererzählen 续述**

① Frau Krüger hat Ihnen erzählt, dass Herr Müller ein neues Haus gekauft hat. Es liegt in der Goethestraße und ist ein Zweifamilienhaus. Herr Müller wird morgen in die Wohnung im Erdgeschoss einziehen.

Frau Müller hat mir erzählt, Herr Müller ________________________________.

② Die Zeitung meldete, dass gestern Abend der Innenminister hier eingetroffen ist. Er ist von den Stadtverordneten herzlich empfangen worden. Der Bürgermeister hat ihm zu Ehren ein Festessen gegeben. Heute nimmt der Minister an einer Sitzung teil, und morgen früh wird er wieder in die Landeshauptstadt zurückreisen.

Die Zeitung meldete, gestern Abend ______________________________.

③ Peter erzählte mir, dass er bei der Universität angefragt hat, wann das nächste Semester beginnt, ob es möglich ist, an den Vorlesungen als Gasthörer teilzunehmen und welche Papiere man zur Anmeldung braucht.

Peter erzählt mir, er ______________________________.

（5）Umschreiben 改写

① Herr Yang fragte: „Interessieren Sie sich für das Auslandsstudium?“

② Der Lehrer fragt: „Habt ihr die Hausaufgaben gemacht?“

③ Mein Freund fragte: „Auf wen wartest du?“

④ Frau Kohler fragte ihn: „Bei wem waren Sie gestern?“

⑤ Der Chef fragte ihn: „Bis wann habt ihr gestern gearbeitet?“

⑥ Der Lehrer fragte die Studenten, ob sie die Übersetzung gemacht hätten.

⑦ Die Mutter fragt die Tochter, ob sie krank gewesen sei.

⑧ Leon fragte Zhonghua, ob er nach Shanghai fliegen wolle.

⑨ Die Studentin fragte die Lehrerin, ob sie ihr Heft korrigiert habe.

⑩ Mein Onkel fragt mich, ob ich in der Firma Siemens arbeite.

（6）Übersetzen 翻译

① 妈妈说，父亲今天没空去看电影。

② 莱昂告诉我，他明天不能来上课。

③ 女秘书通知我们，教授今天生病了不能来学校。

④ 报上登载一个外国大学校长代表团来上海。

⑤ 他问我能否帮他一个忙。

D Hörverständnis 听力

1. Thema: Gekündigt 题目：解约

- Mensch, Carlo, was ist denn passiert? Du siehst ja so traurig aus!

- Ach, mein Vermieter hat mir gekündigt. Jetzt muss ich schon wieder umziehen und ein neues Zimmer suchen.
- Was? Du wohnst doch erst seit sechs Monaten in deinem neuen Zimmer!
- Mein Vermieter braucht das Zimmer für seinen Sohn, sagt er.
- Kannst du nichts dagegen machen?
- Ich weiß nicht.
- Sag mal, du hast doch einen Mietvertrag abgeschlossen, oder? Was steht denn da drin?
- Na ja, ich wohne ja nur als Untermieter; wenn der Vermieter das Zimmer selbst braucht, kann er mir kündigen.
- Ach was! Das muss er erst mal beweisen! Es gibt schließlich Mieterschutz in Deutschland!
- Was nützt mir das?
- Du solltest erst einmal zum Mieterschutzverein gehen. Dort kannst du dich nach deinen Rechten erkundigen. Informiere dich doch. Der Mieterschutzverein kann dir vielleicht helfen.
- Meinst du? Vielleicht sollte ich das wirklich versuchen.

2. Wörter 词汇

der Vermieter 出租者；房东
kündigen *vt* 解约
der Mietvertrag ¨-e 租约
ab/schließen *vt* 缔结
der Untermieter 转租的房客，二房客
beweisen *vt* 证明
der Mieterschutz 租房者保护
nützen *vi/vt* 有用；利用
der Mieterschutzverein 租户保护协会
erkundigen *vr* 打听

3. Erläuterungen 解释

（1）Satzmodelle für Anfänger 初学句型

① Was ist denn passiert? （发生什么事了？）

动词passieren有及物和不及物之分。这里是不及物动词用法，表示“发生”的意思，常用于口语，例如：Ist etwas passiert?（出什么事了吗？）/Solche Dummheiten dürfen nicht noch einmal passieren!（这种蠢事不许再次发生！）动词passieren还可以涉及某人，例如：Mir ist neulich etwas Unangenehmes passiert.（最近我发生了一件很不愉快的事情。）

② **Was steht denn da drin?（那里面究竟写了些什么呢？）**

句中动词stehen表示“写着，印着”，drin是代副词darin的缩写。例如：Was steht in der Zeitung?（报上有什么消息？）/Das stand nicht auf der Tagesordnung.（这不在议程之内。）

（2）Feste Kombinationen 固定搭配

sich bei jm. nach etw. (D) erkundigen（在某人处打听某事）

反身动词sich erkundigen（打听，探询）跟介词bei（在某人处）和nach（有关事情）连用，表示“在某人处打听某事”。例如：Ich möchte mich bei Ihnen nach der Ankunft des bestellten Buches erkundigen.（我想打听一下，我在你们这里订购的书是否到了。）

（3）Idiomatische Wendungen 习惯用语

① **Was nützt mir das?（这对我有用吗？）**

动词nützen也可写成nutzen，它后面跟名词第三格，例如：Ich freue mich, wenn Ihnen das Buch etwas nützen kann.（假如这本书对您有用的话，我很高兴。）

② **Meinst du?（你是这么认为的吗？）**

“Meinst du?”或者“Meinen Sie?”一般表示对前文中对话伙伴的看法再次确认，也可加dass从句使用，例如：Meinst du, dass ich helfen soll?（你觉得我应该帮忙？）

4. Übungen 练习

（1）Beantworten 回答问题

① Was ist Carlo passiert?

② Was muss er jetzt machen?

③ Welchen Vorschlag hat ihm sein Freund gemacht?

④ Ist Carlo bereit, auf Vorschlag seines Freundes einzugehen?

⑤ Was tun Sie, wenn Ihnen wie Carlo passieren könnte?

（2）Ergänzen 填空

kündigen	*erkundigen*	*passieren*	*aus/sehen*	*versuchen*
nützen	*helfen*	*beweisen*	*ab/schließen*	

① In der letzten Woche habe ich mit Frau Schneider einen Mietervertrag __________.

② Warum __________ sie heute so blass __________?

③ Das musst du mir erst __________!

④ So etwas Schreckliches __________ schließlich nicht alle Tage!

⑤ __________ nicht, mich zu überreden.

⑥ Sie hat mir beim Abwaschen __________.

⑦ Hast du gehört, dass ihm __________ ist?

⑧ Hast du dich nach seinem Befinden __________?

⑨ Das __________ mir wenig.

（3）Ergänzen (Endungen von Adjektiven) 填空

Nicht alle Menschen wohnen in Häusern.

Ich habe ein hübsch____ Haus in der Stadt, aber meistens lebe ich auf einem groß____ Schiff. Das gehört mir. Auf dem Schiff ist eine komplett____ Wohnung: ein toll____ Wohnzimmer mit Blick über das ganze Schiff, ein klein____ Schlafzimmer und eine modern____ Küche. Sogar ein richtig____ Bad mit warm____ Wasser gibt es auf dem Schiff.

Ich habe fast jeden Tag einen neu____ Schlafplatz. Wenn gut____ Wetter ist, suche ich mir eine bequem____ Bank in einem schön____ Park oder auf einem ruhig____ Friedhof. Bei schlecht____ Wetter schlafe ich im Sommer unter einer groß____ Flußbrücke. In kalt ____ Winternächten kann man draußen nicht schlafen. Dann muss ich in ein Wohnheim gehen. Dort gefällt es mir eigentlich nicht, aber es gibt ein warm____ Zimmer und warm____ Essen.

Mein Haus ist ein elf Meter lang____ Wohnwagen. Er hat ein gemütlich ____ Wohnzimmer, ein separat____ Schlafzimmer und eine klein____ Küche mit fließend____ warm____ Wasser. In einem speziell____ Wagen haben wir ein klein ____ Bad mit einer normal ____ Dusche und einer normal____ Toilette. Sogar eine modern____ Waschmaschine ist in dem Wagen.

（4）Übersetzen 翻译

① 你怎么了？你看上去脸色不好。

② 我的住房合同被解除了。

③ 你才搬进去一个月，怎么会呢？

④ 你的住房合同上写些什么？

⑤ 我没有签订过住房合同。

E Lesetext 阅读课文

1. Thema: Niedrige Mieten sind doch ausschlaggebend 题目：低价房租是决定性的

Niemand wird leugnen können, dass der Bahnhofbereich Frankfurt einschließlich des Gutleutviertels teilweise in miserablem Zustand ist. Mit zusätzlichen Mitteln von Bund und Land beabsichtigt die Stadt, offensichtliche Missstände zu beseitigen.

Seit 1934 bewohnt Frau Anna Seifert die Zweizimmerwohnung im Erdgeschoss Hafenstraße 35. Die Miete ist, an heutigen Verhältnissen gemessen, für sie als Rentnerin und Witwe annehmbar. Vor der renovierten, gemütlich möblierten Wohnung fließt der gesamte Verkehr vom Hauptgüterbahnhof über das Mainufer zum Ostbahnhof vorbei. Sie hört ihn nicht mehr, sagt sie, „Man ist es gewöhnt." Auf die Frage, ob sie gern hier wohne, meint sie gelassen: „Man muss eben." Wo sollte sie, die über Siebzigjährige, heute nun noch hingehen? „Der Umzug würde Schwierigkeiten machen." Mit der Wohnung ist sie durchaus einverstanden. Sie meint auch, es sei besser, hier zu leben als mitten in der Stadt.

Alfons Schäfer, ebenfalls Rentner, ist der Meinung, Verkehr sei heute praktisch überall. Die Miete sei tragbar, ein wichtiges Argument. Und: „Unsere Hauswirtin nimmt keine Ausländer herein." Frau Hanna Schneider, Witwe, spricht das Thema Ausländer ebenfalls an – im Gutleutviertel leben allein 5000 Menschen, gut die Hälfte sind Angehörige verschiedenster Nationen: Sie trage sich trotz der guten Wohnumstände doch zuweilen mit dem Gedanken, von der Hafenstraße wegzuziehen. „Es wird hier zu mulmig, es sind zu viele Ausländer rundum." Im Grunde, das betonte sie, stören sie diese nicht. Aber allzu viele aus dem Kreis ihrer alten Nachbarn seien deswegen schon weggezogen. „Wir hatten früher einen schönen Stammtisch, das ist jetzt vorbei." Weder vom Verkehr noch von der Industrie in der Nachbarschaft fühlen sich andere Befragte im Gutleutviertel belästigt. Die Einkaufsmöglichkeiten seien gut, zum Großeinkauf fahre man sowieso einmal im Monat in die Umgebung.

2. Wörter 词汇

ausschlaggebend 决定性的

leugnen *vt* 否决

das Gutleutviertel 富人区

teilweise 部分的

miserabel 很坏的，糟糕的

der Zustand ¨-e 状况

der Bund ¨-e 结合，联盟

beabsichtigen *vt* 有意，打算

offensichtlich 明显的

der Missstand ¨-e 恶劣情况，弊端

beseitigen *vt* 消除

bewohnen *vt* 居住（在）

die Zweizimmerwohnung -en 两居室

das Erdgeschoss -e 楼层；底层

die Witwe -n 寡妇

annehmbar 可接受的

renoviert (P. II) 修复好的

möbliert (P. II) 带家具的

fließen *vi* 流动

der Hauptgüterbahnhof ¨-e 货运车站

das Mainufer 美茵河河岸

der Ostbahnhof ¨-e 火车东站

gelassen 冷静的，镇定的

tragbar 可携带的，可移动的，轻便的

herein/nehmen *vt* 拿进来，取入；接纳

mulmig 风化的，腐朽的；不可靠的，可疑的；有危险的

der Stammtisch -e 老顾客的固定餐桌；餐桌旁的固定聚会

belästigt (P. II) 受到纠缠的

3. Erläuterungen 解释

（1）Satzmodelle für Anfänger 初学句型

① Niemand wird es leugnen können, dass ... （没有人能否认，……）

动词leugnen（否认）直接跟第四格宾语。例如：Er leugnete seine Schuld.（他否认有罪。）这个动词还可以引出宾语从句或加zu的不定式词组，例如：Es ist nicht zu leugnen, dass das zutrifft.（不可否认，这件事合乎实际情况。）

② Mit zusätzlichen Mitteln von Bund und Land beabsichtigt die Stadt, offensichtliche Missstände zu beseitigen. （市里借助联邦和州的补充手段，意图消除明显的弊端。）

动词beseitigen为及物动词，直接跟宾语，例如：Hindernisse beseitigen（排除障碍）/ üble Erscheinungen beseitigen（清除不良现象）/ Schwierigkeiten beseitigen（排除困难）/ soziale Missstände beseitigen（消除社会弊端）。

③ Man ist es gewöhnt. （人们对此已经习惯了。）

gewöhnt是动词gewöhnen的第二分词，现做形容词。后接介词an加第四格名词可表

示“习惯于某事”，例如：Er ist daran gewöhnt, nach dem Abendessen einen Spaziergang zu machen.（饭后散步已成为他的习惯。）

（2）Feste Kombinationen 固定搭配

① in miserablem Zustand （情况糟糕）

名词Zustand（情况，状态）和介词in（支配第三格）连用构成固定词组，介词后面不加冠词，例如：in gutem Zustand（情况良好）。

② an heutigen Verhältnissen gemessen （与今天的情况相比）

gemessen是动词messen的第二分词，现做状语。介词an（支配第三格）和其第二分词连用，表示“和某个方面比较”，现做分词词组。例如：An ihm gemessen, komme ich mir klein vor.（和他相比，我感到自己渺小。）

（3）Idiomatische Wendungen 习惯用语

① sich mit dem Gedanken tragen, etw. zu tun （考虑或计划做某事）

例如：Sie trägt sich trotz der guten Wohnumstände doch zuweilen mit dem Gedanken, von der Hafenstraße wegzuziehen.（尽管住房情况良好，但她还是考虑离开码头大街。）

② im Grunde （本来，根本上看来）

这是im Grunde genommen的省略。这个词组与eigentlich同义，意为“确切地说”。

4. Übungen 练习

（1）Beantworten 回答问题

① Wo liegt das Gutleutvietel in Frankfurt?

② Wie sehen die Wohnungen im Gutleutvietel jetzt aus?

③ Welche Leute wohnen in diesem Viertel?

④ Warum leben sie dort?

⑤ Sind die Deutschen gegen die Ausländer?

（2）Richtig oder falsch 判断

① Ungefähr die Hälfte der Leute im Gutleutviertel sind Ausländer. （ ）

② Die Mieten im Gutleutviertel sind niedrig. （ ）

③ Es gibt viel Lärm im Gutleutviertel. （ ）

④ Viele Deutsche sind umgezogen. （ ）

⑤ Das Gutleutviertel liegt am Stadtrand. （ ）

⑥ Die Stadt will das Gutleutviertel abreißen lassen. ( )

（3）Umschreiben 改写

① Alfons Schäfer sagt, die Miete sei niedrig.

Er sagt: „Die ___________________."

② Er sagt, viele alte Nachbarn seien weggezogen.

Er sagt: „Viele ___________________."

③ Er sagt, die Einkaufsmöglichkeiten seien gut.

Er sagt: „Die ___________________."

④ Er sagt, er fahre zum Einkauf in die Stadt.

Er sagt: „Ich ___________________."

⑤ Er sagt, die Wohnung sei klein.

Er sagt: „Die ___________________."

（4）Partnerarbeit 结伴练习

Die folgenden Fragen helfen Ihnen, mit Ihrem Nachbarn einen Dialog zu machen.

① Wo liegt Ihre Wohnung? (Stadtmitte? Stadtrand?)

② Wie groß ist Ihre Wohnung? (Welche Räume?)

③ Sind Sie zufrieden mit Ihrer Wohnung? (Warum nicht?)

④ Was für eine Wohnung möchten Sie haben?

⑤ Wie haben Sie Ihre Wohnung gefunden?

⑥ Warum haben Sie diese Wohnung genommen?

⑦ Spielt es eine Rolle, ob die Nachbarn arm oder reich sind?

（5）Übersetzen 翻译

① 你现在的住房条件怎么样?

② 我住在火车站附近，那里的情况比较复杂，人流大。

③ 下个月我考虑离开那里，搬到郊外去。

④ 我和我父母已经分开住了。

⑤ 我请你参加下星期六我的乔迁仪式。

Lektion 15

第十五单元

Hauptthema：Geld im wirtschaftlichen Leben
主题：经济生活中的货币

A Lernziel 导学

1. Redemittel 会话句型

Bin ich bei ... richtig?	Ich verspreche …
Meinen Sie, dass ...	Sie wünschen?

2. Tipps zur Grammatik 语法提示

◇ **重点**：je ..., desto/umso ...引导的比例比较从句。

◇ **难点**：je ..., desto/umso ...比例比较从句由连词je引导，desto/umso位于主句的句首，通常从句前置，主句的情况随从句的情况同比例地发展，尤其要注意主句的动词位置。

3. Etwas über das Hauptthema 背景点滴

关于欧洲经济一体化的畅想最早可追溯到20世纪50年代。经过了漫长的努力，直到2002年，作为欧洲经济一体化重要标志之一的欧元终于正式进入了流通。之后，相关国家货币替换为欧元的进程逐步推进，使用的国家数量也从最初的12个发展到2002年的19个。从诞生到使用，从虚拟货币到三亿多人使用的实实在在的货币，“欧洲火车头”德国在其中发挥了举足轻重的作用。欧洲央行正是位于德国的法兰克福，与欧元区各国央行一同负责欧元的管理。

B Gespräch 对话

1. Thema: Die Heiratsannonce 题目：征婚广告

(*Situation: Schalter einer Annoncenannahme mit dem Schild „Kleinanzeigen", dahinter ein Stuhl, auf dem die Angestellte des Zeitungsverlags, Frau Lenz, sitzt. Herr Koch tritt an den Schalter und spricht mit ihr.*)（会话情景：挂着"小型广告"牌的窗口，某家报社的女工作人员棱茨太太坐在接收广告的窗口前。科赫先生走近窗口和她说话。）

K: Guten Tag!

L: Guten Tag! Bitte, Sie wünschen?

K: Ich möchte eine Annonce aufgeben. Bin ich da bei Ihnen richtig?

L: Was für eine Annonce?

K: Mh, eine Heiratsannonce.

L: Ja, das sind Sie bei mir richtig.

K: Gut. Sagen Sie: Meinen Sie, dass ich mit einer solchen Annonce bei Ihrer Zeitung Erfolg habe?

L: Bitte?

K: Ich meine: Werde ich mit so einer Annonce bei Ihnen eine Frau finden?

L: Aber ja! Was glauben Sie, wie viele Menschen einsam sind. Millionen suchen Kontakte.

K: Millionen, wirklich?

L: Ja, Millionen. Ich will Ihnen nicht zu viel versprechen, aber ich bin sicher, dass Sie sich in zwei Wochen verloben können.

K: Das ist ja phantastisch.

L: Ja, Sie werden bestimmt überrascht sein.

K: Das ist ja ganz ausgezeichnet. Was muss ich in einer solchen Annonce schreiben, können Sie mich da beraten?

L: Ich kann Ihnen da nur meine persönliche Meinung sagen ...

K: Ja, Ihre persönliche Meinung, die finde ich wichtig.

L: Sie müssen sehr originell sein ...

K: Originell, ja, das bin ich.

L: ... und nicht überheblich ...

K: Nein, ich bin sehr bescheiden.

L: Ja, sehr persönlich müssen Sie schreiben, so persönlich wie möglich. Und ich würde, wenn es zu einem Briefwechsel kommt, an Ihrer Stelle, ich meine: wenn ich Sie wäre, lieber kein Foto schicken.

K: Kein Foto. Ich verstehe. Ich weiß, was Sie meinen. Ich bin vielleicht kein besonders schöner Mann, aber ich hoffe, dass die Dame, die ich haben werde, innere Werte wichtiger findet.

L: Dann hoffe ich nur, dass diese inneren Werte in enormer Menge bei Ihnen da sind. Und was soll jetzt in der Anzeige stehen?

K: Hm... also ich denke mir das ungefähr so: „Dichter mit längerer kreativer Pause sucht reiche, besser: wohlhabende Dame mit einem Bankkonto nicht unter 200 000 Euro, ruhiggelegener Villa, großer Bibliothek, Sportwagen, Klammer auf, neueres Baujahr, Klammer zu, Zweitwohnsitz in der Schweiz oder auf Mallorca.“ Was meinen Sie? Ist das ein attraktiver Text?

L: Also, wenn ich ganz ehrlich sein soll, ich weiß nicht, welche Frau auf eine solche Anzeige reagiert.

K: Bitte? Aber warum denn?

L: Sie stellen nur Forderung, Sie wollen nur haben, haben, haben. Und was haben Sie zu bieten?

K: Ich? Aber ich bitte Sie! Ich bin Dichter! Ich bin ein Mann, der im öffentlichen Interesse steht. Meine zukünftige Frau kann stolz auf mich sein.

L: Nun ja, vielleicht, ich weiß nicht. Aber, ich finde, Sie stellen zu sehr das Geld in den Mittelpunkt Ihrer Annonce.

K: Vielleicht haben Sie recht. Gut, ändern wir den Text. Lassen wir „reich“, ich meine: „wohlhabend“ weg, dann wird die Annonce auch kürzer und billiger, und schreiben Sie „sucht Dame mit ...“, also machen wir aus „Euro 200 000“ die Hälfte, „100 000“, Bescheidenheit ist immer gut, und „ruhiggelegenes Einfamilienhaus“, ...

L: Finden Sie das besser?

K: Ich verstehe Sie nicht. Was gefällt Ihnen jetzt wieder nicht?

L: Es kann mir ja egal sein, ich schreibe, was Sie wollen, aber wenn Sie mich fragen ...

K: ... ja, wenn ich Sie frage?

L: ... dann sollten Sie höhere Werte nennen.

K: Also doch 200 000 Euro?

L: Nein. Ich meine: Geistiges und so.

K: So, Geistiges fehlt Ihnen in der Annonce. Und die Bibliothek? Ist das vielleicht nichts Geistiges? Ist das vielleicht nichts?

L: Also, Sie wollen zu viel: eine Frau mit viel Geld, einer Villa, einem Haus, einem Sportwagen, einer Bibliothek, das ist zu viel, Sie können nicht alles haben wollen. Auf etwas müssen Sie verzichten.

K: Also gut, dann lassen Sie im Text die Dame weg.

2. Wörter 词汇

die Heiratsannonce -n 征婚广告
einsam 寂寞的，孤独的，孤单的；寂静的；偏僻的
der Kontakt -e 接触，联系
verloben *vr* 订婚
phantastisch 想象的；美妙的；非常的
beraten *vt* 为……出主意，劝告，建议；商议
originell 独特的，独创的，有独到见解的；新颖的
überheblich 骄傲自大的
der Briefwechsel 通信，书信来往
enorm 非常大的，巨大的
der Dichter 诗人，作家
kreativ 创造性的，有创见的
wohlhabend 有钱的，富裕的
das Bankkonto -s 银行账户
die Villa ...len 别墅，郊外寓所
die Klammer -n 括号；夹子
das Baujahr 建筑年份
Mallorca 马略卡岛（西班牙）
die Forderung -en 要求
stolz 自豪的；骄傲的，自大的
weg/lassen *vt* 省略
die Bescheidenheit 虚心，谦虚；简朴

3. Erläuterungen 解释

（1）Satzmodelle für Anfänger 初学句型

① Bin ich da bei Ihnen richtig?（我找您行吗？）

这是句口语表达，表示说话人有事找人办，在吃不准找谁的情况下询问旁边的人。介词bei可带人称代词第三格。

② **Meinen Sie, dass ...?（您认为……？）**

这是征求对方看法的用语，动词meinen（以为，认为，说出意见）引出宾语从句，例如：Meinst du, dass er recht hat?（你说，他的话有道理吗？）

③ **Ich will Ihnen nicht zu viel versprechen.（我不想向您许诺太多。）**

及物动词versprechen在支配一个第四格宾语的同时也支配一个第三格宾语（人称代词第三格）。该词还可引出带zu的不定式，例如：Er versprach mir seine Unterstützung.（他答应支持我。）/Er hat mir versprochen, pünktlich zu kommen.（他答应我准时来。）

（2）Feste Kombinationen 固定搭配

① **auf etw. (A) / jn. stolz sein（为某事/某人而自豪）**

形容词stolz（自豪的，自尊的）支配介词auf（加第四格）搭配构成固定用法，例如：Sie ist mit Recht stolz auf ihre Erfolge.（她有理由为自己的成就而感到自豪。）

② **etw. (A) / jn. in den Mittelpunkt etw. (G) stellen（把某物置于某物中心）**

der Mittelpunkt（中点，中心点）与动词stellen连用构成固定词组，例如：Er hat sie in den Mittelpunkt der Diskussion gestellt.（他把她放在了人们讨论的中心。）

（3）Idiomatische Wendungen 习惯用语

① **Sie wünschen?（您想要什么？）**

这个问句常用于售货员或其他服务人员对顾客的问询。也可用：Was wünschen Sie?

② **Kontakt mit jm. (D) suchen（与某人建立联系，接触某人）**

名词der Kontakt（接触，联系）可以带出许多词组，例如：mit jm. (D) in Kontakt bleiben（与某人保持接触），Kontakt mit jm. (D) aufnehmen / gewinnen（与某人建立联系），den Kontakt zu jm. verlieren（失去同某人的联系）。

③ **überrascht sein（感到意外，感到惊奇）**

überrascht sein支配介词über，表示“对某事感到意外或惊奇”的意思，例如：Sie war überrascht über seinen unerwarteten Besuch.（她对他突然造访感到惊异。）

4. Übungen 练习

（1）Beantworten 回答问题

① Wer möchte eine Heiratsannonce schreiben?

② Wo findet das Gespräch statt?

③ Was für eine Frau möchte er suchen?

④ Auf was muss man besonders achten, wenn man eine Heiratsannonce aufgeben will?

⑤ Was ist der Mann von Beruf?

⑥ Was hat er in seinem Text geschrieben?

⑦ Was sagt die Angestellte dazu?

⑧ Wie ist es zum Ergebnis gekommen?

（2）**Kombinienen 组合**

① Könnte ich bitte mit Frau Müller sprechen?	a. Im Gegenteil, ich freue mich über Ihren Anruf.
② Darf ich mich vorstellen? Mein Name ist Meier.	b. Danke, sehr gern.
③ Hoffentlich störe ich Sie nicht.	c. Ja, das passt sehr gut.
④ Darf ich Sie für morgen zum Essen einladen?	d. Einen Moment bitte, ich verbinde Sie.
⑤ Hätten Sie morgen Abend Zeit?	e. Natürlich, nehmen Sie doch Platz.
⑥ Entschuldigung, ist hier noch frei?	f. Freut mich sehr, Sie kennenzulernen.

（3）**Ankreuzen 选择**

① Er reißt das Gespräch immer an sich.

a. Er spricht immer viel zu laut.

b. Meistens redet er, und die anderen müssen zuhören.

c. Er unterhält sich nicht gern mit anderen.

② Er kann sich benehmen.

a. Er ist ein höflicher und angenehmer Mensch.

b. Er sieht gut aus.

c. Er ist besonders intelligent.

③ Er lässt sich nichts sagen.

a. Er sagt nie etwas.

b. Die Meinung von anderen Leuten interessiert ihn nicht.

c. Er spricht nicht gern mit anderen Leuten.

④ Er lässt nur seine eigene Meinung gelten.

a. Er glaubt, dass er alles am besten weiß.

b. Er hat ganz vernünftige Ansichten.

c. Meistens versteht man nicht, was er meint.

⑤ Er fühlt sich in Gesellschaft nicht wohl.

a. Er freut sich, wenn er neue Leute kennenlernen kann.

b. Er ist ziemlich unfreundlich zu Menschen, die er nicht kennt.

c. Er ist nicht gern mit anderen Menschen zusammen.

（4）**Ergänzen (Präpositionen) 填空**

① Denk bitte morgen __________ deinen Termin beim Arzt! Vergiss ihn nicht!

② Ich habe einfach einen Taxifahrer __________ dem Weg gefragt.

③ Wir gratulieren dir ganz herzlich __________ der bestandenen Prüfung.

④ Diese Bluse passt sehr gut __________ deinem Rock.

⑤ Du hast mich __________ deiner Idee schon überzeugt.

⑥ Daniela freut sich immer schon viele Wochen vorher __________ ihren Geburtstag.

⑦ Weißt du __________ Autos Bescheid?

⑧ Kannst du auf Deutsch __________ deine berufliche Zukunft reden?

⑨ Bin ich da __________ Ihnen richtig?

⑩ __________ zwei Wochen können Sie sich schon verloben.

（5）**Übersetzen 翻译**

① 你以为我会相信他说的话吗？

② 我不能向你许诺。这要看情况的发展而定。

③ 您能不能给我出出主意？

④ 我已经成了大家注意的中心。

⑤ 父母对他们的孩子感到很骄傲，因为他们的确表现不错。

Weisheit（智慧箴言）

Je größer der Berg, je tiefer das Tal.

山高谷深。

C Grammatik 语法

Lerntipps 比例从句同增减，前后都有比较级。
学习提示 从句通常放前面，主句动词要注意。

1. Allgemeines 语法常识

以je...作连词的比例从句是一种状语从句，说明主句情况要依据从句情况而定，即从句和主句里都有一种增加或减少的情形。这被称作成同比例发展的相互关系。若从句在前，主句用副词desto或umso开头，用形容词的比较级。一般从句在前，主句在后。

2. Grammatische Tabellen 语法图表

（1）je ..., desto ...

从句	主句
Je höher er steigt,	desto stärker bläst der Wind.
Je fleißiger er Deutsch lernt,	desto besser kann er es sprechen.

（2）je ..., umso ...

从句	主句
Je heißer das Wetter ist,	umso mehr Wasser trinkt man.
Je mehr ich lese,	umso reicher wird mein Wortschatz.

（3）省略desto或umso

主句	从句
Der Fluß steigt,	je mehr der Schnee in den Bergen schmilzt.

说明：例句的条件是，只有在主句动词包含增减意义时，才可以省去desto或umso和形容词的比较级。

3. **Übungen 练习**

（1）**Vervollständigen 续写句子**

① Je älter er wird, ______________. (bescheiden, sein)

② Je mehr Schwierigkeiten auftreten, ______________. (energisch, arbeiten)

③ Je schwerer die Aufgabe ist, ______________. (groß, die Freude)

④ Je deutlicher der Redner spricht, ______________. (gut, die Zuhörer, verstehen)

⑤ Je höher man den Berg hinaufsteigt, ______________. (schön, die Landschaft der Umgebung)

⑥ Je intoleranter die Eltern sind, ______________. (früh, die Kinder, das Elternhaus verlassen)

⑦ Je jünger die Frauen sind, ______________. (stark, der Wunsch, außerhalb des Hauses zu arbeiten).

（2）**Vervollständigen 续写句子**

Beispiel: Sie arbeiten schon lange. Sind Sie müde?

Ja, je länger ich arbeite, desto (umso) müderer bin ich.

① Du arbeitest gut. Verdienst du viel Geld?

Ja, ______________.

② Der Wein ist alt. Ist er gut?

Ja, ______________.

③ An eurer Reise nehmen viele Leute teil. Ist die Reise billig?

Ja, ______________.

④ Viele Leute suchen möblierte Zimmer. Sind die Zimmer teuer?

Ja, ______________.

⑤ Im Frühjahr hat es lange geregnet. Werden die Bauern eine gute Ernte haben?

Ja, ______________.

⑥ Die Fima macht für ihre Waren viel Reklame. Hat sie einen großen Absatzmarkt?

Ja, ______________.

⑦ Ihr seid weit ins Gebirge hinein gefahren. Habt ihr hohe Berge gesehen?

Ja, ______________.

（3）Ergänzen 填空

je ... desto	*entweder ... oder*	*zwar ... aber*
weder ... noch	*nicht nur ..., sondern auch*	

① __________ mehr Menschen sich infizieren, __________ mehr müssen ins Krankenhaus.

② Das Essen in diesem Restaurant schmeckt __________ sehr gut, ist __________ echt teuer.

③ Sie gleicht ihrer Mutter __________ äußerlich, __________ in ihrem Charakter.

④ __________ bereitest du dich gut auf die Prüfung, __________ du wirst sie nicht bestehen.

⑤ Für eine Reise habe ich leider __________ Zeit __________ Lust.

（4）Schriftliche Übung 书面练习

früher anfangen - besser lernen

der Prüfungstermin näher kommen - weniger lernen sollen

Farbe eines Autos heller sein - besser in der Dunkelheit erkennen können

Franz mehr im Mittelpunkt des Interesses stehen - sich besser fühlen

Hans länger reden - die Zuhörer sich mehr langweilen

（5）Übersetzen 翻译

① 一个人吃得越多越容易胖。

② 春天越近，天气就越暖。

③ 孩子越早离开家庭，就越缺乏意志。

④ 他知道得越多，就越谦虚。

⑤ 我们越是经常运动，身体就越强壮。

D Hörverständnis 听力

1. Thema: Kindergeld beantragen 题目：申请子女费

Das Kindergeld wird, wie mehrfach berichtet, vom 1. Januar an vom Arbeitsamt ausgezahlt. Allerdings müssen sich Väter oder Mütter selbst darum kümmern, dass sie das Geld bekommen. Sie müssen Formulare ausfüllen und an das Arbeitsamt schicken.

Die Antragsformulare und die Merkblätter mit den Erklärungen bekommt man bei allen Zweigstellen der Stadtsparkasse Köln. Unabhängig vom Einkommen beträgt das Kindergeld vom 1. Januar nächsten Jahres an 50 Euro für das erste, 70 Euro für das zweite und 120 Euro für jedes weitere Kind.

Die neue Aufgabe, die im Rahmen der Neuordnung des Familienlastenausgleichs im Zusammenhang mit der Steuerreform den Arbeitsämtern übertragen wurde, machte in Köln eine ganz neue Abteilung erforderlich. 50 Mitarbeiter, so hatte die Bundesanstalt für Arbeit in Nürnberg für die Kölner Kollegen an „Mehrbedarf" ausgerechnet, wurden eingestellt.

2. Wörter 词汇

das Kindergeld ¨-er 子女费
beantragen *vt* 申请
mehrfach 一再，重复
das Arbeitsamt ¨-er 劳动局
aus/zahlen *vt* 付给某人应得的款项；付清
das Antragsformular -e 申请表格
das Merkblatt ¨-er 说明性附页
die Zweigstelle -n 分行，分号，分支机构
betragen *vi* 总计
der Rahmen 范围；框架
die Neuordnung -en 新规定
der Familienlastenausgleich 家庭负担平衡
die Steuerreform -en 税收改革
übertragen *vt* 交托；转播；翻译；转账
die Bundesanstalt -en 联邦机关
der Mehrbedarf 计划以外的需要
aus/rechnen *vt* 计算出

3. Erläuterungen 解释

（1）Satzmodelle für Anfänger 初学句型

① Die neue Aufgabe wurde den Arbeitsämtern übertragen （这项新任务被交给了劳动局。）

动词übertragen带“人三物四”的宾语，表示“把某物交给某人”，例如：Man hat ihm diese Aufgabe schon einmal übertragen.（有人已经把这项任务交给了他。）它还可以和其他名词连用，例如：jm. eine Arbeit übertragen（交给某人一份工作），jm. ein Amt übertragen（交给某人一个职位），jm. einen Posten übertragen（交给某人一个岗位），jm. eine Funktion übertragen（交给某人一个职务）。

② Die neue Aufgabe macht in Köln eine ganz neue Abteilung erforderlich. （这个新任务需要科隆成立一个新的部门。）

形容词erforderlich（必须的）可以跟动词machen或谓语动词sein连用，构成句子，例如：Dafür ist viel Zeit erforderlich.（这需要花费许多时间。）

（2）Feste Kombinationen 固定搭配

① unabhängig von etw. (D) sein （不取决于某事/某人，不受某事/某人的影响，独立于某事）

形容词unabhängig和介词von连用做状语。例如：Unabhängig von seiner Frau beabsichtigt er, Geschäfte zu machen.（他不受他妻子的影响，计划去做生意。）

② im Zusammenhang mit etw. (D) （与某事有联系）

这个词组表示所叙述的事情同某一件事有联系，在句中做状语，例如：Im Zusammenhang mit dem Verkehrsunfall wurde sein Name genannt.（在讨论这起事故时提到了他的名字。）

（3）Idiomatische Wendungen 习惯用语

① wie mehrfach berichtet （正如人们一再报道的那样）

这个短语在文章中作插入语，前后用逗号隔开，起状语成分的作用，类似表达很多，如：wie gesagt（如同人们所说的那样），wie zuvor genannt（如同先前所说的那样），wie erläutert（如前所述）。

② im Rahmen etw. (G) / von etw. (D)（在某事范围内）

这个短语在句中作状语，例如：im Rahmen der Zusammenarbeit beider Länder（在两国合作范围内）。

4. Übungen 练习

（1）Beantworten 回答问题

① Von welcher Stelle bekommt man ab 1. Januar das Kindergeld?

② Wie viel Kindergeld bekommt eine Familie mit zwei Kindern?

③ Was muss man machen, um das Kindergeld zu bekommen?

④ Wo gibt es Formulare?

⑤ Woher weiß man, wie man die Formulare ausfüllen muss?

⑥ Müssen die Angestellten des Kölner Arbeitsamts jetzt mehr arbeiteten?

⑦ Wie viele neue Mitarbeiter müssen in Köln eingestellt werden?

（2）Richtig oder falsch 判断

① Man bekommt Kindergeld nur für das erste und zweite Kind. （ ）

② Man bekommt das Kindergeld automatisch. （ ）

③ Man hat das Kindergeld schon immer vom Arbeitsamt bekommen. （ ）

④ 50 Mitarbeiter bearbeiten in Köln beim Arbeitsamt die Anträge auf Kindergeld. （ ）

⑤ In Nürnberg werden mehr als 50 Mitarbeiter eingestellt. （ ）

（3）Ergänzen 填空

Überweisung *Geldautomat* *Zweigstelle* *Konto*
Zins *Miete* *Nationalität*

① Frau Schachner muss für ihren Kredit mehr als elf Prozent ________ pro Jahr bezahlen.

② Herr Wu hat ein Stipendium. Er bekommt jeden Monat eine ________ von der Friedhof-Ebert-Stiftung.

③ Vor der Bank befindet sich ein ________. Dort kann man Tag und Nacht Geld bekommen.

④ Frau Müller verdient 3106 Euro. Davon muss sie jeden Monat ungefähr 1800 Euro für die ________ Ihrer Wohnung und für Versicherungen bezahlen.

⑤ Sie wollen bei uns einen Kredit beantragen? An welche ________ haben Sie dann gedacht?

⑥ Manche Leute verstecken ihr Geld in der Wohnung, aber natürlich ist es besser, ein ____________ bei einer Bank zu haben.

⑦ Der Bankangestellte hat bemerkt, dass Herr Wu kein Deutscher ist. Deshalb fragt er ihn nach seiner ____________.

（4）Übersetzen 翻译

① 如同报纸文章所报道的那样，子女费的申请必须由父母本人提出。

② 他不受父母的影响，只身去了国外。

③ 在合作交流的范围内发展两校关系是我们遵循的一条原则。

④ 去国外读书，勤奋学习是必需的。

⑤ 父母把他们的产业交给了他。

E Lesetext 阅读课文

1. Thema: Euro – Einheitliche europäische Währung 题目：欧元——欧洲统一货币

Nach einer langen Vorbereitungszeit von über 40 Jahren wurde der Euro am 1. Januar 1999 ins Leben gerufen: in den ersten drei Jahren seiner Existenz war der Euro eine „unsichtbare“ Währung, die nur zur Verrechnung und für elektronische Zahlungen verwendet wurde. Münzen und Banknoten wurden am 1. Januar 2002 eingeführt. Und nun ist der Euro in 19 der 27 EU-Länder die offizielle Währung.

Die Europäische Kommission hat einen Halbkreis mit zwei links kreuzenden Balken als Symbol für den Euro ausgewählt. Es lehnt sich an den griechischen Buchstaben Epsilon (ε) an und verweist damit auf die Wiege der Europäischen Kultur in Griechenland sowie auf den ersten Buchstaben des Wortes Europa.

Zur Ersteinführung des Euro im Januar 2002 wurden 7 Banknoten und 8 Münzen entworfen. Die Geldscheine sind in allen Ländern des Euro-Währungsgebiets einheitlich gestaltet. Bei den Euro-Münzen dagegen ist eine Seite für alle Länder gleich, die andere trägt ein länderspezifisches Motiv. Entworfen hat die neuen Geldscheine der Profi-Banknotengestalter Robert Kalina, Mitarbeiter der Banknoten-Druckerei der Österreichischen Nationalbank, für einen Wettbewerb.

Der endgültigen Entscheidung ging sogar eine Meinungsumfrage unter Privatpersonen sowie Leuten voraus, die berufsmäßig mit großen Geldbeträgen umgehen.

Taxifahrer und Bankbeamte haben also entschieden: Ab dem 1. Januar 2002 sind Scheine mit einer 200er-Währung kein Falschgeld mehr. Der Euro hat solche Scheine als legale Zahlungsmittel vorgesehen. Je größer der Wert, desto größer der Scheine. Doch bei 500 Euro ist Ende: der liebgewonnene Tausender wurde abgeschafft. Sieben Banknoten (5, 10, 20, 50, 100, 200 und 500 Euro) präsentieren als Motive auf den Vorderseiten Baustile aus sieben Epochen der Europäischen Kulturgeschichte: Klassik, Romantik, Gotik, Renaissance, Barock und Rokoko, Eisen- und Glasarchitektur sowie moderne Architektur des 20. Jahrhunderts. Sie werden anhand der drei Architekturelemente, Fenster, Tore und Brücken dargestellt und sollen Offenheit und Zusammenarbeit in der EU symbolisieren.

Der Schriftzug „Euro" ist sowohl in lateinischer als auch in griechischer und kyrillischer Schreibweise aufgedruckt, da alle drei Schriften in der EU verwendet werden. Gut tastbare Zeichen und Farbreliefs an Rändern und Ecken der Noten ermöglichen auch Blinden und Sehbehinderten den leichteren Umgang mit Geld.

2. Wörter 词汇

der Euro 欧元
die Existenz 存在
die Verrechnung 结算，清算
die Münze -n 硬币，钱币
die Banknote -n 纸币
die EU (=die Europäische Union) 欧盟
die Kommission -en 委员会
der Halbkreis -e 半圆
der Balken 梁
das Symbol -e 象征
aus/wählen *vt* 选定，选出
der Buchstabe -n 字母
das Epsilon 希腊字母中第五个字母
an/lehnen *vr* 以……为依据（蓝本），摹仿；依靠，靠上去
verweisen *vt/vi* 使注意，指示，指导
die Wiege -n 摇篮
der Geldschein -e 纸币
das Motiv -e 动机；题材，主题
der Profi-Banknotengestalter 职业钞票设计师
die Nationalbank 国家银行
voraus/gehen *vi* 先行，走在前面
das Falschgeld 假钞
legal 合法的，合条例的
präsentieren *vt* 提出，呈现，赠送

die Vorderseite -n 前面，前端，前行，表面

der Baustil -e 建筑风格

die Klassik 古典（时期艺术）风格

die Romantik 浪漫主义风格

die Gotik 哥特式（建筑）风格

die Renaissance 文艺复兴

der/das Barock 巴洛克（艺术）风格

das Rokoko 洛可可（艺术）风格

die Eisen- und Glasarchitektur 钢铁和玻璃建筑风格

die moderne Architektur 现代建筑风格

symbolisieren *vt* 象征

der Schriftzug 字迹；字符，字样，字标

tastbar 可触摸的

das Farbrelief -s 彩色凸版

der Blinde (dekl. wie Adj.) 盲人（按形容词变化）

der Sehbehinderte (dekl. wie Adj.) 视力障碍者（按形容词变化）

3. Erläuterungen 解释

（1）Satzmodelle für Anfänger 初学句型

① Der liebgewonnene Tausender wurde abgeschafft.（受人喜欢的千元纸币被取消。）

可分动词ab/schaffen是强变化动词，表示“取消，不再使用”等意思，例如：ein Gesetz ab/schaffen（废除一项法律），eine Bestimmung ab/schaffen（取消一个条款）。

② Sieben Banknoten präsentieren ...（七种纸币呈现……）

动词präsentieren可按照“人三物四”的规律搭配双宾语，意为“给某人呈现某物”例如：Darf ich Ihnen mein neuestes Buch präsentieren?（请允许我把我最近出版的书送给您，好吗？）

③ Gut tastbare Zeichen und Farbreliefs an Rändern und Ecken der Noten ermöglichen auch Blinden und Sehbehinderten den leichteren Umgang mit Geld.（纸币边角上易于触摸的标记和彩色凸版使盲人和视力不好的人也较容易用钱。）

动词ermöglichen可按照“人三物四”的规律搭配双宾语，意为“使某人可以做某事”。

（2）Feste Kombinationen 固定搭配

① sich an etw. (A) an/lehnen（以某物为依据/蓝本）

反身动词an/lehnen支配介词宾语an加第四格，例如：Dieser Vertrag lehnt sich an die früher geschlossenen Verträge an.（这个合同是按照过去签订的合同样式起草的。）

② **jn. auf etw. (A) verweisen （使某人注意某物，指点某人参阅某物）**

动词verweisen支配介词宾语auf加第四格，例如：Der Lehrer verwies die Studenten auf die Zitate von Nietzsche.（老师要学生参阅尼采的引语。）

（3）Idiomatische Wendungen 习惯用语

die Wiege der europäischen Kultur （欧洲文化的摇篮）

欧洲文化的摇篮是指希腊。

4. Übungen 练习

（1）Beantworten 回答问题

① Wer hat einen Halbkreis als Symbol für den Euro ausgewählt?

② Worauf verweist der Euro?

③ Wer hat die neuen Geldscheine entworfen?

④ Wie hat man sich dafür entschieden?

⑤ Ab wann werden Scheine verwendet?

⑥ Was präsentieren sieben Banknoten?

⑦ Was symbolisiert die Offenheit und Zusammenarbeit in der EU?

⑧ Woran hat man beim Schriftzug Euro gedacht?

（2）Ergänzen 填空

Symbol	*ab/schaffen*	*Wettbewerb*	*präsentieren*
an/lehnen	*verweisen*		

① Der Eiffelturm ist das ____________ für Paris.

② Die Models ____________ die neue Herbstkollektion.

③ Die umweltschädlichen Autos müssen alle ____________ werden.

④ Der Beamte ____________ mich auf die gesetzlichen Bestimmungen.

⑤ Diese Geschichte ____________ sich an eine der Case Studies ____________.

⑥ Jugendliche zwischen 13 und 19 Jahren können am ____________ teilnehmen.

Wiederholung 3

第三阶段复习

Teil 1 Leseverstehen 阅读理解

A. Wählen Sie die geeignete Überschrift für den jeweiligen Abschnitt. 选择合适的标题

1. Im Rahmen einer Untersuchung der Oxford Universität wurde festgestellt, dass 47% von 700 analysierten Berufen in Zukunft von Automatisierung und damit der Industrie 4.0 bedroht sind.
2. Die meisten Bewerber verzichten auf die Chance, vor oder nach Versand ihrer Bewerbungsunterlagen ihre Telekommunikationsfähigkeit unter Beweis zu stellen.
3. Im Logistikbereich steht der Drohnentechnologie noch eine große Zukunft bevor. Das Ziel: Waren in kürzester Zeit und kostengünstig vom Absender direkt zum Empfänger zu transportieren.
4. Seit 1934 bewohnt Frau Anna Seifert die Zweizimmerwohnung im Erdgeschoss Hafenstraße 35. Die Miete ist, an heutigen Verhältnissen gemessen, für sie als Rentnerin und Witwe annehmbar.
5. 8.14 Uhr, Bahnhof Zoo. Detlef Kürschner fährt mit dem Doppeldeckerbus zur Haltestelle vor dem Bahnhof. Zisch! Die Türen öffnen sich. Zehn Menschen steigen ein. Zisch! Wieder zu.
6. Niemand wird es leugnen können, dass der Bahnhofbereich Frankfurt einschließlich des Gutleutviertels teilweise in miserablem Zustand ist. Mit zusätzlichen Mitteln von Bund und Land beabsichtigt die Stadt, offensichtliche Missstände zu beseitigen.
7. Während des Telefongesprächs mit Ihrem potentiellen Arbeitgeber muss Ihre Umgebung absolut ruhig sein. Da es natürlich nicht nur auf die Form, sondern auch auf den Inhalt Ihres

Anrufs ankommt, sollten Sie vor dem Telefonieren ein Skript mit Ihren wichtigsten Punkten verfassen.

8. Nach einer langen Vorbereitungszeit von über 40 Jahren wurde der Euro am 1. Januar 1999 ins Leben gerufen.
9. 2014 sind 174 572 Personen nach Berlin gezogen, während 137 459 sie verlassen haben. Viele Menschen gehen weg, weil sie keine gut bezahlte Stelle finden. Nachdem die Bundesregierung 1999 aus Bonn nach Berlin gezogen ist, sind zwar viele Jobs entstanden. Aber es fehlen Arbeitsplätze in der Industrie.
10. Die Europäische Kommission hat einen Halbkreis mit zwei links kreuzenden Balken als Symbol für den Euro ausgewählt. Es lehnt sich an den griechischen Buchstaben Epsilon (Є) an und verweist damit auf die Wiege der Europäischen Kultur in Griechenland sowie auf den ersten Buchstaben des Wortes Europa.

A) Arbeitstag eines Busfahrers beginnt

B) Berlin verändert sich konstant

C) Schüchternheit der Bewerber

D) Tips für ein Telefongespräch

E) Automatisierung der klassischen Berufe

F) Drohnenpilot - ein Berufsbild mit Zukunft

G) Miserabler Zustand im Bahnhofbereich Frankfurt

H) Niedrige Mieten sind doch ausschlaggebend

I) Geburt des Euros

J) Symbol für Euro

B. Entscheiden Sie, ob die jeweiligen Aussagen richtig, falsch oder nicht im Text erwähnt sind. 选择正确的表述

Wenn Menschen ihre Besitztümer verkaufen wollen, dann fordern sie oft Fantasiepreise. Der Ökonom Richard Thaler hat diesem irrationalen Verhalten bereits vor 28 Jahren einen Namen gegeben: Besitztumseffekt. Dieser besagt, dass wir einen Gegenstand, den wir unser eigen nennen, für wertvoller halten als einen identischen oder vergleichbaren, der nicht zu unserem Eigentum zählt. Der Mensch ist eben kein Homo oeconomicus, auch wenn die Wirtschaftswissenschaften dies hartnäckig behaupten. Der Mensch kalkuliert nicht rational, sondern emotional. Sobald sich Menschen als Besitzer fühlen, steigt der Wert ihres Besitzes subjektiv. Das machen sich Handelsketten zunutze, indem sie Kunden die Möglichkeit geben, beispielsweise einen Fernseher mehrere Wochen zu testen. Auf diese Weise beginnen die Kunden, sich fast als Besitzer zu fühlen. Der subjektive Wert des Produktes steigt und damit auch die Kaufbereitschaft der Kunden.

11. Fremdes Eigentum wird im Wert höher eingeschätzt als eigenes.

A) Richtig. B) Falsch. C) Nicht erwähnt.

12. Richard Thaler ist Ökonom von Beruf.

A) Richtig. B) Falsch. C) Nicht erwähnt.

13. Besitztumseffekt bezieht sich auf irrationales Verhalten des Besitzers.

A) Richtig. B) Falsch. C) Nicht erwähnt.

14. Menschen trennen sich in der Regel nicht gern von ihrem Eigentum.

A) Richtig. B) Falsch. C) Nicht erwähnt.

15. Wer Eigenes verkauft, der erlebt diesen Verkauf als schmerzhaften Verlust.

A) Richtig. B) Falsch. C) Nicht erwähnt.

16. Menschen reagieren empfindlicher auf Verluste als auf Gewinne.

A) Richtig. B) Falsch. C) Nicht erwähnt.

17. Wirtschaftswissenschaftler sagen, dass der Mensch rational handelt.

A) Richtig. B) Falsch. C) Nicht erwähnt.

18. Wenn Menschen ein Produkt schon ausprobiert haben, kaufen sie es eher.

A) Richtig. B) Falsch. C) Nicht erwähnt.

19. Sobald sich Menschen als Besitzer fühlen, steigt der wirkliche Wert ihres Besitzes.

A) Richtig. B) Falsch. C) Nicht erwähnt.

20. Handelsketten können den Preis der Produkte durch Besitztumseffekt erhöhen.

A) Richtig. B) Falsch. C) Nicht erwähnt.

C. Wählen Sie die passenden Sätze. Zu jeder Lücke passt nur ein Satz. 选择正确的句子，每空一句

Mann: Sarah, Sie kommen aus Ghana, in Afrika. ____21____

Frau: Das war kurz nach meinem fünften Geburtstag. ____22____

Mann: ____23____

Frau: Ja, es hat mir sofort gefallen, ____24____.

Mann: Und dann? ____25____

Frau: Als ich in der Schule war, hat mein Sportlehrer mir gesagt, bei welchem Fußballverein ich mich anmelden soll. ____26____

Junge: Jetzt schon seit 14 Jahren! Und seit zwei Wochen sind Sie sogar in der deutschen Frauennationalmannschaft. ____27____

Frau: Danke. Ja, und ich hoffe, ____28____

Mann: Was machen Sie denn, ____29____

Frau: ____30____ Aber später, wenn ich nicht mehr so gut bin, möchte ich studieren.

A) Und wie fanden Sie das neue Leben in Deutschland?

B) Glückwunsch!

C) Wie ging es dann weiter?

D) Wann sind Sie nach Deutschland gekommen?

E) ich habe ganz schnell Freunde gefunden – beim Fußballspielen auf der Straße.

F) dass ich bald auch einmal in einem internationalen Spiel mitspielen darf.

G) Da sind wir dann mit der ganzen Familie umgezogen.

H) Im Moment habe ich keine Zeit für anderes.

I) Und dort spiele ich immer noch.

J) wenn Sie nicht Fußball spielen?

Teil 2 Grammatik und Wortschatz 语法和词汇

A. Wählen Sie für jede Lücke das richtige Wort. 选择正确的单词填空

In Deutschland ____31____ Müll getrennt. Statistisch gesehen produziert ____32____ Bundesbürger etwas mehr ____33____ zehn Kilo Müll ____34____ Tag. Der ____35____ Teil entfällt auf die Industrie. Deutschland gilt ___36___ Land mit den international strengsten Umweltauflagen. Und es war das erste Land, in ___37___ eine grüne Partei in das Parlament einzog. „Öko" – das war lange Zeit die Lieblingssilbe des Gutmenschen. Alles musste „Öko" sein, ___38___ der Banane bis zum Pullover. Ob Antiatomkraftdebatte oder Kampf ___39___ den „sauren Regen", der den Wald ___40___, die Anliegen der „Öko-Bewegung" beherrschten die Öffentlichkeit.

31. A) sind	B) wurde	C) wird	D) werde
32. A) jeder	B) ein	C) alle	D) der
33. A) von	B) als	C) auf	D) wie
34. A) jeder	B) an	C) je	D) pro
35. A) größe	B) größste	C) größte	D) grösste
36. A) zu	B) als	C) auf	D) wie
37. A) das	B) dem	C) diesem	D) den
38. A) aus	B) seit	C) von	D) an
39. A) für	B) um	C) an	D) gegen
40. A) schützt	B) produziert	C) schadet	D) zerstört

B. Wählen Sie passsende Präpositionen oder Artikel und füllen Sie die Lücken. 选择合适的介词或冠词填空

A) für	B) in	C) im	D) das
E) während	F) zwischen	G) unter	H) ein
I) pro	J) ab		

Viele Schüler und Studenten arbeiten ___41___ ihren Ferien. So verdienen sie Geld und machen neue Erfahrungen. Schüler ___42___ 15 Jahren dürfen in Deutschland nicht wie ein Erwachsener arbeiten. Es gibt ___43___ Gesetz, ___44___ Kinderarbeit verbietet. Eine Ausnahme gibt es aber: Wenn es die Eltern erlauben, dürfen Kinder schon ___45___ 13 Jahren arbeiten. Aber nur zwei Stunden ___46___ Tag und nur tagsüber. Und natürlich nicht ___47___ der Schulzeit. Anders ist es in den Ferien. Hier dürfen Schüler ___48___ 15 und 18 Jahren maximal vier Wochen ___49___ Jahr arbeiten, höchstens aber acht Stunden pro

Tag. Beliebte Jobs ___50___ Schüler sind zum Beispiel Babysitten, Zeitungen austragen oder Nachhilfe geben.

Teil 3 Übersetzung der unterstrichenen Teile aus dem Deutschen ins Chinesische mit Hilfe von einem Wörterbuch 借助词典翻译画线部分

51. Morgens früh aufstehen

Morgens ohne Probleme aufzustehen ist nicht jedermanns Sache. Besonders die Langschläfer kommen in der Früh nur schwer aus dem Bett. Dabei ist es so wichtig, sich morgens Zeit für sich zu nehmen. Wer morgens gut gelaunt und dankbar in den Tag startet, dem geht es auch physisch und mental besser. Das haben bereits verschiedene Studien gezeigt. Für kleine Dinge „Danke zu sagen" bringt positive Energie in den Alltag und macht es leichter, das große Ziel vor den Augen nicht zu verlieren.

52. Glühwein

Es gibt den Glühwein schon länger als Weihnachtsmärkte. Auf dem Weihnachtsmarkt Würste essen und dazu Glühwein trinken, gehört für viele untrennbar zur Adventszeit. Laut Statistiken trinken die Deutschen pro Jahr etwa 40 Millionen Liter Glühwein. Basis ist roter oder weißer Wein, der mit Gewürzen (调料) versetzt und dann erhitzt wird. Das Erhitzen des Weins bringt nicht nur warme Hände und Füße, sondern verringert auch den Alkoholgehalt.

Teil 4 Schriftlicher Ausdruck 书面表达

Schreiben Sie zum Thema „Mein Traumberuf" einen Aufsatz mit mindestens 50 Wörtern. **以„Mein Traumberuf"为题写一篇不少于50个单词的作文**

53. Der Aufsatz beinhaltet（作文内容）:

A) Was ist Ihr Traumberuf?

B) Gründe für Ihre Wahl.

C) Ihr Plan, um Ihren Traum zu verwirklichen.

附录

Glossar 总词汇表

A

ab	从……起	2-B
ab/brechen *vt*	中断	6-E
der Abfall ¨e	废物，垃圾	8-B
ab/holen *vt*	接，提取	3-D
ab/laufen *vi*	放完	13-B
ab/lehnen *vt*	不接受；拒绝；否决	3-B
ab/nehmen *vi*	变小，减少	4-B
ab/rechnen *vt*	扣除	11-B
ab/schaffen *vt*	废除，取消	13-D
ab/schließen *vt*	缔结	14-D
ab/schneiden *vi*	[口]得到结果	6-D
absichtlich	故意的	8-D
absolut	绝对的，完全的	4-B
der Abstrich -e	涂片	5-B
die Abteilung -en	部门	2-B
ab/wickeln *vt*	进行，办理	5-D
ab/wimmeln *vt*	拒绝，推掉	12-E
die Ahnung -en	预感；约莫了解	11-D
der Alkohol -e	酒；酒精	4-D
der Alarmknopf ¨e	报警按钮	1-E
allenfalls	至多，也许，在某种情况下	3-E
allerdings	然而，但是	13-E

althergebracht (P. II)	长久习惯的	7-B
der Amerikaner	美国人	12-D
der Anbetracht	涉及（只用于短语 in Anbetracht）	8-E
an/bieten *vt*	提供	2-D
anerkennen *vt*	承认，认可	13-E
an/fangen *vi*	开始	2-B
das Angebot -e	供给，供应	12-B
angesichts	面对，鉴于	8-B
angewandt (P.II)	应用的	8-B
die Angina	咽喉炎，扁桃体炎	2-B
anhaltend (P.I)	持续的	8-B
an/kucken *vt*	观察	5-B
an/machen *vt*	点燃	11-D
annehmbar	可接受的	14-E
an/nehmen *vt*	接受；批准，通过；假定，认为	2-D
an/lehnen *vr*	以……为依据（蓝本），摹仿；依靠，靠上去	15-E
der Anorak -s	带风帽的厚上衣	1-E
die Anschuldigung -en	指控，控告	7-E
an/sehen *vr*	观看	9-B
der Anspruch ¨e	要求	4-B
an/starren *vt*	注视，凝视	1-E
das Ansteigen	上升，增加	8-B
anstrengend (P.I)	费力的	6-B
das Antragsformular -e	申请表格	15-D
der Antrieb -e	（行为的）动力	3-E
die Anzahl	数量	2-E
an/ziehen *vr*	穿	12-E
der Apparat -e	仪器，设备；电话机；收音机	8-D
der Appetit	食欲，胃口	10-B
apropos	附带地说，此外	12-E

die Arbeitsamkeit	勤劳	4-D
das Arbeitsamt ¨er	劳动局	15-D
die Arbeitskraft ¨e	劳动力	12-B
der Arbeitsplatz ¨e	工作岗位	2-B
das Argument -e	理由	1-D
das Architekturstudium	建筑专业学习	5-D
ärgern *vt*	使生气，恶意地逗弄	3-D
der Aspekt -e	角度，观点	5-B
der Assistent -en	助教，助理员	5-B
attraktiv	吸引人的，有吸引力的	14-B
der Aufbau	搭建；重建；建设	8-E
die Aufenthaltsgenehmigung -en	居留许可	3-B
auf/fliegen *vi*	告吹，失败；飞起；突然打开	6-E
aufgeregt (P.II)	激动的，不安的	13-D
aufgeschlossen (P.II)	易于接受新事物的，心胸开阔的	13-E
auf/greifen *vt*	抓住；捡起；采纳；开始研究	10-E
auf/hören *vi*	停止	6-D
auf/nehmen *vt*	接受	5-B
auf/räumen *vt*	整理，打扫	4-D
der Aufsatz ¨e	文章，作文	1-B
auf/stehen *vi*	起床，起立	1-D
die Aufsicht -en	监管；照管；监督	14-B
die Aufstiegschance -n	晋升的机会	5-D
der Ausbau	扩建；改建；拆除	8-E
aus/brechen *vi*	爆发	5-E
aus/fallen *vi*	短路；停止运转	2-B
ausgezeichnet	杰出的，极其出色的	2-B
aus/kennen *vr*	熟悉，熟识	1-B
aus/plaudern *vt*	泄露	3-E
aus/rechnen *vt*	计算出	15-D

ausschlaggebend	决定性的	14-E
aus/schließen *vt*	排除；开除；使不可能	7-B
ausschließlich	唯独，仅仅	7-E
der Ausschluss ¨-e	排除，除外，不准参与	8-E
der Außendurchmesser	外径	2-E
außerhalb	除……以外	6-B
äußern *vt*	表达	3-B
der Aussiedler	移民	12-B
der Ausstellungsartikel	展品	9-B
die Ausstrahlung -en	辐射；作用；个人魅力	12-E
aus/suchen *vt*	挑选，选拔，选出	11-B
aus/wählen *vt*	选定，选出	15-E
aus/wandern *vi*	移居国外	5-E
der Auswuchs ¨-e	弊病	13-B
der Automechaniker	汽车机械师	5-B
aus/zahlen *vt*	付给某人应得的款项；付清	15-D
autonom	自主的	9-E
die Autonomie -n	自主，独立	9-E
autoritär	权威的；独裁的	1-D
die Autowerkstatt ¨-e	汽车厂	5-B

B

die Bahnhofmission -en	火车站慈善团体	11-E
die Bakterie -n	细菌	5-B
der Balken	梁	15-E
die Bank ¨-e	长椅，板凳	13-D
das Bankkonto -s	银行账户	15-B
die Banknote -n	纸币	15-E
bankspezifisch	银行专有的	5-D
der/das Barock	巴洛克（艺术）风格	15-E

der Basketball ¨e	篮球；篮球运动	13-D
das Baujahr	建筑年份	15-B
der Baum ¨e	树，树木	3-D
die Baustelle -n	建筑工地	11-B
der Baustil -e	建筑风格	15-E
beabsichtigen *vt*	有意，打算	14-E
beachtlich	可观的	9-E
beantragen *vt*	申请	15-D
beantworten *vt*	答复，回答	10-D
bedeutungsvoll	意义深刻的	3-E
der Bedingungssatz ¨e	条件从句	3-B
bedrohen *vt*	威胁，威吓	13-E
bedrohlich	危险的	13-B
die Bedrohung -en	威胁	7-E
befremden *vt*	使……感到奇怪	12-E
begegnen *vi*	（偶然）碰上，碰见，遇见	1-B
die Begegnung -en	相遇，相会	9-D
die Begeisterung -en	鼓舞，热情，振奋	3-E
begleiten *vt*	陪伴，陪同	9-B
beieinander	在一起，靠近	1-E
der Beitrag ¨e	贡献	8-B
der Bekannte (dekl. wie Adj.)	熟人（按形容词变化）	14-B
bekommen *vt*	得到	2-D
belästigt (P. II)	受到纠缠的	14-E
die Belastung -en	负担，责任	4-D
das Belgisch	比利时语	1-B
beliebt	令人喜爱的，喜欢的	5-E
bemalen *vt*	给……上色	1-E
bemerkenswert	值得注意的	9-E
benachbart	邻近的，附近的	14-B

die Benimmregel -n	行为准则	3-E
der Benz-Motorwagen	奔驰内燃机汽车	9-B
beraten *vt*	为……出主意，劝告，建议；商议	15-B
der Berater	咨询人员	12-B
berechnen *vt*	计算	2-E
der Bereich -e	范围，领域；地区，区域	7-B
die Berliner Verkehrsbetriebe (BVG)	柏林运输公司	11-E
der Berufsanfänger	职业上的新手	5-D
die Berufsunfähigkeitsversicherung -en	劳动能力丧失保险	12-B
bescheiden	谦虚的，简朴的	3-E
die Bescheidenheit	虚心，谦虚；简朴	15-B
die Beschränkung -en	限制	7-E
beschwerlich	费力的，劳累的，困难的	5-E
beseitigen *vt*	消除	14-E
besetzt (P.II)	被占的，不空的	2-B
besprechen *vt*	谈论，讨论，商议	7-D
bestimmen *vt*	确定，规定	4-D
betäuben *vt*	使麻醉，使麻木	4-D
die Beteiligung -en	加入；参与；入股	8-E
die Betonburg	水泥城堡	14-B
betragen *vi*	总计	15-D
betreffen *vt*	降临到……头上，落到……身上	13-B
die Betriebskosten (Pl.)	运行费用，经营费用	11-E
der Beweis -e	证明，理由，证据；表示	12-E
beweisen *vt*	证明	14-D
bewerben *vr*	求职	2-D
bewohnen *vt*	居住（在）	14-E
die Bezahlung -en	支付，付款；报酬，酬谢；工资，薪金	2-D
bieten *vt*	提供	4-B
die Bildung -en	教育；知识，学识	4-B

die Billigarbeit -en	廉价的活儿	11-B
bio-medizinisch	生物医学的	7-B
die Biotechnologie -n	生物技术	8-B
die Bitte -n	请求	3-B
bitten *vt*	请求	1-B
der Blick -e	目光，眼光	12-D
der Blinde (dekl. wie Adj.)	盲人（按形容词变化）	15-E
der Blitz -e	闪电	4-E
blöde	愚笨的，傻的	8-D
bloß	单纯的，单一的	4-B
der Blutkasten	血箱，血柜	5-B
das Blutkörperchen	血球	5-B
boomen *vi*	繁荣，昌盛，发展	5-D
böse	坏的；恶意的；生气的；恶劣的	12-D
die Bohrmaschine -n	钻孔机器	2-D
die Bremse -n	刹车	5-B
der Briefwechsel	通信，书信来往	15-B
das Bruchstück -e	碎片	2-E
brüskiert (P.II)	受侮辱的，被奚落的	3-E
die Brust	胸，胸脯，胸膛；乳房	10-D
der Buchstabe -n	字母	15-E
der Bund ¨e	结合，联盟	14-E
die Bundesanstalt -en	联邦机关	15-D
der Bundesinnenminister	（德国）联邦内务部部长	8-E
der Bundeswirtschaftsminister	（德国）联邦经济部部长	8-E
buntbemalt (P.II)	彩色的	1-E

C

das Café -s	咖啡馆	12-D
das Callcenter	电话服务中心	5-D

die Chance -n	机会	4-B
der Chauffeur -e	司机	14-B
der Chef -s	头，上司，主管	2-B
die Chemikerin -nen	女化学家	6-B
der Cowboy -s	（美国西部）牛仔	5-E

D

daher/kommen *vi*	从那里来	3-E
die Dampfmaschine -n	蒸汽机	13-E
das Danaergeschenk	危险赠物	4-B
dauernd (P.I)	持续的，不间断的	2-B
die Decke -n	毯子	5-E
die Demo -s	示威游行	11-E
denken *vi*	思维，思考	2-B
die Depression -en	沮丧，意志消沉	6-D
depressiv	忧郁的	10-E
das Deutsche Jugendherbergswerk -	德国青年旅舍协会	4-E
das Deutsche Museum	德意志博物馆	9-B
die Diagnostik	诊断学，诊断术	7-B
dicht	紧密的，贴近的	1-E
der Dichter	诗人，作家	15-B
digitalisieren *vt*	数字化	13-E
das Diktat -e	听写，口授，口述	12-B
diktieren *vt*	口授，听写	12-B
direkt	直接的	5-D
die Direktbank	直接银行	5-D
divers	不同的，各种各样的	9-E
der Doktor -en	医生，大夫；博士，博士学位	10-B
der Donner	雷，雷声	4-E
der Doppeldeckerbus -se	双层巴士	11-E

das Dorf ¨er	村庄，乡村	14-B
der Dorfbewohner	村民	14-B
der Draht ¨e	金属丝；电话线，电报线	5-D
drängen *vi*	挤压；催促；紧迫	7-E
die Dreckarbeit -en	脏活	11-B
die Droge -n	药材；麻醉品	4-D
der Drohnenpilot -en	无人机驾驶员	13-E
drücken *vt*	按下	2-E
durcharbeiten *vt*	仔细研究	2-E
durchdringen *vt*	透过，穿越；使充满	7-B
durchschnittlich	平均的，通常的，一般的	4-B
der Durchschnittsbürger	普通公民	4-B
der Durst -e	渴；渴望	10-B
das Düsentriebwerk -e	推进装置	9-B
dynamisch	有力的，动态的	12-E

E

ehrgeizig	贪图名誉的，功名心强的	6-D
ehrlich	诚实的，正直的	11-B
das Eichenholz ¨er	橡木	2-E
eigenartig	特殊的，独特的	7-D
das Eigentum	财产，所有物	7-E
das Eiltempo -s	快速	5-D
das Einerlei	老一套，千篇一律	4-D
einführen *vt*	引入	9-E
eingebildet	自以为是的，自负的，骄傲自大的	10-B
einhellig	一致的，同意的，无异议的	10-E
einher/gehen *vi*	伴随而来，走来	13-B
einigermaßen	在一定程度上	4-B
einig	团结的；统一的；意见一致的	8-E

ein/legen *vt*	放入	9-D
einsam	寂寞的，孤独的，孤单的；寂静的；偏僻的	15-B
die Einschlafphase -n	入睡阶段	10-E
der Einschnitt -e	切口，刀口；新的开端	4-D
einsetzen *vt*	投入；任命；把……放入	8-E
das Einstellungsschreiben	入职通知书	2-E
der Eintritt	进入；加入；开始	7-E
ein/zahlen *vt*	交付，缴纳	12-B
ein/ziehen *vi*	搬入	1-E
ein/stellen *vt*	调准；规定，控制；招收	5-B
die Eisen- und Glasarchitektur	钢铁和玻璃建筑风格	15-E
der Eisenflechter	编铁条的人	11-B
die Eisengießerei -en	铸铁厂	12-B
der Elektriker	电工	2-D
die Endlagerung -en	最终储藏	8-B
das Engagement -s	责任，义务；投入	8-B
der Engpass	狭道，隘口	8-B
enorm	非常大的，巨大的	15-B
entgegen/halten *vt*	持向；比较	1-E
entgegen/kommen *vi*	迎面而来，迎向；迎合，满足	12-D
der Entscheidungsträger	决策者	12-E
entziehen *vt*	收回，夺去	6-E
das Epsilon	希腊字母中第五个字母	15-E
die Erbtante -n	有遗产的人	3-E
das Erdgeschoss -e	楼层；底层	14-E
die Erdkunde	地理学	13-D
die Erfahrung -en	经验	5-B
erfinden *vt*	发明	5-E
die Erfindung -en	发现，发明	5-E
der Erfolg -e	成就	5-E

das Ergebnis -se	结果；成果	8-B
die Ergonomie	工效学，人类工程学	10-E
erhoffen *vt*	希望，盼望	6-D
die Erkenntniserweiterung -en	拓宽认识	8-B
erklingen *vi*	发出声响	2-E
erkundigen *vr*	打听	14-D
erledigen *vt*	完成，解决	6-B
ernten *vt*	收割，收获	12-D
eröffnen *vt*	（宣布）开始	4-E
die Erpressung -en	敲诈，勒索	1-D
erregen *vt*	引起，激起	13-E
errichten *vt*	立起；建起；设立	8-E
die Errungenschaft -en	成就，成绩	7-E
erscheinen *vi*	出现，显得	2-E
erschrecken *vt/vi*	吃惊，惊恐	9-D
erteilen *vt*	给予	8-B
ertragen *vt*	忍受	10-E
der Erwachsene -n	成人	5-E
erwischen *vt*	抓住，捉住	6-E
die Essensausgabe	布施食物	11-E
die Ethik	伦理学	13-B
ethisch	伦理学的，道德上的	7-B
das Ethos	伦理，道德，德性	7-B
die EU (=die Europäische Union)	欧盟	15-E
die Eugenik	优生学	7-B
der Euro	欧元	15-E
die Existenz	存在	15-E
der Exportumsatz ¨e	出口额	7-E

F

der Fahrstuhl ¨e	电梯	1-E
das Faible -s	偏爱，嗜好	4-B
fair	公正的，诚实的，正派的	12-B
der Fall ¨e	事件	9-D
das Falschgeld	假钞	15-E
der Familienlastenausgleich	家庭负担平衡	15-D
das Farbrelief -s	彩色凸版	15-E
die Fehlanzeige -n	虚假的广告	3-D
feierlich	庄严的，隆重的	1-E
das Ferienprogramm -e	假期计划，节目	4-E
die Fertigung -en	制造	9-E
fest/stellen *vt*	确定	1-E
fett	肥的，胖的	10-D
das Feuerzeug -e	打火机	11-D
finanzieren *vt*	向某人提供资金，资助	5-D
der Fingernagel ¨	指甲	11-E
flackernd (P.I)	闪烁的，跳动的	6-E
der Fleiß	勤奋，努力	4-D
das Fließband ¨er	流水线	2-D
die Fließbandarbeit -en	流水线工作	2-D
fließen *vi*	流动	14-E
die Floskel -n	空洞的言词	12-E
der Flur -e	过道，走廊	1-B
die Folge -n	结果，后果；顺序	7-B
fördern *vt*	要求，促进	7-B
die Forderung -en	要求	15-B
der Fortschritt -e	进步	7-E
der/die Freiwillige -n	志愿者	11-E

die Freizeit -en	空闲时间，业余时间；休假	4-B
die Freizeitgestaltung	业余时间的安排	4-B
das Fremdwort ¨er	外来词，外来语	4-B
froh	高兴的	1-E
die Frühstunde -n	清晨	1-D
der Führerscheinkurs -e	驾驶员培训班	4-E
funktionieren *vi*	起作用，正常工作，正常运转	11-D
die Furcht	害怕，畏惧	8-B
furchtbar	可怕的；特大的；非常	10-B
fürchten *vr*	害怕	6-D
fürchterlich	极其	6-D
futuristisch	未来的	13-E

G

gar	完全，甚，十分	3-E
die Garage -n	车库	4-D
der Gartenzwerg -e	花园陶像	3-E
die Geburtsstunde -n	诞生时刻	4-E
gebrauchen *vt*	使用	3-B
gebraucht (P.II)	用过的，用旧的	3-D
der Geduldsfaden	耐心	6-E
das Geflimmer	（不停的）闪烁	14-B
der Gegensatz ¨e	矛盾	11-E
die Geige -n	小提琴	9-B
geistig	脑力的，思维的；精神的	4-B
gegenüber	面对，与……相对，相比	8-B
gelassen	冷静的，镇定的	14-E
der Geldschein -e	纸币	15-E
gelten *vi*	有效；有用	4-E

gemütlich	舒适的；可亲的；和善的	14-B
die Genforschung -en	遗传研究，基因研究	8-B
genügen *vi*	足够；满足，符合	8-E
gepflegt (P.II)	得到护理的；整齐的；精致的	11-E
gerade	恰好，刚刚，正如	3-B
das Gerät -e	仪器，工具，器材	4-B
die Gereiztheit	受到刺激	10-E
das Gericht -e	法院，法庭	6-E
gering	微小的	12-B
die Gesamtfläche -n	总面积	2-E
die Geschwister -	兄弟姐妹（中的一个）	5-E
der Gesetzentwurf ¨e	法律草案	8-E
die Geste -n	手势	11-E
das Gesundheitsmagazin -e	健康杂志	10-D
gewachsen (P.II)	胜任的；增加的	4-B
gewerblich	商业的，职业的	13-E
die Gewerkschaft -en	工会	4-D
der Gewinn -e	赢利	5-E
die Gewitternacht ¨e	雷雨之夜	4-E
die Gitarre -n	吉他	9-B
glatt	滑的；直接的	3-E
der Glaskugel -n	玻璃球	2-E
gleichzeitig	同时的	2-D
gleitend (P.I)	滑动的，弹性的	5-D
das Gleitflugzeug -e	滑翔式飞机	9-B
glitzern *vi*	闪耀，闪烁	11-E
das Goldfieber	淘金热	5-E
der Goldgräber	淘金者	5-E
das Goldpapier	金纸	1-E
die Gotik	哥特式（建筑）风格	15-E

grässlich	丑陋的	3-E
der Grill -s	烤肉架	11-D
das Grillfeuer	烤肉用火	11-D
grinsen *vi*	冷笑；咧嘴笑	1-E
das Grübeln	长久考虑	10-E
das Grün	青草地	13-D
gucken *vt*	瞧，张望	1-E
günstig	有利的；好的，善的	4-E
das Gutleutviertel	富人区	14-E

H

der Halbkreis -e	半圆	15-E
die Hälfte -n	一半，中间	7-D
die Halle -n	大厅	5-B
haltbar	耐磨的，可保存的	5-E
halten *vt*/vi	拿着；保持，停住	1-E
die Haltestelle -n	汽车站	7-D
die Handbremse -n	手刹车	5-B
der Hang	嗜好，爱好	10-E
hart	艰苦的，困难的；重大的	4-D
der Hauptgüterbahnhof ¨e	货运车站	14-E
der Haushalt -e	家务；财政收支	4-B
heben *vt*	抓起，举起	2-B
das Heimatland ¨er	家乡；祖国	4-B
die Heiratsannonce -n	征婚广告	15-B
die Heizkosten (Pl.)	取暖费用	11-E
die Hektik	忙碌	11-E
her	到这里来，过来	3-B
heraus/finden *vt*	找出，发现	9-D

die Herausforderung -en	挑战	7-B
herein/nehmen *vt*	拿进来，取入；接纳	14-E
herkömmlich	传统的	5-D
her/schicken *vt*	派来	2-B
herum/toben *vi*	喧闹	14-B
herunter/spielen *vt*	缩小	3-E
her/ziehen *vt*	讲某人坏话	3-E
heucheln *vt*	伪善，假装	3-E
hierzulande	在此国内，在这个国家里；在我们这儿	10-E
die Hilfe -n	帮助，援助	1-B
hinauf	向上	11-E
hinaus/schauen *vi*	往外瞧	14-B
hindurch	通过，经过	7-D
hinein/stecken *vt*	投入	13-B
hin/fahren *vi*	坐车船前往	5-B
hin/gehen *vi*	去那儿	1-D
hin/gucken *vi*	朝一方向张望	8-D
die Hinsicht	考虑，关系	7-B
hinterherhinken *vi*	落后；滞留	7-E
hinunter	向下	11-E
das Hobby -s	业余爱好	4-E
das Hochchinesisch	普通话	1-B
das Hochhaus ¨er	高楼，大厦	1-E
der Hof ¨e	庭院，院子	3-D
hoffentlich	但愿	3-B
die Hoffnung -en	希望	13-B
höflich	有礼貌的，客气的	3-B
hohl	空心的	2-E
höhnen *vi*	嘲讽	6-E
das Holz ¨er	木，木料	5-E

der Holzboden ¨	木地板	2-E
die Hühnerbrühe -n	鸡汤	11-B

I

ideal	理想的	2-D
die Idee -n	思想，想法	2-B
der Imperativ -e	命令式	3-B
der Indianer	印第安人	14-B
die Industrialisierung	工业化	13-E
die Informatik	信息学	13-B
die Informnations- und Kommunikationstechnik	信息技术和通信技术	8-B
inklusive	包括……在内（支配第二格）	8-B
die Innenstadt ¨e	市中心	9-B
innerhalb	在……之内	3-B
die Insomnie	失眠	10-E
die Institution -en	公共机构；协会；慈善机关	12-B
das Instrument -e	乐器；工具	6-B
die Intelligenz	智力，才智	9-E
die Internetriese -n	网络巨头	9-E
intensivieren *vt*	加强，提高	8-B

J

jahrzehntelang	数十年地	8-B
jemals	曾经	5-E
die Jeans (Pl.)	牛仔裤（复数）	5-E
das Jogging	慢跑（健身锻炼）	12-E
die Jugendherberge -n	青年旅舍	4-E
juristisch	法学的，法律的	6-E
der Justitiar	法官，陪审官	6-E

K

die Kalorie -n	卡路里	9-E
die Kamera -s	照相机，摄影机	9-D
der Kandidat -en	候选人；考生	6-E
das Kantonesisch	广东话	1-B
das Kapital -e/-lien	资本	12-B
kaputt	累的，疲倦的	2-B
kassieren *vt*	收款进项	13-B
der Kasten ¨	箱，柜（这里指电视机）	8-D
katholisch	天主教的	3-E
der Keller	地下室	4-D
der Kausalsatz ¨e	原因从句	3-B
der Kerl -e	人，小伙子	2-B
die Kernenergie -n	核能源	8-B
das Kernkraftwerk -e	核电站	8-B
der Kilometer	公里（缩写为km）	11-D
der Kinderfilm -e	儿童电影	1-E
das Kindergeld ¨er	子女费	15-D
der Kirchgänger	定期做礼拜的人	3-E
kitschig	庸俗的	3-E
die Klage -n	控告，抱怨	6-E
die Klammer -n	括号；夹子	15-B
die Klassenarbeit -en	课堂作业	13-D
die Klassik	古典（时期艺术）风格	15-E
die Klausurnote -n	考试分数	6-E
klingen *vi*	发出声音，听起来	3-B
knapp	勉强的	2-D
die Kneipe -n	小酒店，酒馆	11-D
der Kochtopf ¨e	（厨房用的）锅子	14-B

der Kollege -n	同事，同行	2-B
die Kolonie ...nien	殖民地	11-B
komisch	奇怪的，怪里怪气的	1-E
der Kommilitone -n, -n	同学	1-B
die Kommission -en	委员会	15-E
komplett	完整的，完全的，全套的	13-B
das Kompliment -en	恭维，奉承	3-E
der Kompromiss -e	妥协，让步	13-B
der Konfuzianismus	孔子学说；儒家学说	3-E
der Kongress -e	代表大会	7-B
die Konkurrenz -en	竞争	8-B
konsequent	一贯的；坚持的，坚定的	10-E
konservativ	保守的，守旧的	4-E
konstant	不停地	11-E
konstruieren *vt*	设计	2-B
das Konsumgut ¨er	消费品	7-E
der Kontakt -e	接触，联系	15-B
die Kontaktaufnahme -n	建立联系	12-E
der Konzern -e	企业集团	8-E
kosten *vt*	价值	2-B
die Kosten (Pl.)	花费，开支	2-B
der Kranke -n	病人	10-B
kreativ	创造性的，有创见的	15-B
kritsich	批判性的	7-B
krumm/nehmen *vt*	见怪，生气，责备	3-E
kündigen *vt*	解约	14-D
die Kunst ¨e	艺术	6-B
die Kunstausstellung -en	艺术展览馆	4-B
künstlich	人工的，人造的	9-E
kurios	少有的，稀奇的	6-E

kürzen *vt*	缩短；减少	8-B
kurzfristig	短期的，短时间的	8-E
kürzlich	不久前，最近	14-B

L

das Lächeln	微笑	3-E
der Lack -e	漆；指甲油	11-E
laden *vt*	装载	9-D
lahmlegen *vt*	使（交通）瘫痪	11-E
langweilig	无聊的，单调的，令人厌倦的	7-D
die Last -en	负担；经济负担	4-B
lästern *vi*	背后说三道四，背后说人坏话	6-E
die Laufbahn -en	（人生）历程，经历，生涯	5-D
der Laufschuh -e	跑步鞋	7-E
die Laufzeit -en	有效期，流通时间	12-B
läuten *vi*	发响，鸣	7-D
die Lebensgrundlage -n	生活基础	7-B
der Lebensstandard -s	生活水平，生活水准	13-B
legal	合法的，合条例的	15-E
das Lenkrad	方向盘	9-E
der Leserbrief -e	读者来信	6-D
die Leserin -nen	女读者	6-D
leugnen *vt*	否决	14-E
lieb	乐意的，喜欢的	3-D
das Lieblingsfach ¨er	最喜欢的专业	6-B
die Limonade -n	柠檬汽水	10-B
die Lippe -n	嘴唇	6-E
das Lippenbekenntnis -se	口头上的承认或表白	4-B
Lissabon	里斯本（葡萄牙首都）	11-B

logisch	逻辑的，合乎逻辑的	11-B
der/das Logistikbereich -e	物流领域	13-E
London Times	《伦敦时报》	12-D
los	摆脱，解脱	4-D
los/gehen *vi*	开始	6-D
los/fahren *vi*	乘车出发，启程	11-D
los/ziehen *vi*	上路，动身	5-E
die Lösungsmethode -n	解答方法	2-E
die Lösungsmöglichkeit -en	解答可能性	2-E
Ludwig van Beethoven	路德维希·凡·贝多芬（1770—1827），德国音乐家	9-B
das Luftkissen	空心枕头	3-E
die Luft- und Raumfahrt	航空航天	8-B
lügen *vi*	说谎，撒谎，骗人	3-E
die LVA(=die Landesversicherungsanstalt)	地区保险机构	12-B

M

das Magengeschwür -e	胃溃疡	10-D
das Mainufer	美茵河河岸	14-E
Mallorca	马略卡岛（西班牙）	15-B
das Mandarin	普通话	1-B
der Marzipan -e	杏仁糖	1-E
die Maske -n	面具	3-E
die Materie -n	物质；材料；题材；内容	12-E
die Mattscheibe -n	荧光屏	8-D
der Mehrbedarf	计划以外的需要	15-D
mehrfach	一再，重复	15-D
die Meinung -en	意见，看法	13-D
melden *vr*	报名，报到	11-D

das Merkblatt ¨er	说明性附页	15-D
merken *vt*	记住	3-E
merkwürdig	古怪的，奇怪的	2-B
die Miete -n	房租	2-D
der Mieterschutz	租房者保护	14-D
der Mieterschutzverein	租户保护协会	14-D
der Mietvertrag ¨e	租约	14-D
das Mikroskop -e	显微镜	5-B
die Mikrosystemtechnik	微观系统技术	8-B
mildern *vt*	和解	3-E
militärisch	军事的	7-E
der Milliardengewinn -e	数十亿盈利	7-E
die Million -en	百万	2-B
der Millionär -e	富豪	5-E
die Minderheitensprache -n	少数民族语言	1-B
miserabel	很坏的，糟糕的	14-E
der Missstand ¨e	恶劣情况，弊端	14-E
mit/bestimmen *vi*	参与决定	13-B
die Mittelschule -n	中学	6-B
mittlerweile	在这期间；随着时间的推移	14-B
möbliert (P. II)	带家具的	14-E
die moderne Architektur	现代建筑风格	15-E
die Molekularbiologie	分子生物学	8-B
die Montage -n	装配	2-D
montieren *vt*	装配	2-B
die Moral	道德，品行	7-B
der Morgenmuffel	早晨（起床后常）牢骚满腹	12-E
das Motiv -e	动机；题材，主题	15-E
die Motivation -en	动机，理由	12-E
die Müdigkeit	疲乏，困倦	9-E

die Müllabfuhr -en	垃圾清除；垃圾装运处	2-E
die Mülltonne -n	垃圾桶	11-E
mulmig	风化的，腐朽的；不可靠的，可疑的；有危险的	14-E
die Multimediatechnik -en	多媒体技术	8-B
munter	活泼的，精神饱满的	11-B
die Münze -n	硬币，钱币	15-E
das Museum -seen	博物馆	4-B
das Musikinstrument -e	乐器	9-B
der MTA (=der Medizinisch-Technische Assistent)	医疗技术员	5-B

N

nachfolgend (P.I)	跟随的；紧接着的，后来的	7-E
nachhaltig	持续的，经久的	6-E
die Nachhilfestunde -n	补课	1-B
nachträglich	事后的，补充的	6-E
die Nachtschicht -en	夜班	2-B
nachts	夜间，夜里	2-D
die Nahrungsmittelchemie	食品化学	7-B
nämlich	即，也就是	3-D
die Nationalbank	国家银行	15-E
der Nebenjob -s	第二职业，兼职	5-D
negativ	反面的，不利的，消极的	7-B
nerven *vi*	使人恼火	11-B
nervös	神经质的，易激动的，神经过敏的	10-D
neugierig	好奇的	1-E
die Neuordnung -en	新规定	15-D
New York Times	《纽约时报》	12-D
nicken *vi*	点头	1-E

Wort	Bedeutung	Lektion
normal	正常的；一般的，通常的；智力正常的	10-B
normalerweise	通常，一般情况下	7-D
die Note -n	分数，评分的成绩	6-D
der Notenwert-e	分数值	6-E
der Nougat -s	牛轧糖	1-E
nützen *vi/vt*	有用，利用	14-D

O

Wort	Bedeutung	Lektion
Oberhausen	奥伯豪森（德国）	2-D
der Oberingenieur	总工程师	2-B
obwohl	虽然	11-B
Odenwälder Boten	《奥登森林信使报》	12-D
offen	坦白的，诚实的	3-E
offenbar	看来	3-B
offensichtlich	明显的	14-E
öffentlich	公开的；公共的	5-B
das Olympiastadion -dien	奥林匹克体育场	9-B
die Option -en	选择；选择权	7-B
die Order -n	工作情况；命令	5-D
die Organisation -en	组织；机构，团体，协会	4-E
originell	独特的，独创的，有独到见解的；新颖的	15-B
der Ostbahnhof ¨e	火车东站	14-E
das Osterei -er	复活节彩蛋	1-E
Otto Lilienthal	奥托·利林塔尔（1848—1896），德国工程师，航空先驱	9-B
Otto Versand	奥托生活用品邮递公司	10-E

P

Wort	Bedeutung	Lektion
pädagogisch	教育的，教育学的	6-E

die Panik	惊慌失措，混乱	13-B
der Pass ¨e	护照；山口	3-B
passieren *vi*	发生	3-B
das Patent -e	专利；委任	7-E
die Patientenkarte -n	病历卡	5-B
pauschal	总共的；总括的；笼统的	8-E
pausenlos	不停顿的，不间断的	12-D
das Pensum -sen/ -sa	（一定时期内要完成的）课业，作业	10-E
die Peripherie	周围，外围	11-E
der Personalausweis -e	身份证	3-B
der Pfeiler	柱，墩；支柱	
das Pfuschen	马虎干活	6-E
der Plagiator	剽窃者	6-E
der Pferdewagen	马车	5-E
das Phänomen	现象，奇特的现象	9-D
phantastisch	想象的；美妙的；非常的	15-B
Philips Consumer Electronics	飞利浦消费电子公司	10-E
die Philosophie -n	哲学	7-B
das Portemonnaie -s	小钱包，小皮夹	4-D
der Portugiese -n	葡萄牙人	11-B
die Position -en	工作岗位，职位；地位，位置	13-B
der Postkutschenfahrer -	邮政马车车夫	13-E
das Potential -e	潜力，潜势	8-B
der Praktikant -en	实习生	5-B
das Praktikum -ka	实习	5-B
der Praktikumplatz ¨e	实习岗位	5-B
pränatal	产前的，分娩前的	7-B
präsentieren *vt*	提出，呈现，赠送	15-E
praxisbedeutend (P.I)	具有实践意义的	7-B
präzise	精密的，精确的，准确的	12-E

die Pressestelle -n	新闻处（司）	10-E
primär	第一位的，首要的	13-B
problematisch	有问题的；难处理的	7-B
die Produktivität	生产率，生产能力	10-E
produzieren *vt*	生产	2-D
der Profi-Banknotengestalter	职业钞票设计师	15-E
profilieren *vr*	清楚地描绘出轮廓来	5-D
der Profit -e	利益，得益	13-B
der Profitgeier	得益的兀鹰	13-B
die Propaganda	宣传；煽动；广告	7-E
die Prüfungsangst	畏惧考试的情绪	6-D
der Pullover	毛衣	11-B
das Pult -e	讲台	2-E

Q

die Qualifikation -en	资格	5-D
die Qualität -en	质量；品质；特性	4-B
der Quantencomputer	量子计算机	7-E

R

rackern *vr*	做苦工，干累活	11-B
radioaktiv	放射性的，放射引起的	8-B
der Rahmen	范围；框架	15-D
die Rahmenbedingung -en	框架条件，总体条件	13-E
der Rat ¨e	劝告，建议	5-E
das Rathaus ¨er	市政府，市政厅	9-B
rauchen *vi*	吸烟	11-D
reagieren *vi*	做出反应	1-D
die Rechnung -en	账单；账目	10-B

reden *vi/vt*	说话	1-D
der Regulierungssumpf -e	调控的沼泽	8-B
reißen *vi*	扯破	6-E
die Reklame -n	广告，广告宣传	4-E
religiös	宗教的，信教的；虔诚的	7-B
die Renaissance	文艺复兴	15-E
renoviert (P. II)	修复好的	14-E
die Rente -n	养老金	12-B
die Rentenkasse -n	养老基金	12-B
der Rentner	退休者，领养老金的人	4-D
der Reporter	记者；采访员	5-B
die Reproduktionstechnik -en	再生产技术	7-B
der Resonanzboden	共鸣板	7-B
resümieren *vi*	总结，概括	10-E
die Revolution -en	革命；变革	7-E
der Rhythmus -men	节奏；的律；和谐	4-D
der Richter	法官	6-E
die Richtung -en	方向；倾向，方向，流派	13-B
der Ring -e	环，圈；环状物	9-D
das Risiko -ken	冒险，危险，风险	8-B
der Roboter	机器人	2-B
das Rokoko	洛可可（艺术）风格	15-E
die Romantik	浪漫主义风格	15-E
der Ruck	猛一拉	1-E
das Rücklicht -er	尾灯	7-D
der Rückstand ¨e	落后状况	8-B

S

Sacramento	萨克拉门托（美国）	5-E

San Francisco	旧金山（美国）	5-E
satt	饱的，饱足的；厌倦的	10-E
schaffen *vt*	干，做	2-B
schauderhaft	很糟的，可恶的	3-E
das Schema -s	图标；样式，模式	3-E
scheußlich	可恶的，可憎的，令人恶心的	3-E
die Schichtarbeit -en	轮班工作	2-D
schimpfen *vt/vi*	骂，责骂	13-D
die Schlafhygiene -n	睡眠卫生	10-E
das Schloss ¨er	皇宫，宫殿	9-B
die Schnauze -n	嘴巴	11-B
schockieren *vt*	使愤怒，使震惊	3-E
die Schreibtischplatte -n	写字台台面	10-E
Schriftlich	书面的	5-B
der Schriftzug	字迹；字符，字样，字标	15-E
die Schüchternheit	害羞	12-E
der Schulhof ¨e	学校的场地，校园	13-D
die Schulter -n	肩，肩膀	1-E
schüren *vt*	煽动，挑拨	8-B
schützen *vt*	保卫，防护	12-B
der Schweiß	汗，汗水	6-E
schweißen *vt*	焊接	2-B
schwer/fallen *vi*	感到困难	12-B
schwitzen *vi/vr*	出汗	10-B
die Seereise -n	海上航行	5-E
der Sehbehinderte (dekl. wie Adj.)	视力障碍者（按形容词变化）	15-E
die Sehenswürdigkeit -en	景点，名胜古迹	11-E
sekundär	第二位的，从属的	13-B
selbstverständlich	当然，无疑地，不假思索地	8-B

die Selbstverwirklichung -en	自我实现	13-B
sicher	一定的，可靠的	1-B
die Sicherheit -en	安全，保障；保险	12-B
die Sicherheitsanforderung –en	安全要求	8-E
das Signal -e	信号	8-B
das Silberpapier	银纸	1-E
die SILEAG-Versicherungsgesellschaft	塞列克保险公司	12-B
die Skepsis	怀疑	8-B
das Skript -s	笔迹，手迹	12-E
das Sofakissen	沙发枕头	3-E
der Softwaremarkt ¨e	软件市场	13-B
das Solarpanel	太阳能板	7-E
die Sonderregelung	特别规定	8-E
sonst	不然	1-D
sonstig	其他的；通常的	5-B
sortieren *vt*	分类	5-B
soviel	依照……，就……而论	1-B
sowieso	无论怎样，反正	7-D
spannend (P.II)	紧张的；引人入胜的	6-B
der Speicher	仓库	4-D
der Spiegel	镜	12-E
der Spitzenmanager	顶尖经纪人	13-B
die Sportart -en	体育种类	4-E
die Sportschau	体育新闻	14-B
der Sportverein -e	体育协会	11-B
die Sprechstunde -n	门诊时间	10-D
der Spruch ¨e	格言；判决，判词	11-B
der Staatsbesuch -e	国事访问	11-E
die Stadtluft	城市空气	14-B
die Stadtrundfahrt -en	乘车游览城市	11-E

der Stammtisch -e	老顾客的固定餐桌；餐桌旁的固定聚会	14-E
ständig	经常的，不断的	4-B
stecken *vi*	插于，处于	1-E
die Stelle -n	岗位	2-D
der Stempel -	印记，戳记	11-E
stets	总是，始终	13-E
die Steuerreform -en	税收改革	15-D
das Stichwort -e	提示语	8-B
die Stimmung -en	情绪，心情	5-B
die Stirn -en	额	6-E
das Stockwerk -e	层	11-E
stolz	自豪的；骄傲的，自大的	15-B
stören *vt*	干扰，打扰，扰乱	11-D
der Stoß ¨e	冲击	3-E
die Strafe -n	处罚；罚款	11-B
der Straßenkehrer -	街道清洁工	2-E
die Strategie -n	战略	9-E
streichen *vt*	涂抹	4-D
das Streichholz ¨er	火柴	11-D
der Strom ¨e	电流，水流	2-B
das Stück ¨e	块，片，件，只	3-D
der Stundenlohn ¨e	计时工资	2-B
der Subunternehmer	下属厂家	11-B
die Superhose -n	超级裤子	5-E
das Symbol -e	象征	15-E
symbolisieren *vt*	象征	15-E
sympathisch	同情的；友善的	1-E

T

der Tannenholz ¨er	杉木	2-E
der Tarif -e	价目表，收费率	11-E
tastbar	可触摸的	15-E
die Taste -n	按键	2-E
tatsächlich	确实，真的；事实上	3-B
der Technologietransfer	技术转让	7-E
technisch	技术的，工程的	5-B
teilweise	部分的	14-E
der Teilzeitjob -s	分时活	5-D
das Telefonat -e	电话对话	12-E
der Telekomanbieter -	电信供应商	8-E
die Theateraufführung -en	演戏	4-B
die Therapie –n	治疗，治疗法	8-B
tiefsitzend (P.I)	很深的	8-B
der Titel	标题；头衔	7-B
der Toaster	烤面包机	7-E
toll	[口] 极好	6-B
der Ton ¨e	音，声音；声调；语调（无复数）	1-D
total	完全；全部的	14-B
tragbar	可携带的，可移动的，轻便的	14-E
tragen *vt*	提	2-B
der Traum ¨e	梦；梦想，想望	13-B
der Treffpunkt -e	会合地点，约会处	11-B
die Trendumkehr	发展趋势转向	8-B
trösten *vt*	安慰	6-D
trotzdem	（尽管……）仍然	6-B

U

der Überfluss ...flüsse	过多，过剩	4-B
der Übergang ¨e	过渡；过渡时期	5-D
überheblich	骄傲自大的	15-B
überholen *vt*	超过，胜过；检修	7-E
überlegen *vt*	考虑，思考	2-B
übernachten	投宿，过夜	9-B
überprüfen *vt*	检验	5-B
die Überreizung -en	过度兴奋	10-E
die Überstunde -n	加班的钟点	2-D
übertragen *vt*	交托；转播；翻译；转账	15-D
überwinden *vt*	克服，战胜	8-B
überzeugt	确信的，坚信	14-B
üblich	普通的，常见的，惯常的	4-E
übrigens	顺便说及，此外	6-D
das UFO (das Unbekannte Flugobjekt)	不明飞行物	9-D
die Umarmung -en	拥抱	11-E
die Umgangsform,-en	交际礼节	3-E
um/gehen *vi*	对待，对付，打交道	6-B
die Umsetzung -en	移植；使变为	8-B
umtopfen *vt*	培土	4-D
unbequem	不舒适的，不方便的，令人讨厌的	4-E
ungeduldig	不耐烦的，急躁的	6-B
ungefähr	大概，大约，差不多	2-B
ungeheuer	巨大的，大得惊人的	8-B
ungestört	安静的，不受干扰的	12-D
das Unglück	不幸	6-D
unheimlich	[口]非常	6-B
unkonventionell	非常规的，非传统的	5-D

die Unkonzentriertheit	注意力不集中	9-E
unleserlich	笔迹不清楚的，不易辨认的	6-E
der Unsinn	无意义的话，废话；胡闹，愚蠢的举动	10-B
die Unterkunft ¨e	临时住处，住宿	4-E
der Untermieter	转租的房客，二房客	14-D
der Unterschied -e	区别，分别，差别，不同	12-D
unterschiedslos	无区别的	4-B
unumstößlich	无法更改的，不能驳倒的	4-B
unverzeihlich	不可原谅的，不能饶恕的	3-E
unwillkommen	不受欢迎的	3-E
der Urwald ¨er	原始森林	1-E

V

verändern *vr*	变化，改变	7-B
verantwortlich	负责的	5-D
verantwortungsbewusst	有责任意识的	8-B
verbauen *vt*	阻断；耗费；在……上建造	8-E
der Verbrennungsmotor -en	内燃发动机	11-D
verfügbar	可支配的，可掌握的	4-B
verführerisch	有诱惑力的，诱人的	13-B
vergewaltigen *vt*	压制，（严重地）侵犯，侵害	10-E
vergleichen *vt*	比较	4-E
verhaften *vt*	逮捕，拘留	3-B
verhängen *vt*	实施（惩罚）；宣布；遮蔽	7-E
verhelfen *vi*	帮助，协助	10-E
verhindern *vt*	阻碍，阻挡	7-E
der Verkehrslärm -e	交通噪音；马路噪声	14-B
das Verkehrsmittel	交通工具	5-B
der Verkehrsunfall ¨e	交通事故	9-E

die Verkürzung -en　缩短，减少　4-B

die Verlässlichkeit　可靠，可信　7-B

verleiten *vt*　引诱，诱使　4-B

verloben *vr*　订婚　15-B

verlocken *vt*　引诱，诱惑　13-B

der Vermieter　出租者；房东　14-D

vermitteln *vt*　促成，使有可能；中间介绍　12-E

vermutich　估计，可能，大概　3-B

verneinen *vt*　否定　6-E

vernünftig　有理智的，有理性的　4-B

verputzen *vt*　粉刷　11-E

die Verrechnung　结算，清算　15-E

der Versand　寄送，发送　12-E

verschieben *vt*　移动；延期；倒卖　8-E

verschwinden *vi*　消失　9-D

versichert　保了险的；得到保证的　10-B

die Versicherung -en　保险　2-B

der Versicherungsfall ¨-e　保险情况　12-B

versprechen *vt*　许诺，答应　2-D

das Verständnis　理解，理解力　8-B

die Verstimmung -en　不和谐，失调；恼怒，不高兴　10-E

verstricken *vr*　缠住，卷入　8-B

vertraut　熟悉的，亲密的　3-E

der Verwandte (dekl. wie Adj.)　亲戚（按形容词变化）　3-E

verweigern *vt*　拒绝　6-E

verweisen *vt/vi*　使注意，指示，指导　15-E

verwerflich　道德败坏的，该受谴责的　13-B

verwirrt (P.II)　迷惘的，困惑的，糊涂的　3-E

der Viehhändler　牲畜贩子　5-E

die Viertelstunde -n　一刻钟　7-D

die Villa ...len	别墅，郊外寓所	15-B
virtuell	虚拟的	9-E
der Vogelgesang ¨e	鸟的歌声	14-B
volkswirtschaftlich	国民经济的	13-B
voraus/gehen *vi*	先行，走在前面	15-E
vorbei/gucken *vi*	看过去	8-D
vor/führen *vt*	展示	3-E
vorgesehen (P.II)	规定的	6-E
vorbei/kommen *vi*	经过	12-B
die Vorderseite -n	前面，前端，前行，表面	15-E
vor/liegen *vi*	在面前放着；存在，有	5-B
versteifen *vr*	僵硬，变硬	7-B
vorzeitig	过早的；提前的	6-E

W

die Wachphase -n	觉醒阶段	10-E
wahnsinnig	荒唐的；非常	2-B
wahr/nehmen *vt*	认识	4-E
die Wahrscheinlichkeitsrechnung -en	概率计算	2-E
der Wandel	变迁，变化	13-E
wandern *vi*	漫游	4-E
die Wandstärke -n	壁厚	2-E
der Wankelmotor	晃动马达	9-B
warnen *vt*	警告	8-E
wecken *vt*	唤醒	14-B
der Wecker	闹钟	7-D
weg/lassen *vt*	省略	15-B
das Weidenholz ¨er	草杆木	2-E
der Weihnachtsbaum ¨e	圣诞树	3-D

wellig	波浪形的	1-E
die Weltspitze -n	首屈一指，前列，首位；顶点	4-B
der Werdegang	成长过程，发展过程	5-D
der Wettbewerb -e	比赛，竞赛	9-E
wickeln *vt*	包，卷	1-E
der Widerstand ¨-e	反抗，抵抗	8-B
die Wiege -n	摇篮	15-E
der Winkel	角；角落	4-D
die Wissenschaftsaffinität -en	科学亲合力，科学亲合性	7-B
die Witwe -n	寡妇	14-E
wohlhabend	有钱的，富裕的	15-B
der Wohnblock -s	住宅区	14-B
wunderbar	美好的，美妙的	14-B
wünschen *vr*	想要	9-B
der Wunsch ¨-e	愿望；请求；祝贺	3-B

Z

das Zentrallabor -s	中央实验室	5-B
zerfallen *vi*	倒塌；崩溃	4-D
ziemlich	相当地；几乎，差不多	2-B
der Zigarettenanzünder	香烟点火器，打火机	11-D
der Zins -en	利息	12-B
zischen *vt*	公交车开门发出的声音	11-E
zitternd (P. I)	颤抖的，摇晃的	2-E
zucken *vi*	抽动	6-E
zu/fahren *vi*	驶向，开向	9-D
zu/hören *vt*	仔细地听	3-D
zu/kommen *vi*	走去，走进	9-D
die Zulassung -en	（入学等）许可	6-E

zumal	特别是因为	8-B
zunehmend (P.I)	增加的	4-B
die Zündkerze -n	火花塞	5-B
zürnen *vi*	生气，发怒	6-E
zurück/denken *vi*	回想，回忆	6-B
zurück/lassen *vt*	留下，遗留	5-E
zurück/schauen *vi*	回看	4-E
zusammen/ballen *vr*	聚成一团	13-B
der Zusammenhang ¨e	关联，联系，关系	13-B
zusammen/hängen *vi*	有关联	6-D
zusammen/rechnen *vt*	算在一起	2-B
zusammen/reißen *vr*	振作起来，鼓起劲头	3-E
die Zusatzbeschäftigung -en	额外工作，额外活动，额外职业	4-B
zusätzlich	补充的，附加的	6-B
zu/schieben *vr*	自动关上	1-E
der Zustand ¨e	状况	14-E
zuständig	应负责任的，主管的	12-B
zweifellos	毫无疑问	7-E
die Zweigstelle -n	分行，分号，分支机构	15-D
die Zweizimmerwohnung -en	两居室	14-E